A STARTUP DE $100

Chris Guillebeau

A STARTUP DE $100

Abra o negócio dos seus sonhos
e reinvente sua forma de ganhar a vida

Benvirá

Traduzido de *The $100 startup*, de Chris Guillebeau.
Tradução autorizada da edição original em inglês publicada nos Estados Unidos pela Crown Publishing Group, uma divisão da Random House.

Arte e produção Zeta Studio
Ilustrações de miolo Mike Rohde
Capa Guilherme P. Pinto
Imagem de capa Cosmstock/Getty Images
Tradução Cristina Yamagami
Impressão e acabamento Gráfica Paym

CIP-BRASIL. Catalogação na fonte
Sindicato Nacional dos Editores de Livros, RJ.

G975s
Guillebeau, Chris.
A startup de $100 / Chris Guillebeau ; [tradução Cristina Yamagami]. - São Paulo : Saraiva, 2013.
Tradução de: *The $100 startup* : reinvent the way you make a living, do what you love, and create a new future.

ISBN 978-85-02-19752-7

1. Empreendedorismo 2. Empresas novas - Administração 3. Negócios - Administração. I. Título.

13-0493	CDD: 658.11
	CDU: 658.016.1
	042339

1ª edição, 2013 | 17ª tiragem, **setembro de 2023**

Todos os direitos reservados à Benvirá, um selo da Saraiva Educação.
Av. Paulista, 901 – 3º andar
Bela Vista – São Paulo – SP – CEP: 01311-100

SAC: sac.sets@saraivaeducacao.com.br

CÓDIGO DA OBRA 13473   CL 650225   CAE 567838

Este livro é para os que agem e os que inspiram

Sumário

Prólogo – Manifesto
Um breve guia para conseguir tudo o que deseja 9

Parte I
EMPREENDEDORES INESPERADOS

Capítulo 1 – Renascimento
Você já tem as habilidades necessárias – só precisa saber
em que lugar procurar 16

Capítulo 2 – Dê o peixe
Como embalar e vender felicidade 32

Capítulo 3 – Siga (talvez) sua paixão
Ganhe para fazer o que gosta certificando-se de que
sua paixão corresponda ao que as pessoas querem 48

Capítulo 4 – A ascensão do empreendedor itinerante
A localização não é tão importante assim 60

Capítulo 5 – Os novos fatores demográficos
Todos os seus clientes têm algo em comum,
mas isso não tem nada a ver com categorias convencionais 74

Parte II
APRESENTAR SEU FILHO AO MUNDO

Capítulo 6 – O plano de negócios de uma única página
Se a sua declaração de missão for muito maior do que esta frase,
ela pode ser longa demais 88

Capítulo 7 – Uma oferta irrecusável
O guia passo a passo para criar uma oferta espetacular 100

Capítulo 8 – Lançamento
Uma viagem para Hollywood – partindo da sua sala de estar
ou do café da esquina 114

Capítulo 9 – Como agitar as coisas com a delicada arte da autopromoção
Propaganda é como sexo – só os perdedores pagam por isso 130

Capítulo 10 – Mostre o dinheiro
Desde métodos inovadores para levantar fundos até financiamentos
improváveis de automóveis 144

Parte III
ALAVANCAGEM E PRÓXIMOS PASSOS

Capítulo 11 – Seguir em frente
Como ajustar o caminho até o banco com pequenas ações
que podem criar grandes aumentos de receita 162

Capítulo 12 – Como criar sua própria franquia
Instruções de como clonar a si mesmo para se divertir e lucrar 176

Capítulo 13 – Pensamento em longo prazo
Cresça o quanto *você* deseja crescer (mas não mais que isso) 198

Capítulo 14 – E se não der certo?
Como ter sucesso mesmo quando tudo der errado 210

Conclusão 223
Revelações e fatos interessantes 225
Espere aí, ainda não acabou! 227
Vinte e cinco estudos de caso selecionados 229
As estrelas deste livro 233
Gratidão 239

Prólogo – Manifesto

Um breve guia para conseguir tudo o que deseja

Imagine uma vida na qual todo o seu tempo é gasto nas coisas que você quer fazer. Imagine dedicar toda a sua atenção a um projeto que você mesmo criou, em vez de ser mais uma engrenagem em uma máquina montada para enriquecer os outros.

Imagine entregar uma carta a seu chefe com os dizeres: "Prezado chefe, venho por meio desta informar que seus serviços não são mais necessários. Obrigado por tudo, mas, a partir de agora, farei as coisas do meu próprio jeito".

Imagine que hoje seja o seu último dia trabalhando para outra pessoa. E se – muito em breve, não em um futuro distante e indefinido – você puder começar um dia de trabalho simplesmente ligando um laptop no escritório que montou em casa, entrando na loja que você abriu, telefonando a um cliente para lhe dar conselhos ou, em outras palavras, fazendo o que *você* quer e não o que alguém o manda fazer.

Ao redor do mundo, e de muitas maneiras diferentes, milhares de pessoas estão fazendo exatamente isso. Elas estão reinventando as regras do trabalho, se tornando seus próprios chefes e criando um novo futuro.

Esse novo modelo de fazer negócios já foi bem desenvolvido por esses empreendedores inesperados, cuja maioria nunca tinha se visto como empresários. É a revolução do *micronegócio* – um jeito de ganhar um bom dinheiro ao mesmo tempo que se leva uma vida independente e significativa.

Outros livros narram a ascensão das startups na internet, incluindo desvarios sobre capital de risco e histórias excêntricas de restaurantes orgânicos abertos em casa. Outros guias ensinam como elaborar planos de negócios de 80 páginas que ninguém jamais lerá e que, de qualquer maneira, não lembram em nada as operações de um negócio de verdade.

Este livro é diferente e tem dois temas centrais: *liberdade* e *valor*. A liberdade é o que todos nós buscamos e o valor é o caminho para chegar lá.

De cara com a liberdade

Mais de uma década atrás, iniciei uma longa jornada, fazendo o necessário para trabalhar por conta própria. Nunca planejei ser um empreendedor; só não queria trabalhar para ninguém. Em um apartamento barato em Memphis, Tennessee, me dediquei a analisar o que os outros fizeram e tentei aplicar a engenharia reversa para replicar o sucesso deles. Comecei importando café da Jamaica e vendendo na internet porque vi outras pessoas ganhando dinheiro com isso; eu não tinha nenhum conhecimento nem habilidade especial em importação, torrefação ou vendas. (No entanto, confesso que consumi grande parte do produto em frequentes "degustações".)

Se precisasse de dinheiro, aprendi que poderia conseguir o que precisava criando e vendendo alguma coisa, não reduzindo custos ou trabalhando para alguém. Essa distinção foi decisiva, porque a maioria dos orçamentos começa analisando a receita e determinando as alternativas disponíveis. Decidi usar outro método – começando com uma lista do que eu queria fazer e encontrando um jeito de fazer acontecer.

Não fiquei rico com a renda gerada pelo negócio, mas deu para pagar as contas e ganhei algo muito mais precioso do que o dinheiro: liberdade. Eu não precisava cumprir nenhum cronograma, bater nenhum cartão de ponto, elaborar nenhum relatório inútil, seguir nenhuma política de escritório nem comparecer a nenhuma reunião improdutiva.

Passei parte do meu tempo aprendendo como um verdadeiro negócio funciona, mas não deixei que isso interferisse na minha agenda cheia que incluía ler em cafés durante o dia e fazer bicos como músico de jazz à noite.

Em busca de um jeito de contribuir com algo mais elevado para o mundo, me mudei para a África Ocidental e passei quatro anos trabalhando como voluntário em uma instituição médica de caridade, levando jipes repletos de suprimentos a clínicas na Serra Leoa e na Libéria. Aprendi como a liberdade se conecta à responsabilidade e como poderia combinar meu desejo de independência com algo que ajudasse o resto do mundo.

De volta aos Estados Unidos, desenvolvi uma carreira de escritor do mesmo jeito que aprendi a fazer tudo o que sei: começando com uma ideia e depois descobrindo como concretizá-la ao longo do caminho. Dei início a uma jornada para visitar todos os países do mundo, viajando a 20 países por ano e trabalhando onde quer que eu estivesse. A cada passo do caminho, o valor da liberdade foi um constante guia norteador para mim.

Não existe um programa de desintoxicação para os viciados em liberdade. Uma vez que você souber o que o aguarda do outro lado, vai ser difícil voltar a seguir as regras alheias.

A doutrina do valor

A segunda parte deste livro é sobre o *valor*, uma palavra utilizada com muita frequência, porém, raramente analisada. Neste nosso contexto, o valor é criado quando uma pessoa faz algo útil e o compartilha com o mundo. As pessoas cujas histórias você lerá neste livro tiveram sucesso em função do valor que criaram. Muitas vezes, a combinação de liberdade e valor ocorre quando alguém decide agir fazendo algo que adora: um hobby, uma habilidade ou uma paixão que a pessoa acaba transformando em um modelo de negócio.

A revolução do micronegócio está se desenrolando por toda parte à medida que as pessoas rejeitam o trabalho tradicional, escolhendo seguir o próprio caminho e criando o próprio futuro. Sempre existiram microempresas, mas jamais houve tantas possibilidades convergindo no lugar e no momento certo. O acesso à tecnologia aumentou enormemente e os custos caíram muito. É possível testar instantaneamente sua ideia no mercado, sem ter de esperar meses para avaliar como os clientes potenciais receberão uma oferta. É possível abrir uma conta no PayPal em cinco minutos e começar a receber de clientes de mais de 180 países imediatamente.

Melhor ainda, se você desenvolver uma comunidade de clientes fiéis, saberá, com antecedência, o que criar para eles e quais serão as suas chances de sucesso sem ter de investir muito. Na verdade, quanto mais você souber como as suas habilidades e os seus conhecimentos podem ser úteis para os outros, maiores serão as suas chances de sucesso.

Talvez o mais importante, a questão determinante do que é arriscado e seguro na carreira, mudou para sempre. Antigamente a escolha era ter um emprego ou assumir um enorme risco trabalhando por conta própria. A nova realidade é que trabalhar como funcionário em uma empresa pode ser uma escolha muito mais arriscada. É muito melhor optar pelo caminho mais seguro e partir por conta própria.

E se você pudesse ter uma vida de liberdade contornando tudo aquilo que acredita ser um pré-requisito? Em vez de fazer um empréstimo, você pode simplesmente começar – agora mesmo – *sem* muito dinheiro. Em vez de contratar funcionários, você pode começar um projeto sozinho, com base na sua combinação pessoal específica de paixão e habilidade. Em vez de fazer uma faculdade de administração (que na verdade não ensina as pessoas a operar uma microempresa), você pode economizar uma pequena fortuna e aprender à medida que avança.

Lembre-se de que este livro não é sobre fundar uma grande startup na internet, nem sobre abrir um negócio tradicional vestindo um terno e indo ao banco para implorar que eles lhe façam um empréstimo, mas é o relato de pessoas que encontraram um jeito de realizar seus sonhos e ganhar um bom dinheiro se ocupando de suas paixões. E se o sucesso dessas pessoas pudesse ser replicado? E se existisse um plano mestre que você pudesse seguir, aprendendo com as pessoas que conseguiram?

É um modelo, não uma vaga série de ideias

Contarei mais sobre a minha própria história à medida que avançamos, mas este livro não é sobre mim — é sobre outras pessoas que encontraram a liberdade e como você pode fazer o mesmo. Durante uma turnê não convencional para promover meu livro, viajei a 63 cidades dos Estados Unidos e do Canadá (e mais de 15 outros países) e acabei conhecendo pessoas que fizeram a transição de trabalhar para o chefe para trabalhar por conta própria.

Depois, trabalhei com uma pequena equipe para criar um abrangente estudo de vários anos envolvendo mais de cem entrevistados. Analisando uma enormidade de dados (mais de 4 mil páginas de respostas por extenso, além de centenas de telefonemas, sessões pelo *Skype* e trocas de e-mails), compilei as lições mais importantes, que apresento aqui para a sua avaliação e ação. Este modelo para a liberdade é completamente customizável e altamente factível. Em vários pontos ao longo do caminho, você terá a chance de fazer uma pausa e trabalhar no seu próprio plano antes de ler mais sobre o que os outros fizeram.

Algumas pessoas que participaram do estudo são rebeldes natos, decididos desde a juventude a seguir por conta própria, mas a maioria é composta de pessoas comuns que só pensaram em trabalhar por conta própria mais tarde na vida. Várias foram demitidas de um emprego e de repente se viram forçadas a dar um jeito de pagar as contas ou sustentar a família. (Em quase todos esses casos, elas disseram algo como: "Perder o emprego foi a melhor coisa que me aconteceu. Se não fosse forçado, eu jamais teria dado o salto".)

Não se iluda: o modelo não ensina como ter sucesso trabalhando menos; mas sim como realizar um trabalho *melhor*. A meta não é enriquecer rapidamente, mas construir algo que as pessoas valorizem o suficiente para se disporem a abrir a carteira. Você não estará apenas criando um emprego para si mesmo, mas também um legado.

Este modelo não envolve segredos, atalhos nem truques de marketing. Você não encontrará exercícios de visualização aqui. Se você acha que pode se aproximar do dinheiro simplesmente pensando a respeito, não leia o livro. Ele trata sobre todas as coisas práticas que você pode fazer para assumir a responsabilidade pelo próprio futuro. Leia-o se quiser criar algo belo no caminho para a liberdade.

Será que você pode ter uma vida significativa orientada a algo que adora fazer? Sim. Será que você conseguirá ganhar dinheiro com isso? Sim, e apresento aqui as histórias de pessoas pioneiras e desbravadoras. Será que existe um caminho que você pode seguir no seu próprio plano de fuga? Sim! Você encontrará esse caminho aqui. Siga-o para criar a liberdade que tanto deseja.

PARTE I

EMPREENDEDORES INESPERADOS

"A necessidade de mudar abriu um caminho no centro da minha mente."

MAYA ANGELOU

Em uma manhã de segunda-feira, no dia 4 de maio de 2009, Michael Hanna vestiu um terno da Nordstrom com uma gravata colorida e se dirigiu a seu escritório no centro de Portland, Oregon. Um profissional de vendas veterano com 25 anos de experiência, Michael passava seus dias comparecendo a reuniões, convencendo clientes a fechar negócios e respondendo e-mails sem fim.

Ao chegar ao trabalho, naquele dia, ele se acomodou em seu cubículo, leu as notícias e checou seus e-mails. Uma das mensagens era de sua chefe, pedindo para vê-lo mais tarde naquele dia. A manhã transcorreu como sempre: mais e-mails, telefonemas e preparativos para uma grande apresentação de vendas. Michael levou um cliente para almoçar, parando para um café no caminho de volta ao escritório. Ele chegou a tempo de responder mais alguns e-mails e se dirigiu à sala da chefe.

Lá, Michael se sentou e notou que a chefe estava evitando fazer contato visual. "Depois daquilo", ele conta, "tudo aconteceu em câmera lenta. Eu já tinha ouvido várias histórias sobre essa experiência de outras pessoas, mas nunca me identifiquei com elas. Nunca achei que pudesse acontecer comigo."

A chefe mencionou a crise econômica, a necessidade inevitável de afastar bons funcionários e assim por diante. Um gerente de RH apareceu do nada, conduziu Michael à sua mesa e lhe deu uma caixa de papelão – *sem brincadeira!* – para ele levar suas coisas para casa. Michael não soube o que dizer, mas tentou manter o otimismo diante dos colegas. Ele voltou para casa às 2h30 da tarde, pensando em como contaria à sua esposa, Mary Ruth, e a seus dois filhos que estava desempregado.

Passado o choque, Michael entrou em uma rotina até então desconhecida, recebendo seguro-desemprego e procurando um novo trabalho. Não foi fácil. Ele era altamente qualificado, mas o mesmo se aplicava a inúmeros outros candidatos. O setor estava mudando e Michael não sabia se conseguiria encontrar um emprego bem pago no mesmo nível anterior.

Um dia, um amigo, dono de uma loja de móveis, mencionou que tinha um caminhão cheio de colchões de ponta de estoque e não sabia o que fazer com eles. "Você poderia vender os colchões um de cada vez na internet e ganhar uma boa grana", ele disse a Michael. A ideia pareceu maluca, mas a busca de emprego não estava dando em nada. Michael descobriu que o pior que poderia acontecer era acabar vendendo os colchões a preço de custo. Ele ligou para Mary Ruth: "Querida, é uma longa história, mas tudo bem se eu comprar um monte de colchões?".

O próximo passo foi encontrar um local para estocar a mercadoria. Procurando pela cidade, Michael encontrou uma concessionária que tinha acabado de fechar as portas. A situação também estava difícil no setor imobiliário, de forma que, quando Michael ligou para o proprietário para saber se daria para alugar o antigo *showroom* da concessionária, imediatamente eles fecharam um acordo. O primeiro lote foi vendido rapidamente pela internet e pelo boca a boca, e o maior problema era responder dúvidas de clientes potenciais sobre o tipo de colchão que eles deveriam comprar. "Eu não tinha nenhum plano de negócios e não sabia nada de colchões", Michael disse. "Eu tinha a impressão de que, nas lojas de colchões, em geral, o ambiente não era agradável e os vendedores eram agressivos demais. Eu não sabia que tipo de loja queria abrir, mas sabia que queria um ambiente acolhedor no qual os clientes não fossem destratados."

Com o sucesso da primeira experiência, Michael decidiu mergulhar de cabeça no mundo dos colchões, conversando com fornecedores locais e negociando com o proprietário para permanecer no antigo *showroom* da concessionária. Mary Ruth criou um site. O conceito de uma loja de colchões sem vendedores agressivos foi bem recebido em Portland e o negócio cresceu quando a loja passou a oferecer o primeiro sistema de entrega de colchões *de bicicleta*. (Um amigo adaptou uma bicicleta de duas pessoas, construindo uma plataforma na traseira capaz de levar um colchão king size.) Os clientes que iam à loja pedalando a própria bicicleta ganhavam frete grátis, uma tática de precificação que inspirou a fidelidade e o *upload* de inúmeros vídeos de fãs no YouTube.

Michael jamais teria imaginado isso, mas acabou com uma empresa de verdade, lucrativa desde o primeiro lote de colchões e ganhando dinheiro suficiente para sustentar a família. No segundo aniversário de sua abrupta saída da vida corporativa, Michael encontrou no guarda-roupa o terno da Nordstrom que usara no último dia do antigo emprego. Nos últimos dois anos, ele não usara aquele terno – nem qualquer outra roupa profissional – uma única vez. Ele pegou sua bicicleta, deixou o terno em um bazar beneficente e prosseguiu para sua loja de colchões. "Os dois anos que se sucederam à minha demissão foram incríveis", ele conta. "Passei de um sujeito corporativo a um entregador de colchões e nunca fui mais feliz."

▼▼▼

Do outro lado da cidade em relação à loja acidental de colchões de Michael, a empreendedora de primeira viagem Sarah Young abriu uma loja de aviamentos mais ou menos na mesma época. Para explicar por que ela escolheu dar o salto no auge da retração econômica e sem experiência alguma operando um negócio, Sarah disse: "Não que eu não tivesse experiência; só tinha um tipo diferente de experiência. Eu não era uma empreendedora antes, mas era uma compradora. Eu sabia o que queria e isso não existia, então eu criei". A loja de aviamentos, apresentada em mais detalhes no Capítulo 11, já era lucrativa seis meses depois de sua inauguração e tem atraído um grupo internacional de adeptos.

Enquanto isso, em outros lugares ao redor do mundo, outros empreendedores pularam a parte de abrir uma loja física e abriram negócios na internet, com um custo inicial praticamente nulo. Na Inglaterra, Susannah Conway começou a dar aulas de fotografia só para se divertir e teve a maior surpresa de sua vida quando percebeu que estava ganhando mais dinheiro do que em seu emprego como jornalista. (Pergunta: "O que você não previu quando abriu seu negócio?". Resposta: "Eu não sabia que estava abrindo um negócio!".)

Benny Lewis se formou em engenharia em uma universidade da Irlanda, mas nunca chegou a exercer a profissão. Em vez disso, encontrou um jeito de sobreviver como um "hacker profissional de idiomas", viajando pelo mundo e ajudando seus alunos a aprender a falar outras línguas rapidamente. (Pergunta: "Mais alguma coisa que deveríamos saber sobre o seu negócio?". Resposta: "Sim. Pare de usar o termo 'negócio'! Estou me divertindo como nunca!".)

Bem-vindo ao estranho novo mundo do microempreendedorismo. Nesse mundo, atuando independentemente de grande parte de outros newsletters de negócios mais conhecidos, blogueiros indianos ganham 200 mil dólares por ano. Editores independentes e itinerantes atuam de Buenos Aires a Bangcoc. Negócios de uma pessoa só lançam produtos e geram 100 mil dólares em um único dia, levando gerentes de banco nervosos a fechar as contas bancárias sem saber o que está acontecendo.

Estranhamente, muitos desses negócios incomuns prosperam dando coisas de graça, recrutando, dessa forma, uma legião de fãs e seguidores dispostos a pagar por produtos ou serviços quando eles forem finalmente oferecidos. "Meu plano de marketing se fundamenta em doações estratégicas", contou Megan Hunt, que faz à mão vestidos e acessórios para casamentos em Omaha, Nebrasca, com clientes no mundo inteiro. "Nossa maior iniciativa de marketing é capacitar as pessoas", explicou Scott Meyer, de Dakota do Sul. "Conduzimos sessões de treinamento, fornecemos materiais gratuitamente e respondemos qualquer pergunta sem cobrar absolutamente nada."

▼ ▼ ▼

Em alguns aspectos, empreendedores rebeldes que resistem ao sistema e seguem por conta própria não são novidade alguma. Os *micronegócios* – negócios normalmente operados por apenas uma pessoa – existem desde os primórdios do comércio. Antigamente, comerciantes percorriam as ruas de Atenas e Roma apregoando suas mercadorias. Em muitas regiões da África e da Ásia rural, grande parte do comércio ainda é realizada por meio de pequenas transações e escambos.

Abordagens não convencionais ao marketing e às relações públicas também já existem há muito tempo. Bem antes de ser uma prática comum, uma banda de rock teve a ideia de se comunicar diretamente com os fãs, evitando ao máximo a estrutura tradicional das gravadoras. Os fãs se sentiram parte de uma comunidade em vez de apenas uma gota em um mar de ouvintes. Ah, e em vez de depender principalmente das vendas de discos a banda pôde contar com as vendas de ingressos e *merchandising* em uma série interminável de shows ao vivo. Você pode achar que o exemplo é contemporâneo, mas o ano era 1967, e a banda era o Grateful Dead.

A novidade, contudo, é a rapidez com a qual é possível abrir um negócio e atingir um grupo de clientes. Hoje, o processo é muito mais rápido e barato do que nunca. Atualmente, passar de uma ideia a uma startup pode levar menos de um mês e custar menos que 100 dólares – basta perguntar a qualquer uma das pessoas cujas histórias você lerá neste livro. O comércio existe desde sempre, mas a escala, o alcance e a conexão mudaram muito. O pau para toda obra que faz pequenos bicos de manutenção doméstica costumava deixar folhetos na mercearia da esquina; hoje ele anuncia no Google a pessoas que fazem a busca "instalação de armário de cozinha" na cidade onde moram.

Não se trata de um clube elitista, mas sim de um movimento de classe média e sem líder. Ao redor do mundo, pessoas comuns estão largando o emprego tradicional e seguindo o próprio caminho. Em vez de combater o sistema, elas estão criando a própria forma de trabalho – normalmente sem muito treinamento e quase sempre sem muito dinheiro. Esses empreendedores inesperados transformaram sua paixão em lucro ao mesmo tempo que criavam uma vida repleta de propósito.

E se você também pudesse fazer isso? E se você pudesse ter a mesma liberdade para decidir seu próprio cronograma e determinar as próprias prioridades? Segue uma boa notícia: a liberdade é possível! Mais uma boa notícia: a liberdade não é algo a ser imaginado em um futuro vagamente distante – o futuro é *agora*.

O modelo da startup de 100 dólares

Já faz pelo menos uma década que tenho ouvido histórias sobre negócios não convencionais, sendo que eu mesmo tive uma série deles. Por meio do meu trabalho como escritor e empreendedor, tive acesso a um amplo círculo de micronegócios: negócios lucrativos, em geral, de uma pessoa só e sem contar com muito capital inicial. Comecei o processo de elaboração de um abrangente estudo com muitos dos meus amigos e colegas, mas não parei por aí.

Em 2010, produzi com Pamela Slim, autora de *Escape from cubicle nation*, uma série de workshops sobre ideias de negócios de baixo orçamento. Na primeira vez que anunciamos um workshop, as vagas se esgotaram em 90 minutos. Depois começamos a oferecer vagas para outros workshops com vários meses de antecedência, e elas se esgotaram antes do almoço. Como ficou claro que tínhamos encontrado uma demanda por esse tipo de informação, resolvi ir mais longe.

Ao conduzir os workshops, me interessei cada vez mais pelo modelo "siga sua paixão" – a ideia de que pequenos negócios de sucesso muitas vezes são criados por pessoas que desejam se ocupar de um hobby ou interesse pessoal. Entrevistei empreendedores do mundo todo e documentei suas histórias para desenvolver um curso on-line que chamei de *Empire Building Kit*. O curso inspirou o lançamento do projeto em uma escala mais ampla, além de ter inspirado este livro.

No início, tinha em mente um punhado de estudos de caso, mas, ao me preparar para escrever o livro, resolvi ampliar os meus exemplos. Realizei levantamentos on-line e off-line, coletando dados por meio de um formulário no Google que gerou milhares de pontos de dados. Em visitas a 63 cidades da América do Norte em uma turnê para promover um livro, conheci mais empreendedores acidentais não convencionais que me contaram suas histórias.

Quando finalmente fechei o processo de seleção, tinha mais de 1.500 candidatos para escolher, que satisfaziam pelo menos quatro dos seis critérios a seguir:

- **O modelo "siga sua paixão".** Muitas pessoas se interessam em abrir um negócio baseado em um hobby ou atividade pela qual elas são apaixonadas. Como veremos, nem toda paixão leva a contas bancárias recheadas, mas isso sem dúvida acontece com algumas delas.
- **Baixo investimento inicial.** Meu interesse se concentrou em negócios que requerem menos de mil dólares em capital inicial, especialmente os que custam praticamente nada (menos de cem dólares) para começar.
- **Uma renda líquida de pelo menos 50 mil dólares anuais.** Eu queria negócios lucrativos que geraram pelo menos tanto quanto a renda média de um norte-americano. À medida que prosseguimos, você notará que a renda varia consideravelmente, com muitos negócios gerando saudáveis rendas de seis dígitos ou mais.
- **Nenhuma habilidade especial.** Como estamos falando de pessoas comuns que abriram um negócio de sucesso, tendi a escolher negócios que qualquer um poderia operar. Pode ser difícil definir isso, mas uma importante distinção que utilizei foi o fato de que muitos negócios demandam algum tipo de habilidades especializadas, mas se tratam de habilidades que podem ser desenvolvidas em pouco tempo de treinamento ou estudo independente. É possível aprender o processo de torrefação de café enquanto se opera o negócio, por exemplo, mas – espera-se – não dá para aprender a ser um dentista depois de abrir um consultório.
- **Plena divulgação dos dados financeiros.** Os entrevistados no estudo concordaram em revelar sua projeção de receita para o ano corrente e a receita real de pelo menos os dois últimos anos. Além disso, eles tiveram de se dispor a falar sobre receitas e despesas em termos específicos.
- **Menos de cinco funcionários.** Em geral, me interessei por empreendedores inesperados ou acidentais que escolheram deliberadamente permanecer pequenos. Muitos dos estudos de caso são de negócios operados por apenas uma pessoa, o que se relaciona diretamente à meta da liberdade pessoal que muitos entrevistados identificaram.

Excluí negócios em mercados "adultos" ou de legalidade questionável e, na maioria dos casos, também excluí negócios altamente técnicos ou que exigiam habilidades especiais para serem operados. A prova de fogo foi: "Você tem como explicar o que faz à sua avó e estaria disposto a isso?".

Em seguida, busquei analisar negócios abertos por pessoas do mundo todo. Cerca de metade das nossas histórias é dos Estados Unidos e a outra metade é composta de casos do resto do mundo. Do Vale do Silício a Atlanta, os Estados Unidos constituem um verdadeiro catalisador para o empreendedorismo, tanto em termos de valores quanto de facilidade de começar. Mas, como veremos, pessoas de todas as partes do mundo estão criando o próprio micronegócio, algumas vezes seguindo o modelo norte-americano e outras vezes atuando de forma independente.

Por fim, na última rodada de seleção dos estudos apresentados, minha tendência foi escolher histórias "interessantes". Nem todo negócio precisa ser glamoroso ou badalado – na verdade, muitos dos casos apresentados aqui não o são –, mas preferi histórias que salientavam a originalidade e a criatividade. Dois anos atrás em Minneapolis, Lisa Sellman chamou a minha atenção ao me contar sobre seu negócio de treinamento de cães. Não dei muita bola no início. Até que ponto treinar cachorros poderia ser um negócio lucrativo? Mas, então, Lisa me contou o quanto ganhava: 88 mil dólares no ano anterior e a caminho dos seis dígitos no próximo ano. De repente me vi interessado. Como Lisa conseguiu isso... e quais são as lições que poderíamos aprender com ela?

Cada empreendedor estudado preencheu vários levantamentos detalhados sobre seu negócio, incluindo dados financeiros e fatores demográficos, além de dezenas de questões discursivas. Os levantamentos em grupo foram seguidos de questões individuais adicionais em centenas de e-mails, telefonemas, video-conferências pelo *Skype* e encontros presenciais em 15 cidades ao redor do mundo. A minha meta foi criar uma narrativa encontrando temas em comum em um grupo diversificado. Os dados coletados renderiam vários volumes enormes, mas tentei apresentar aqui apenas as informações mais importantes. Saiba mais sobre a metodologia do estudo, inclusive os dados dos levantamentos e entrevistas específicas no site <www.100startup.com>.

▼ ▼ ▼

Em outros estudos, livros e reportagens na mídia, dois tipos de modelos de negócios costumam chamar mais atenção. O primeiro modelo de negócio é o convencional: um inventor tem uma ideia e convence o banco a emprestar dinheiro para as operações, ou uma empresa promove a cisão de uma divisão para criar uma nova empresa. A maioria das empresas negociadas no mercado de ações se encaixa nessa categoria. O segundo modelo de negócio é a startup impulsionada por um investimento, normalmente focada em capital de risco, aquisição de controle acionário, propaganda e participação de mercado. O negócio é aberto por um fundador ou um pequeno grupo de parceiros, mas, muitas vezes, operado por uma equipe gerencial que reporta a um conselho de administração que, por sua vez, busca melhorar a cotação da empresa com a meta de "abrir o capital" ou ser adquirida.

Cada um dos modelos mais tradicionais tem seus pontos fortes e fracos, além de várias outras características. Nos dois modelos, não faltam histórias de sucesso e fracasso. Mas não nos concentraremos nesses modelos e suas histórias neste livro. Apesar de esses dois modelos de negócios receberem toda a atenção, uma terceira opção tem se desenvolvido sem alardes – uma opção completamente diferente.

A nossa história é sobre pessoas que abrem o próprio micronegócio sem investimento, sem funcionários e, muitas vezes, sem uma noção clara do que estão fazendo. Elas quase nunca têm um plano de negócios formal e muitas vezes não têm plano algum além de "Tentar para ver o que acontece". Com muita frequência, o negócio decola rapidamente, sem precisar da permissão de um conselho de administração ou administrador. Os testes de mercado são realizados à medida que se avança. "Os clientes estão comprando?" Se a resposta for sim, bom. Se não, o que podemos mudar?

Da mesma forma como a transformação de Michael de um sujeito corporativo a um vendedor de colchões, muitos dos nossos estudos de caso abriram negócios acidentalmente em razão de alguma adversidade, como perder o emprego. Em Massachusetts, o marido de Jessica Reagan Salzman ligou dizendo que voltaria para casa mais cedo do trabalho – e que não voltaria ao escritório no dia seguinte. A demissão inesperada levou Jessica, mãe de um bebê de três semanas, a entrar em ação. Com isso, seu "hobby" de meio expediente na área da escrituração contábil se tornou a principal e única fonte de renda familiar. Na Pensilvânia, Tara Gentile abriu seu negócio com a meta de trabalhar em casa enquanto cuidava dos filhos; o negócio cresceu tão rapidamente que seu marido acabou ficando em casa também.

No velho continente, David Henzell era um diretor da maior agência publicitária nas redondezas de Londres. Ele saiu em parte porque se sentia entediado com o trabalho e em parte por causa de um diagnóstico de síndrome da fadiga crônica, em razão de suas "responsabilidades crônicas de diretor". Em sua nova empresa, a Lightbulb Design, é ele quem decide as regras. "Por um tempo, foi a doença que me comandou", ele conta, "mas agora sou eu que comando a doença. A Lightbulb começou como um jeito de ganhar a vida nos meus próprios termos. Ainda trabalhamos nos meus termos, mas agora estamos arrasando!"

As pessoas que conheceremos neste livro decidiram estruturar seus projetos de maneiras consideravelmente variadas. Algumas acabaram optando pela expansão, contratando ou montando equipes virtuais. Erica Cosminsky chegou a ter uma equipe de transcrição composta de 17 pessoas, mas, ao optar por trabalhar com terceiros em vez de contratar funcionários, ela manteve a liberdade de manter as coisas simples. A fábrica de malas de Tom Bihn, em Seattle, cresceu até se transformar em uma operação de sete dígitos ao mesmo tempo que se manteve completamente independente, rejeitando ofertas de vender seus produtos em megalojas de varejo.

Outros se voltaram a parcerias que possibilitaram que cada pessoa se concentrasse no que faz melhor. Tendo acabado de se formar na faculdade de design e desanimados com seus empregos de início de carreira, Jen Adrion e Omar Noory começaram vendendo mapas customizados a partir de um apartamento em Columbus, Ohio. Patrick McCrann e Rich Strauss eram concorrentes e se uniram para criar uma comunidade para praticantes de esportes de resistência. Várias das nossas histórias são sobre casais – casados ou namorados – abrindo um negócio juntos.

Mas muitos outros escolheram partir em carreira solo, convencidos de que encontrariam a liberdade trabalhando em grande parte sozinhos.

Charlie Pabst era um arquiteto de sucesso com o "emprego dos sonhos", projetando lojas para a Starbucks. Mas o desejo de autonomia superou o conforto do emprego fixo e cafés de graça: "Um dia, a caminho do trabalho, percebi que não daria para continuar, liguei dizendo que estava doente, escrevi minha carta de demissão e foi assim que tudo começou". Charlie ainda trabalha como designer, mas agora trabalha em casa, para clientes que ele escolhe.

Veremos essas histórias como um conjunto: um grupo de vozes individuais que, juntas, criam uma composição original. Ao contar como diferentes pessoas se libertaram da angústia corporativa, o desafio é reconhecer sua coragem sem exagerar suas habilidades. A maioria não é composta de gênios ou empreendedores natos; são pessoas comuns que tomaram algumas importantes decisões transformadoras. Poucos empreendedores são graduados em administração e mais da metade não tinha absolutamente nenhuma experiência anterior no mundo dos negócios. Vários largaram os estudos e outros nunca chegaram a entrar na faculdade.[1]

Ao contar essas histórias, a meta foi traçar um mapa para a liberdade, um esquema que você pode utilizar para aplicar as lições desses casos de sucesso a seu próprio plano de fuga. Avaliando os estudos de caso, é possível identificar três lições do microempreendimento. Nos concentraremos nessas lições ao longo de todo o livro.

Lição 1: Convergência

Como veremos, a *convergência* representa a interseção entre algo que você gosta de fazer ou é bom fazendo (de preferência os dois) e algo pelo qual as pessoas também se interessam. O jeito mais fácil de entender a convergência é pensar nela como o espaço sobreposto entre aquilo que desperta o seu interesse e aquilo pelo qual as pessoas se dispõem a pagar.

Veja os círculos a seguir:

Nem tudo o que você adora fazer ou que faz bem é interessante para o resto do mundo e nem tudo tem valor no mercado. Eu posso adorar comer pizza, mas ninguém vai me pagar para fazer isso. De maneira similar, uma pessoa individual não será capaz de resolver todos os problemas ou instigar o interesse de todas as

---

1   Jeremy Brown fez dois anos de escola técnica, mas abandonou os estudos sem chegar a se formar. Depois de ter fundado uma empresa de sucesso, foi convidado pela escola para dar uma palestra aos alunos na qualidade de um "caso de sucesso", sem perceber que seu sucesso fora um fruto de sua decisão de abandonar o programa e partir por conta própria. "A palestra foi meio esquisita", ele conta, "mas os alunos gostaram."

pessoas. Mas, na sobreposição entre os dois círculos, onde a paixão ou a habilidade se encontra com a utilidade, um micronegócio fundamentado na liberdade e no valor pode prosperar.

Lição 2: Transformação de habilidades

Muitos dos projetos que analisaremos foram iniciados por pessoas com habilidades *relacionadas*, não necessariamente a habilidade mais utilizada no projeto. Por exemplo, os professores normalmente são bons não só lecionando como também em áreas como comunicação, adaptabilidade, controle de multidões, planejamento de aulas e coordenação de diferentes grupos de interesse (alunos, pais, administradores, colegas). Apesar de a carreira de professor ser nobre por si só, essas habilidades também podem ser utilizadas para abrir um negócio.

A maneira mais fácil de entender a transformação de habilidades é perceber que você provavelmente é bom em mais de uma coisa. Natural da Alemanha, Kat Alder trabalhava como garçonete em Londres quando alguém lhe disse: "Acho que você se daria muito bem em relações públicas". Kat não sabia nada da área, mas sabia que era uma boa garçonete, sempre recebendo boas gorjetas e agradando seus clientes ao recomendar itens do cardápio que sabia que eles gostariam.

Quando foi demitida de outro emprego temporário na BBC, ela se lembrou daquela conversa. Ela ainda não sabia muito sobre a área de relações públicas, mas conquistou o primeiro cliente em um mês e foi aprendendo à medida que avançava. Quatro anos depois, sua empresa emprega cinco pessoas e possui operações em Londres, Berlim, Nova York e China. Kat era uma excelente garçonete e aprendeu a aplicar habilidades similares de trato com as pessoas para promover seus clientes, criando um negócio mais lucrativo, sustentável e divertido do que trabalhar para alguém e repetir interminavelmente a lista de especiais do dia.

Ao contrário do que muita gente pensa, o sucesso no empreendedorismo não depende necessariamente de ser o melhor em determinada atividade. Scott Adams, o criador das tiras de quadrinhos *Dilbert*, explica seu sucesso da seguinte forma:

> Consegui ter sucesso como um cartunista com um talento artístico desprezível, algumas noções básicas de elaboração de texto, um senso de humor comum e alguma experiência no mundo dos negócios. Os quadrinhos *Dilbert* são uma combinação dessas quatro habilidades. O mundo está cheio de artistas melhores,

escritores mais espertos, humoristas mais engraçados e pessoas mais experientes no mundo dos negócios. O valor está na combinação dessas modestas habilidades.[2]

Para ter sucesso em um projeto de negócios, especialmente um que o empolga, é interessante realizar um meticuloso inventário de todas as suas habilidades que poderiam ser úteis para os outros, com foco na combinação dessas habilidades.

Lição 3: A fórmula mágica

Unir as duas primeiras ideias leva a uma receita não tão secreta na alquimia dos micronegócios:

Paixão ou habilidade + utilidade = sucesso

Ao longo do livro, analisaremos os estudos de caso nos referindo a essa fórmula. Jaden Hair criou a Steamy Kitchen, um programa e site de culinária voltados à gastronomia asiática. Partindo de um investimento inicial de 200 dólares, ela recebeu ofertas para escrever livros de receita, aparecer na TV e receber patrocínio corporativo em virtude da união da paixão e da utilidade. As receitas que Jaden divulga todos os dias para um amplo público são fáceis, saudáveis e muito populares – quando a vi em um evento que ela estava promovendo em Austin, mal consegui transpor a multidão de admiradores para cumprimentá-la. (Leia mais sobre a história de Jaden no Capítulo 2.)

Brandon Pearce era um professor de piano que tinha dificuldades com o lado administrativo de seu trabalho. Seu hobby era a programação de computador, de forma que, para resolver o problema, ele criou um software para ajudá-lo com o cadastro de alunos, agendamento e controle de pagamentos. "Eu não tinha intenção nenhuma de transformar o projeto em um negócio", ele conta. "Mas, quando outros professores começaram a se interessar, achei que pudesse ganhar um dinheirinho extra com o software." O dinheirinho extra se transformou em uma fonte de renda de período integral, atualmente com uma receita excedente de 30 mil dólares mensais. Nascido no Estado norte-americano de Utah, Brandon mora com a família na Costa Rica, quando não estão viajando pelo mundo. (Leia mais sobre a história de Brandon no Capítulo 4.)

---

2   ADAMS, Scott. How to get a real education at college. *The Wall Street Journal*, 9 abr. 2011.

O caminho adiante: o que aprenderemos

Na busca pela liberdade, analisaremos os detalhes práticos de abrir um micronegócio pelas lentes das pessoas que conseguiram. Os fundamentos para abrir um negócio são muito simples, você não precisa de um MBA (guarde os 60 mil dólares que pagaria em mensalidades), capital de risco nem um plano detalhado. Você só precisa de um produto ou serviço, um grupo de pessoas dispostas a pagar por ele e um jeito de ser pago. Esses elementos básicos podem ser explicados como se segue:

1. Produto ou serviço: o que você tem para vender.
2. Pessoas dispostas a pagar: os seus clientes.
3. Um jeito de ser pago: como você trocará um produto ou serviço por dinheiro.

Se você tiver um grupo de pessoas interessadas, mas não tiver nada para vender, não tem um negócio. Se tiver algo para vender, mas ninguém disposto a comprar, não tem um negócio. Nos dois casos, sem um jeito claro e simples para permitir que os clientes paguem pela sua oferta, você não tem um negócio. Junte esses três elementos e parabéns! – agora você é um empreendedor.

Esses são os fundamentos essenciais de qualquer projeto; não há necessidade de complicar as coisas. Mas, entrando um pouco em detalhes, ajuda ter uma *oferta*: uma combinação de produto ou serviço *mais* a mensagem para convencer os compradores potenciais. O trabalho inicial pode ser difícil, mas normalmente, quando o negócio deslancha, você pode *reforçar* as vendas aumentando os lucros – se quiser. Ajuda ter uma estratégia – descrita neste livro como *agitar as coisas* – para instigar o interesse e chamar a atenção das pessoas. Em vez de simplesmente aparecer com uma oferta, é interessante criar um *evento de lançamento* para empolgar os compradores antes da hora.

Analisaremos em detalhes cada um desses conceitos, com base na experiência dos empreendedores que apresentaremos no livro. A meta é explicar o que as pessoas fizeram para promover o sucesso do negócio e analisar meticulosamente como isso pode ser replicado em outros negócios. As lições e os estudos de caso ilustram um método de criação de negócios que funcionou repetidas vezes: crie algo que as pessoas desejam e dê isso a elas.

Não existe um método infalível; na verdade, o fracasso costuma ser o melhor professor. Ao longo do caminho, conheceremos um artista cujo estúdio desmoronou sob seus pés enquanto ele estava no telhado retirando freneticamente a neve com uma pá. Veremos como um prestador de viagens de aventura se recuperou depois de ficar sabendo que a ilha do sul do Pacífico na qual eles tinham um passeio programado para a manhã seguinte não estava mais recebendo visitantes. Algumas vezes o desafio resulta de negócios demais e não de menos: em Chicago, veremos o que acontece quando um negócio sobrevive sob o peso de 2 mil novos clientes inesperados em um único dia. Veremos como esses bravos empreendedores se mantiveram avançando, transformando desastres potenciais em sucessos duradouros.

Os temas recorrentes da nossa análise são liberdade e valor, mas subjacente aos dois está o tema da mudança. Morando em Seattle, James Kirk montava e administrava centros de dados informatizados por todo o país. Mas, em um salto de fé que levou menos de seis meses da ideia à execução, ele encheu um Mustang 2006 com sua mudança e se mudou de Seattle à Carolina do Sul, com a missão de abrir um café exclusivo na terra de *biscuits* e chá gelado. Assim que tomou a decisão, ele conta, todos os outros caminhos se fecharam: "Teve um momento bem no início quando percebi que é isso que quero fazer e é isso que vou fazer. E foi assim. Tomei a decisão e o resto se ajeitaria".

Como veremos, James acabou elaborando um plano de verdade, mas o passo mais importante foi tomar a decisão. Mesmo sem estar pronto, ele decidiu promover uma grande mudança, que logo se concretizou. Poucos meses depois, a Jamestown Coffee foi inaugurada em Lexington, Carolina do Sul. James e sua nova equipe passaram várias semanas trabalhando dez horas por dia para se preparar para a inauguração. E eles conseguiram: uma fita a ser cortada, o comparecimento garantido do prefeito para receber o novo negócio na comunidade e uma fila de clientes ansiosos para conhecer o café. Finalmente, chegou o dia da inauguração e a partir daí James nunca mais olhou para trás.

PONTOS
FUNDAMENTAIS

- Não há novidade alguma no conceito dos micronegócios; eles existem desde os primórdios do comércio. No entanto, o que mudou foi a capacidade de testar, de lançar e de expandir rapidamente o seu projeto sem precisar investir muito.

**PONTOS
FUNDAMENTAIS**

- Para abrir um negócio, você precisará de três fatores: um produto ou serviço, um grupo de pessoas dispostas a pagar por ele e um jeito de ser pago. Todo o resto é completamente opcional.

- Se você for bom em uma coisa, provavelmente também é bom em outras coisas. Muitos projetos começam com um processo de "transformação de habilidades", no qual o conhecimento do empreendedor é aplicado a um tópico relacionado.

- O mais importante: combine a sua paixão e habilidades com algo que as pessoas considerem útil.

"Pesque um peixe e você pode vendê-lo a um homem. Ensine um homem a pescar e você arruinará uma maravilhosa oportunidade de negócios."

KARL MARX

Além de algumas histórias que mencionamos brevemente no Capítulo 1, voltaremos à história da Jamestown Coffee Company à medida que avançamos. Mas, primeiro, vamos analisar um princípio essencial para conquistar a liberdade por meio de um *micronegócio* fundamentado em uma habilidade, um hobby ou uma paixão. O jeito difícil de abrir um negócio é seguir vacilante sem saber se a sua grande ideia terá alguma repercussão com os clientes. O jeito fácil é descobrir o que as pessoas querem e encontrar uma maneira de dar isso a elas.

Outro caminho a considerar é pensar sobre peixes.

Imagine o seguinte cenário: é noite de sexta-feira e você decide ir jantar em um bom restaurante depois de uma longa semana de trabalho. Enquanto você beberica uma taça de vinho para relaxar, o garçom se aproxima para lhe informar sobre o prato do dia. "Temos um delicioso risoto de salmão hoje", ele diz. "Parece ótimo", você pensa, e aceita a sugestão. O garçom anota o pedido e se dirige à cozinha enquanto você continua tomando o seu vinho e conversando.

Por enquanto tudo bem, certo? Mas, então, chega o chef e se aproxima da sua mesa. "Vi que você pediu o risoto de salmão", ele diz com um sorriso aprovador. "Bem, é meio delicado fazer risoto e o salmão também deve estar no ponto... Você já fez risoto antes?" Antes de você poder responder, o chef se vira e começa a caminhar na direção da cozinha. "Bom, vou fazer o seguinte, vou me adiantar e começar com o azeite... Enquanto isso você lava as mãos e me encontra na cozinha."

Imagino que você nunca tenha passado por algo parecido e, também, imagino que você, provavelmente, não ficaria muito contente de passar por uma situação como essa. Passado o choque inicial (o chef quer mesmo que eu vá à cozinha para ajudar a fazer o risoto?), você provavelmente acharia tudo muito estranho. Você sabe que a comida em um restaurante custa muito mais que em um supermercado – você está pagando um enorme adicional pelo ambiente e pelo atendimento. Se quisesse fazer risoto de salmão, você faria isso na sua casa. Você não foi ao restaurante aprender a fazer um novo prato; você foi para descontrair e ser servido.

O que esse cenário tem a ver com abrir um micronegócio e mapear um caminho para a liberdade? O problema é o seguinte: muitos negócios se fundamentam na ideia de que os clientes devem ir à cozinha preparar o próprio jantar. Em vez de dar às pessoas o que elas realmente querem, os proprietários do negócio acham que é melhor envolver os clientes nos bastidores... porque eles *acham* que é isso que os clientes querem.

Tudo isso é culpa do velho ditado:"Dê a um homem um peixe e ele comerá por um dia. Ensine um homem a pescar e ele comerá a vida toda". Pode ser uma boa ideia para pescadores famintos, mas costuma ser uma ideia terrível nos negócios. A maioria dos clientes não quer aprender a pescar. Nós trabalhamos a semana inteira e vamos ao restaurante para que alguém cuide de tudo para nós. Não precisamos saber o que acontece na cozinha; na verdade, podemos nem *querer* saber.

É melhor dar às pessoas o que elas de fato querem e o melhor jeito de fazer isso é entendendo um fato muito simples sobre quem somos. Acerte este ponto e muitos outros aspectos ficarão muito mais fáceis.

▼ ▼ ▼

Durante 15 anos, John e Barbara Varian fizeram móveis, morando em uma pequena fazenda em Parkfield, Califórnia, uma minúscula cidade com uma placa na entrada informando "População: 18". A ideia do negócio paralelo surgiu por acaso depois que um grupo de entusiastas por cavalgadas perguntou se eles poderiam andar a cavalo pela fazenda por uma taxa. Eles precisariam comer também – será que John e Barbara poderiam providenciar um lanche? Sim, eles poderiam.

No outono de 2006, eles perderam todo o estoque de móveis em um incêndio e foram forçados a reavaliar toda a operação. Em vez de recomeçar o negócio de móveis, decidiram mudar de negócio. "Sempre adoramos cavalos", Barbara contou, "então decidimos ver se outros grupos não pagariam para vir à fazenda." Eles construíram um alojamento, fizeram melhorias em outras instalações e criaram pacotes específicos para grupos de cavaleiros, incluindo todas as refeições e atividades. John e Barbara inauguraram o negócio, batizado de V6 Ranch, na propriedade de 20 mil acres situada exatamente no meio do caminho entre Los Angeles e São Francisco.

A história de Barbara ficou na minha cabeça por causa de uma coisa que ela disse. Eu sempre pergunto aos proprietários de um negócio o que eles vendem e por que os clientes compram deles, e as respostas podem ser reveladoras. Muitas pessoas respondem diretamente a pergunta – "Vendemos tal coisa e as pessoas compram porque precisam dessa coisa" –, mas de vez em quando alguém se sai com uma resposta mais profunda.

"Não vendemos passeios a cavalo", Barbara afirmou enfaticamente. "O que oferecemos é liberdade. Nosso trabalho ajuda os nossos convidados a fugir, mesmo se for só por um momento, e ser alguém que eles nunca acharam que poderiam ser."

A diferença é fundamental. A maioria das pessoas que visitam o V6 Ranch tem um emprego formal e um número limitado de dias de férias. Por que elas escolheriam visitar uma fazenda em uma minúscula cidade em vez de embarcar em um avião e ir pegar sol em uma praia no Havaí? A resposta está na história e na mensagem por trás da oferta de John e Barbara. Ajudar seus clientes a "fugir e ser outra pessoa" tem muito mais valor que oferecer cavalgadas. Antes de mais nada, o V6 Ranch vende felicidade.

▼ ▼ ▼

Do outro lado do país, em Washington, D.C., Kelly Newsome também se dedicava a abrir o próprio caminho. Quando entrou na faculdade, ela já tinha a meta de ser uma profissional bem-sucedida. Depois de se formar com as melhores notas da turma na Faculdade de Direito da University of Virginia, foi contratada como advogada bem remunerada em uma empresa de Manhattan – seu sonho por mais de seis anos. Infelizmente, Kelly não demorou a descobrir que analisar meticulosamente a documentação da empresa para verificar sua conformidade com a Lei de Valores Mobiliários dos Estados Unidos dia após dia não era exatamente o que ela esperava. Passada a euforia de ser contratada no seu emprego dos sonhos e diante da realidade de ser uma mera burocrata bem remunerada, Kelly se viu pronta para mudar.

Depois de cinco anos, Kelly largou seu emprego na área de direito corporativo, que lhe rendia 240 mil dólares anuais, para trabalhar na Human Rights Watch, uma ONG internacional de direitos humanos. O trabalho era mais gratificante que o emprego bem pago anterior, mas também a ajudou a perceber que o que ela realmente queria era trabalhar por conta própria. Antes da próxima mudança, Kelly fez uma pausa para viajar pelo mundo. Ela sempre adorou fazer ioga e, em suas viagens, fez um curso de 200 horas e deu aulas de ioga na Ásia e na Europa. O próximo passo foi a Higher Ground Yoga, um negócio de aulas particulares de ioga que ela fundou em Washington, D.C. Não faltam estúdios de ioga em Washington, mas Kelly queria se voltar a um público-alvo específico: mulheres atarefadas, normalmente executivas, entre 30 e 45 anos, muitas vezes com filhos pequenos ou grávidas. Em menos de um ano, o negócio de Kelly já lhe rendia mais de 50 mil dólares anuais e, atualmente, ela está a caminho de ganhar mais de 85 mil dólares por ano.

Dar aulas particulares na casa do cliente tem seus problemas – em decorrência das grandes nevascas que atingiram a Costa Leste dos Estados Unidos, Kelly passou cerca de três semanas sem conseguir chegar de carro a várias aulas e sua renda foi prejudicada. Mesmo ganhando menos e apesar de não poder dar tantas aulas em razão do mau tempo, Kelly diz que jamais voltaria a trabalhar em uma empresa. Nas palavras dela: "Quando era uma advogada, trabalhei com uma famosa massagista e me lembro de ter dito: 'Deve ser ótimo poder fazer as pessoas tão felizes'. E é mesmo". Como Barbara e John, Kelly descobriu que o segredo de uma nova e significativa carreira se relacionava diretamente com ajudar as pessoas a se sentirem bem consigo mesmas.

De onde vêm as ideias?

Quando começar a pensar como um empreendedor, você reparará que as ideias de negócios podem vir de qualquer lugar. Quando for ao supermercado, preste atenção a como eles posicionam a sinalização (placas, faixas etc.) na loja. Estude os preços nos cardápios de restaurantes não só para controlar o seu orçamento, mas também para compará-los com os preços de outros restaurantes. Quando vir um anúncio, tente responder: Qual a mensagem mais importante que a empresa está tentando comunicar? ▶

Ao pensar nesses termos, você começará a notar oportunidades para projetos de micronegócios onde quer que for. Veja algumas fontes comuns de inspiração.

Uma ineficiência no mercado. Você já passou por uma situação na qual não é atendido como esperava ou já se viu procurando algo que não existe? Você provavelmente não é o único cliente frustrado com um mau atendimento e não é a única pessoa que deseja aquele produto inexistente. Faça você mesmo o que deseja comprar e os outros provavelmente também vão querer comprar de você.

Nova tecnologia ou oportunidade. Quando todo mundo começou a usar smartphones, isso abriu novos mercados para desenvolvedores de apps, fabricantes de capas protetoras e assim por diante. Mas a solução mais óbvia não é a única: fabricantes de agendas, diários e cadernos de papel de alta qualidade também viram um aumento das vendas, talvez, em parte, em razão de clientes que não desejavam transferir a vida inteira ao formato eletrônico.

Mudanças no ambiente. Como vimos no exemplo de Michael, no Capítulo 1, concessionárias de automóveis estavam fechando as portas e, com isso, ele conseguiu alugar sua primeira loja temporária de colchões sem pagar muito. Nem todo mundo teria pensado em alugar uma ex-concessionária de automóveis para abrir uma loja de colchões, mas Michael agarrou a oportunidade.

Um projeto paralelo ou derivado. Uma ideia de negócio pode levar a muitas outras. Sempre que um negócio estiver indo bem, pense em desdobramentos, variações e projetos paralelos que também poderiam render lucros. Brandon Pearce, cujo caso será apresentado em mais detalhes no Capítulo 4, fundou a Studio Helper como um projeto paralelo do seu negócio principal, a Music Teacher's Helper. Atualmente, o novo negócio rende sozinho mais de 100 mil dólares por ano.

Dica: Ao pensar em diferentes ideias de negócios, não deixe de pensar no dinheiro. Desenvolva o hábito de equilibrar as questões financeiras com as ideias. Ao realizar um *brainstorming* e avaliar diferentes projetos, o dinheiro não é o único fator a ser levado em consideração – mas é um fator importante. Responda a estas três perguntas para cada ideia:

1. Como receberei por esta ideia?
2. Quanto devo receber por esta ideia?
3. Tem algum jeito de eu receber mais de uma vez?

Analisaremos em mais detalhes o aspecto do dinheiro nos Capítulos 10 e 11.

O que é valor?

As histórias do V6 Ranch e da Higher Ground Yoga são bons exemplos de como liberdade e valor se relacionam. Na Califórnia, John e Barbara encontraram uma maneira de conciliar seu desejo de viver em estreito contato com a natureza convidando pessoas para usar a fazenda como uma válvula de escape. Enquanto isso, apesar de Kelly ganhar menos (pelo menos por enquanto) em sua nova carreira, sua saúde está melhor e ela faz o que gosta – troca que ela não se arrepende de ter feito. A principal motivação de Kelly para realizar a mudança foi a liberdade, mas a chave de seu sucesso é o valor que ela proporciona a seus clientes.

Vamos fazer uma pausa para analisar o conceito de *valor*, uma palavra muitas vezes utilizada sem uma explicação mais aprofundada. O que exatamente é o valor? Veja uma definição básica:

va-lor: algo desejável e importante, criado por meio da troca ou esforço.

No nosso contexto, um jeito ainda mais fácil de pensar a respeito é: *Valor significa ajudar as pessoas.* Se você estiver tentando abrir um micronegócio e começar ajudando as pessoas, está no caminho certo. Quando se vir empacado, pergunte-se: Como posso proporcionar mais valor? Ou, dito de maneira mais simples: Como posso ajudar mais os meus clientes? Liberdade e valor são diretamente relacionados: é possível buscar a liberdade para si próprio ao mesmo tempo que proporciona valor para os outros. Um negócio tem sucesso em razão do valor proporcionado a seus usuários finais, clientes e compradores.

Mais do que qualquer outra coisa, o valor se relaciona a necessidades emocionais. Muitos empresários falam de seus negócios em termos de *características, funcionalidades ou recursos* oferecidos, mas é muito mais poderoso falar em termos dos *benefícios* recebidos pelos clientes. Uma característica é descritiva, ao passo que um benefício é emocional. Pense na diferença entre as histórias que analisamos até agora neste capítulo. O V6 Ranch ajuda as pessoas a "fugir e ser outra pessoa". Isso não é mais poderoso do que se limitar a oferecer um passeio a cavalo? As aulas de ioga de Kelly ajudam executivas atarefadas a se preparar para seu dia em um ambiente tranquilo, uma experiência muito mais significativa e individualizada do que ir à academia com centenas de outras pessoas.

Podemos aplicar a mesma lógica aos exemplos que vimos no Capítulo 1. Em seu nível mais básico, poderíamos dizer que Jaden Hair (fundadora da Steamy Kitchen) oferece receitas em seu site, mas muitos outros sites têm receitas. Um benefício muito mais poderoso, e que Jaden escolheu promover, é que seu trabalho ajuda a unir famílias ao preparar e degustar pratos deliciosos. De forma similar, Megan Hunt faz vestidos de noiva, mas o que importa é que ela também ajuda as noivas a esperar, celebrar e se lembrar de um dia perfeito. Quem não pagaria por isso? A lista a seguir apresenta uma comparação entre recursos e benefícios.[3]

	Característica (descritiva)	Benefício (emocional)
V6 Ranch	Cavalgadas e *camping*	Venha nos visitar e se transforme em um caubói
Higher Ground Yoga	Aulas particulares de ioga para mulheres atarefadas	Relaxe e comece o dia com uma prática personalizada e orientada
Megan Hunt	Vestidos de noiva e acessórios	Sinta-se especial no seu grande dia
Steamy Kitchen	Receitas e histórias gastronômicas	Reúna a família para cozinhar e saborear uma boa comida
Anonymous Restaurant	Comida e bebidas	Relaxe e deixe que a gente cuide de você depois de uma longa semana de trabalho

Esse tipo de análise se aplica até a negócios que você pode considerar entediantes. Michael Hanna (o sujeito dos colchões) me contou sobre uma família com um bebê que comprou um colchão dele e que voltou dois anos depois com o filho, então com três anos, que estava prestes a ganhar a primeira cama. Esse tipo de história, que Michael tende a privilegiar, é muito mais interessante do que falar sobre molas ou enchimentos.

Em geral, quanto mais um negócio puder se concentrar nos benefícios essenciais em vez de meras características entediantes, maior será a conexão sentida pelos clientes... e mais eles vão comprar. As três estratégias a seguir o ajudarão a aplicar o modelo deste livro à sua própria busca pela liberdade.

---

3   Veja o apêndice ao final do livro para ler outros 25 exemplos de como transformar um conceito descritivo em uma história baseada em benefícios.

Estratégia 1: Aprofunde-se para revelar necessidades ocultas

Você pode achar óbvio que os fregueses de restaurantes não queiram ir à cozinha preparar as próprias refeições, mas algumas vezes o que as pessoas dizem que querem e o que elas realmente querem são duas coisas diferentes. Kyle Hepp, de Santiago, Chile, que fotografa casamentos ao redor do mundo, aprendeu que, algumas vezes, é preciso olhar mais a fundo. Os clientes de Kyle tendem a ser jovens e modernos, e são atraídos pelo trabalho dela por causa do seu estilo não tradicional. Algumas vezes, eles chegam a dizer que não querem *nenhuma* foto tradicional de casamento. "Não gostamos de nada que seja convencional", um casal afirmou. Kyle concorda e se concentra em tirar fotos divertidas e autênticas do casamento que ela sabe que o casal vai gostar.

Mas não é só isso. Em razão da sua experiência, Kyle sabe que o que seus clientes querem e o que eles dizem que querem podem ser duas coisas diferentes – e ela também sabe que a família do noivo e da noiva podem ter as próprias preferências. Veja como ela lida com esses desejos conflitantes:

> No dia do casamento, eu digo ao casal: "Vamos chamar a família e tirar uma ou duas fotos tradicionais". Eu tiro as fotos rapidamente e sem dor me certificando de que todo mundo esteja rindo e se divertindo, evitando aquelas fotos terríveis com todo mundo encarando a câmera com aquele sorriso forçado. Depois do casamento, quando entrego as fotos, os pais do noivo ou da noiva adorarão ter aquelas fotos (o que, por sua vez, deixa o casal feliz) ou o próprio casal acaba dizendo que ficou feliz de termos tirado aquelas fotos.

Kyle vai além da encomenda, dando a seus clientes o que eles realmente querem... mesmo se eles ainda não perceberam isso.

Estratégia 2: Transforme o seu cliente em um herói

Na Índia, Purna Duggirala entrou em contato comigo, dizendo que tem um negócio de treinamento "para ajudar as pessoas a fazer coisas incríveis no Microsoft Excel". O Microsoft Excel não me interessa muito, mas os detalhes financeiros apresentados por Purna chamaram a minha atenção: na coluna "renda líquida no ano passado" do meu levantamento, ele escreveu 136 mil dólares. Um salário como esse já é impressionante até nos Estados Unidos, mas conheço o mundo o suficiente para saber que é uma fortuna na

Índia. Além disso, Purna estava a caminho de ganhar mais de 200 mil dólares no próximo ano, seu terceiro ano de operações. Seus clientes eram grandes fãs dele. Quando o procurei no Google, encontrei um comentário de um usuário dizendo que Purna era seu "melhor amigo para questões relativas ao Excel". O que ele fazia para incitar uma reação como essa de usuários de planilhas eletrônicas?

Purna abriu seu site vários anos atrás, mas por um tempo se limitou a postar comentários sobre sua família e sua vida na Índia. Em 2009, ele começou a levar o site mais a sério, documentando uma série de dicas e tutoriais para utilizar o Excel com mais produtividade. Uma decisão importante foi que ele não se direcionou apenas a indianos, voltando-se a clientes potenciais do mundo todo. Ele também não dependia de anunciantes, uma fonte de renda que poucas pessoas do nosso estudo mencionaram. Em vez disso, ele mesmo criava os produtos e serviços, oferecendo cursos e guias que podiam ser baixados.

Ele também é um bom redator de propaganda. Atualizar planilhas eletrônicas pode parecer um trabalho incrivelmente maçante, mas Purna posicionou seu benefício essencial distanciando-o dos números e aproximando-o de algo muito mais poderoso: "Nossos programas de treinamento transformam os nossos clientes em heróis diante de seus chefes ou colegas". O trabalho deles não apenas seria facilitado como os outros os reconheceriam e os valorizariam por simplificar um processo complicado.

Purna, ex-analista de negócio, largou o emprego quando ficou claro que ele poderia ganhar muito mais dinheiro com o novo negócio. Apesar de ter uma renda tão alta na Índia, Purna e a esposa mantêm um estilo de vida frugal. "Estamos em uma posição na qual não precisamos mais nos preocupar com dinheiro durante muitos anos", ele conta. Ainda melhor, novos clientes chegam todos os dias, direcionados ao site por buscas do Google, cobertura da mídia e centenas de links. "Seria muito difícil abandonar o negócio agora", ele me contou. Siga o exemplo de Purna: se é possível tornar planilhas eletrônicas atraentes, com certeza é possível elaborar uma mensagem similar para qualquer negócio.

Estratégia 3: Venda o que as pessoas compram

Ao decidir o que vender, a melhor abordagem é *vender o que as pessoas compram* — em outras palavras, pense mais em termos do que as pessoas realmente querem do que em termos do que você acha que elas precisam. Uma história da minha própria jornada do fracasso ao sucesso pode ajudar a ilustrar esse princípio. Nos primórdios do meu negócio, criei um projeto que batizei de Travel Ninja. Como eu tinha viajado a mais de 150 países e voava regularmente mais de 200 mil milhas por ano, aprendi muito sobre como viajar sem gastar muito. O Travel Ninja seria um guia para ensinar como fazer isso – como comprar passagens ao redor do mundo (também conhecidas como tarifas RTW – Round The World), como se beneficiar de erros de precificação das companhias aéreas e assim por diante.

A reação inicial foi encorajadora nos levantamentos que realizei com meu público-alvo. Muitas pessoas se disseram empolgadas e afirmaram que gostariam de saber mais sobre esses tópicos. Um lançamento anterior de outro produto vendera 500 exemplares de cara, de forma que no grande dia me levantei cedo e atualizei o site para disponibilizar o novo produto. Então eu esperei... e esperei um pouco mais. Os pedidos começaram a chegar, mas em um número muito menor do que eu esperava. Ao final do dia do lançamento, eu só tinha vendido cem exemplares – não foi terrível, mas também não foi nada espetacular.

Passei várias semanas intrigado com o baixo índice de resposta. O *feedback* dos clientes que compraram o Travel Ninja era quase unanimemente positivo, mas um número tão irrisório de pessoas compraram o guia que eu sabia que tinha algo de errado com a mensagem. Foi quando finalmente descobri o problema: a maioria das pessoas não quer conhecer as complexidades do funcionamento das companhias aéreas, elas só querem saber como comprar passagens baratas. Os meus clientes potenciais decidiram não comprar quando viram a enorme quantidade de detalhes e complexidades que eu propunha apresentar. Como o chef entusiástico demais do começo do capítulo, eu estava tentando convidar os clientes a entrar na cozinha comigo, em vez de me limitar a lhes servir a refeição que eles queriam.

Lição aprendida! Voltei ao ataque um ano depois com outro produto de viagem, desta vez chamado Frequent Flyer Master, e fiz de tudo para que ele fosse acessível. Cheguei até a incorporar a experiência do fracasso do Travel Ninja no meu argumento de vendas: "Você pode não querer viajar para 20 países por ano como eu. Mas, se você pudesse fazer uma viagem praticamente de graça, para onde iria?".

O novo produto teve um desempenho muito melhor, vendendo 500 exemplares no dia do lançamento e gerando uma renda líquida de mais de 50 mil dólares no ano seguinte. O sucesso também foi um grande alívio para mim, porque eu passara quase um ano me perguntando se as pessoas estariam dispostas a comprar informações sobre viagens. Felizmente, era o caso – se as informações fossem apresentadas adequadamente para satisfazer as suas necessidades.

Um ano depois, levei ainda mais longe a aplicação da lição aprendida. A solicitação mais frequente dos compradores do Frequent Flyer Master, que, tirando isso, adoraram o produto, era mais atualizações sobre as mais recentes oportunidades de viagem. Com isso em mente, criei o Travel Hacking Cartel, para dizer às pessoas exatamente o que fazer para se beneficiar de oportunidades no mundo todo. Dessa vez, a mensagem cuidadosamente elaborada foi: não se preocupe com os detalhes; faça o que eu digo e você vai ganhar milhas suficientes para viajar de graça todos os anos.

Esse lançamento teve ainda mais sucesso – com mais de 3 mil exemplares vendidos no primeiro dia. Finalmente, descobri como dar aos meus clientes o que eles queriam.

Produto 1:	Produto 2:	Produto 3:
Travel Ninja	Frequent Flyer Master	Travel Hacking Cartel
100 vendidos	500 vendidos	3 mil vendidos

Seis passos para começar agora mesmo

Como vimos nas histórias apresentadas no Capítulo 1, você não precisa de muito dinheiro nem de treinamento especial para operar um negócio. Você só precisa de um produto ou serviço, um grupo de pessoas dispostas a pagar por ele e um jeito de ser pago. Analisaremos cada um desses fatores com mais detalhes ao longo do livro, mas você não precisa esperar para começar. Veja os seis passos que você deve seguir:

1. Decida qual será o seu produto ou serviço.
2. Abra um site, mesmo se for muito básico – você pode abrir um de graça pelo site <www.wordpress.org>.
3. Desenvolva uma oferta (uma oferta é mais que um produto ou serviço; saiba mais no Capítulo 7).
4. Assegure um jeito de ser pago (abra uma conta gratuita no PayPal para começar).
5. Anuncie sua oferta ao mundo (veja o Capítulo 9 para saber mais).
6. Aprenda com os passos 1 a 5 e repita.

Quase todos os micronegócios seguem essa sequência de eventos em seu processo de criação. Veremos as especificidades à medida que avançamos, mas é sempre melhor começar do ponto em que se está do que esperar até que tudo esteja perfeito.

Se você já tem um negócio e está pensando em como aplicar os conceitos apresentados neste livro, concentre-se em fazer um empréstimo bancário ou desenvolver novos produtos ou serviços. São essas as tarefas mais importantes do seu negócio – não a administração, manutenção ou qualquer outra atividade que consome tempo sem criar riqueza ou valor. Se você ainda não souber ao certo o que fazer, considere uma das ideias a seguir:

- Você tem como entrar em contato com a sua lista de clientes com uma oferta especial ou incentivo?
- Você tem como lançar um novo produto ou serviço para complementar o seu portfólio existente?
- Se for um *coach* ou consultor, você tem como oferecer um acordo especial para os clientes que pagarem adiantado?
- Você consegue pensar em uma nova maneira de atrair assinantes, clientes ou compradores?

Mas, de qualquer maneira... o importante é não ficar parado. Como disse Friedrich Engels: "Um grama de ação vale uma tonelada de teoria". Decida a sua ação hoje mesmo.

O que as pessoas realmente querem

Como aprendi com meus erros, é fundamental se concentrar no que os clientes realmente querem de um negócio. Dito de outra forma, há coisas que queremos *mais* e outras que queremos *menos*. Na coluna "Mais" estão coisas como amor, dinheiro, aceitação e tempo livre. Todos nós queremos mais dessas coisas, certo? Na coluna "Menos", estão as coisas indesejadas: coisas como estresse, longo tempo em trânsito e relacionamentos negativos. Se o seu negócio se concentrar em dar às pessoas mais do que elas querem *ou* remover algo que elas não querem (ou ambos), você está no caminho certo.

Mais	Menos
Amor	Estresse
Dinheiro	Conflito
Aceitação	Incômodo
Tempo livre	Incerteza

Um spa remove o estresse ao mesmo tempo que faz as pessoas se sentirem amadas e valorizadas. Uma mensagem popular é: "Faremos tudo por você – relaxe e deixe os detalhes com a gente". Essa também é a mensagem enviada por um bom restaurante, e não "Venha para a cozinha preparar seu próprio jantar".

Estava difícil para Brooke Snow, uma artista e música, ganhar dinheiro dando aulas em sua pequena cidade no Estado norte-americano de Utah. Já poderia ser considerado um sucesso o fato de ela conseguir sobreviver e pagar a faculdade sem entrar em dívida apesar de não ter um emprego formal, mas era uma eterna batalha pagar as contas no fim de cada mês. Um dia, ela percebeu o óbvio: em vez de distribuir panfletos na cidadezinha de Logan, Utah, e esperar ligações de clientes interessados, será que ela não poderia dar aulas para pessoas em qualquer lugar do mundo?

A mudança aconteceu por acaso, ironicamente depois de um dos piores dias de seu negócio inicial. "Precisei cancelar uma turma porque não tinha alunos suficientes", Brooke conta. "Na época, meu marido tinha acabado de entrar no mestrado, tínhamos um bebê de oito meses e tínhamos acabado de nos mudar." Desnecessário dizer, a pressão estava beirando o insuportável. Quando ela ligou para Micah, um dos poucos alunos matriculados para avisá-lo do cancelamento, ficou sabendo que ele era candidato a um doutorado em tecnologia educacional com ênfase em educação a distância.

Brooke se descreve como uma boa fotógrafa e professora, mas não é uma pessoa particularmente interessada nos últimos avanços tecnológicos. Felizmente, ela também era boa em propor trocas de serviços – e, no caso, ela ofereceu aulas particulares a Micah em troca de sua ajuda para montar um curso na internet. Micah ficou empolgado com a oportunidade de ajudar Brooke a fazer a transição para o mundo on-line.

No último ano que Brooke deu todas as suas aulas presencialmente, ganhou 30 mil dólares. No primeiro ano que ofereceu as aulas on-line, ganhou mais de 60 mil dólares. Incrível! Ajudou muito fazer a transição para o mundo on-line, mas Brooke também atribui seu sucesso a outro fator: a ideia de estar sempre disposta a ajudar. No início de sua carreira, ela foi a um seminário no qual ouviu alguém dizendo: "Se o foco do seu negócio for ajudar os outros, nunca vai faltar trabalho". Veja o que aconteceu em seguida:

> Ter ouvido aquilo mudou a minha vida. Eu estava em um mercado supersaturado de fotógrafos competindo para fazer retratos e todos eles eram muito fechados, evitando revelar os segredos do ofício. Abandonei o medo e adotei o conceito de ajudar os outros (para "nunca me faltar trabalho"!) e decidi começar a dar aulas de fotografia no porão da minha casa. Um parente, cético, me alertou que eu estaria "treinando a minha concorrência". Felizmente, o conceito de centrar meu negócio em ajudar os outros se provou correto vez após vez.

Retomaremos a história de Brooke várias vezes ao longo do livro. Eu o chamo de "abordagem de receber e dar sem restrições". Quando nada mais dá certo, pergunte-se como pode ajudar mais as pessoas.

O que as pessoas *realmente* querem? No fim das contas, elas querem ser felizes e os negócios que ajudam seus clientes a ser felizes estão bem posicionados para o sucesso. O V6 Ranch cria caubóis modernos. As aulas de ioga de Kelly ajudam executivas atarefadas a se preparar para um longo dia de trabalho. O restaurante – quando não força os clientes a cozinhar a própria comida – ajuda os fregueses a relaxar com uma taça de vinho e um excelente atendimento.

Esse tema foi recorrente nas conversas com o grupo: descobrir o que as pessoas querem e encontrar um jeito de lhes dar isso. Esse é o caminho para um negócio lucrativo e bem-sucedido. Enquanto elabora seu plano de fuga, mantenha os olhos no prêmio: criar um verdadeiro valor dando às pessoas o que elas realmente querem.

**PONTOS
FUNDAMENTAIS**

- *Valor* significa "ajudar as pessoas". Os nossos empreendedores inesperados descobriram que, quando se concentravam em proporcionar valor acima de tudo, o negócio tinha êxito.

- Dê às pessoas o que elas realmente querem, não apenas o que você acha que elas deveriam ter. Dê a elas o peixe!

- Quanto mais você puder promover e vender um benefício essencial em vez de uma lista de recursos ou características, mais fácil será lucrar com a sua ideia. Os benefícios essenciais normalmente se relacionam a necessidades emocionais, mais do que a necessidades físicas.

- A maioria das pessoas quer aumentar algumas coisas (dinheiro, amor, atenção) e reduzir outras (estresse, ansiedade, dívidas). Mantenha o foco no que você pode acrescentar ou remover para melhorar a vida de alguém... e prepare-se para ser pago.

3 Siga (talvez) sua paixão

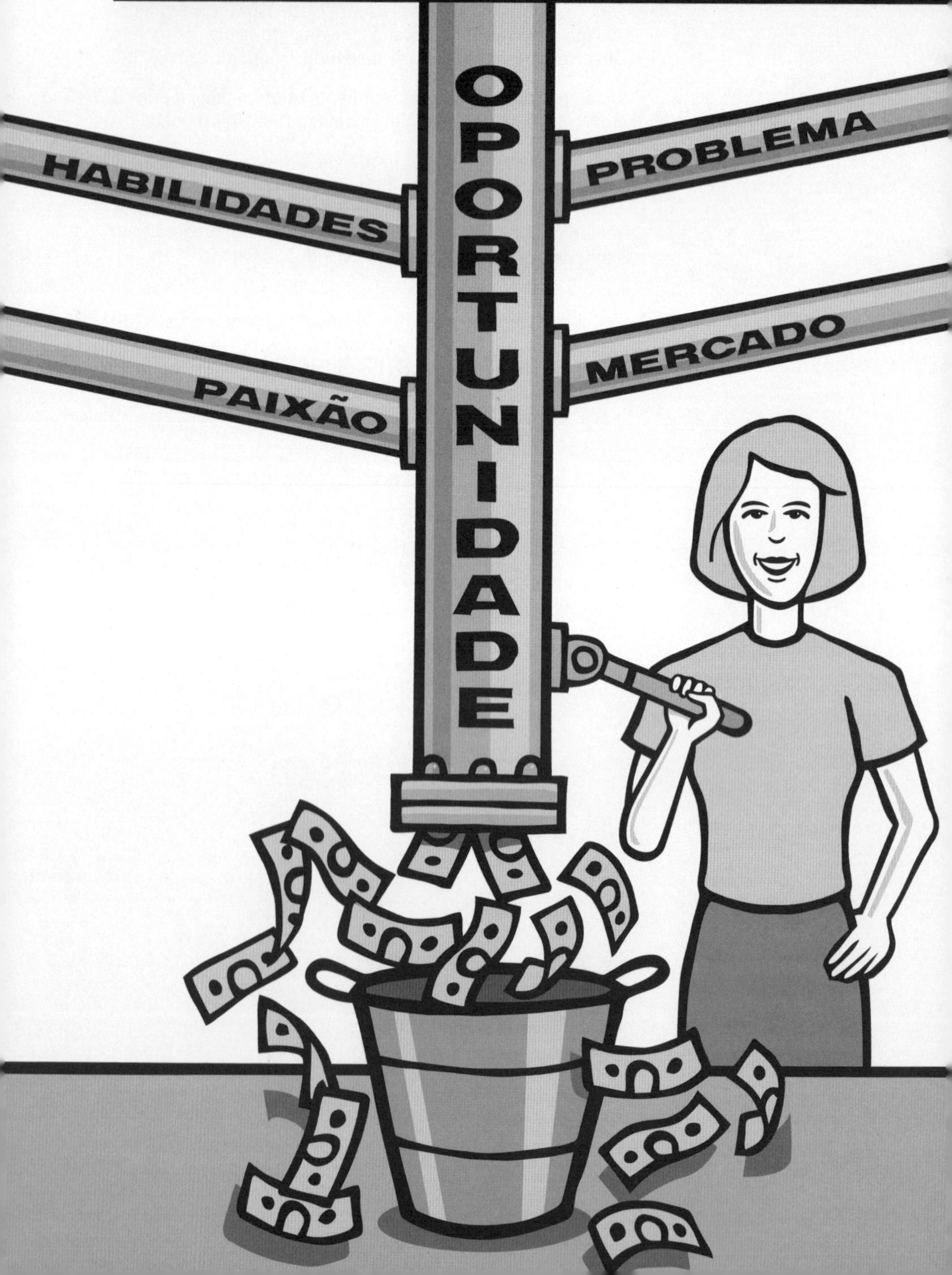

> "A paixão, apesar de não ser muito controlada, é um poderoso trampolim."

RALPH WALDO EMERSON

Como muitos de nós, Gary Leff começa seus dias checando seus e-mails. Como diretor-financeiro de dois centros de pesquisa universitária no norte do Estado da Virginia, ele se mantém em contato com os colegas durante o dia todo. Ele adora seu trabalho e não pretende mudar de emprego. Mas os e-mails que ele verifica de manhã cedinho, praticamente de madrugada, não são de seu emprego fixo, mas sim do negócio paralelo de Gary como um tipo específico de consultor.

Como eu, Gary é um "hacker de viagens", acumulando centenas de milhares de milhas em programas de fidelidade todos os anos por meio de várias promoções de companhias aéreas. Muitos executivos também ganham muitas milhas, normalmente pontuações no cartão de crédito, mas acumular milhas e resgatá-las para tirar férias são duas coisas bem diferentes. Os executivos normalmente não fazem ideia de como o processo funciona nem têm tempo de aprender. De quantas milhas você precisa para uma viagem? E se a companhia aérea lhe disser que as passagens se esgotaram? Se você não souber o que fazer é fácil se frustrar e desistir.

É neste ponto que Gary entra com seus serviços. Por uma taxa fixa (atualmente 250 dólares por até dois passageiros com o mesmo itinerário), Gary monta a viagem dos seus sonhos com base nas suas preferências. Os clientes informam a Gary para onde querem ir, a que companhia aérea são afiliados e quaisquer restrições na programação da viagem. Munido dessas informações, Gary entra em ação, analisando bancos de dados em busca de passagens disponíveis, ligando para as companhias aéreas e se beneficiando de todas as brechas existentes.

Pode soar estranho pagar 250 dólares por algo que você poderia fazer sozinho, mas o valor proporcionado por Gary é imenso. Muitas das viagens que ele consegue custariam 5 mil dólares ou mais. Ele é especializado em itinerários na primeira classe e na classe executiva, alguns incluem milhas de até seis companhias aéreas. Quer parar de graça em Paris a caminho de Joanesburgo? Sem problema. Quer muito tempo para visitar o terminal da primeira classe da Lufthansa em Frankfurt antes de prosseguir para Cingapura? Feito. Se ele não conseguir reservar sua viagem, você não precisa pagar – o negócio só tem sucesso quando proporciona um verdadeiro valor aos clientes.

Além de executivos, os clientes de Gary, muitas vezes, são aposentados que querem fazer um cruzeiro e casais planejando uma viagem inesquecível: basicamente qualquer pessoa tem um monte de milhas, mas não quer se dar ao trabalho de aprender a usá-las. O negócio decolou depois que ele saiu em uma reportagem na *Condé Nast Traveler* e, tirando as ligações para as companhias aéreas para reservar as passagens, Gary consegue se comunicar exclusivamente por e-mail. O bico lhe rendeu 75 mil dólares no ano passado e ele está a caminho dos seis dígitos anuais. Como tem o emprego de diretor-financeiro em período integral e outros empreendimentos de negócios, Gary investe o dinheiro em vez de gastá-lo. "Na verdade, faço isso porque é divertido", ele conta. Enquanto isso, ele usa as próprias milhas para conhecer o mundo com a esposa, em luxuosas viagens para as Filipinas e a Tailândia entre uma reunião de planejamento financeiro e outra.

O negócio de Gary, como muitos outros que veremos neste livro, pode ser descrito como um negócio do tipo "siga sua paixão". Gary adorava viajar e encontrou diversas maneiras criativas de usufruir de viagens internacionais na primeira classe a preços de passagens na classe econômica. Ele começou a ajudar as pessoas a fazer a mesma coisa, primeiro como um voluntário em vários fóruns de viagens, depois em um blog e depois individualmente para conhecidos. A notícia se espalhou – "Ei, Gary, quero levar a minha esposa à Europa e tenho todas estas milhas... O que eu faço?" – e, quando percebeu, ele tinha mais solicitações de ajuda do que podia dar conta.

O próximo passo lógico era começar a cobrar. Ele criou um site básico e abriu um negócio sem saber exatamente o que aconteceria em seguida. Será que alguém compraria seu serviço incomum? Bem, a resposta foi um retumbante sim – e, apesar de Gary estar satisfeito no seu emprego atual, ele não depende mais do emprego. Se alguma coisa mudar no trabalho, ele poderá viver sem problemas com seu negócio paralelo e poderá até expandi-lo se quiser.

A história de Gary é inspiradora, mas não é tão rara assim. Na minha busca por estudos de caso, de uma entrevista à outra, aprendi a deixar de me surpreender quando ficava sabendo que um site agregador de cupons de desconto operado como um bico por uma mãe solteira rendia 60 mil dólares e que um negócio de brinquedos artesanais rendia cerca de 250 mil dólares, além de contratar vários funcionários.

Um negócio instantâneo de consultoria

O negócio de Gary é excelente e ninguém se importa que seu site parece ter sido aberto dez anos atrás. Ele também não esperou que alguém credenciasse ou endossasse seu negócio. Não existe uma "faculdade de consultoria" ou diploma. Você pode abrir um novo negócio de consultoria em um dia, se não antes.
Siga estas duas regras básicas:

1. Escolha algo específico e não algo genérico. Não seja um "consultor de negócios" ou um "orientador motivacional" – especifique o que você realmente pode fazer por alguém.
2. Ninguém valoriza um consultor barato, então cobre um preço razoável pelos seus serviços. Considerando que você provavelmente não terá mais de 40 horas de trabalho faturável por semana, cobre pelo menos 100 dólares por hora ou uma taxa fixa compatível com o benefício proporcionado.

Como abrir as portas do seu negócio ao público[4]
Ajudarei os clientes a _____. Ao me contratar, eles receberão [benefício essencial + benefício secundário].
Cobrarei _____ dólares por hora ou uma taxa fixa de _____ por serviço prestado. Esse preço é justo tanto para o cliente quanto para mim.
Meu site básico conterá os seguintes elementos:

a. o benefício essencial que ofereço aos clientes e que me qualifica a proporcioná-lo (lembre-se de que as qualificações podem não ter nada a ver com a sua formação ou certificações; Gary é qualificado para reservar passagens com milhas porque já fez isso várias vezes);

---

4 Você pode criar, customizar e fazer o download do seu próprio modelo – o "Instant Consultant Biz" – no site <www.100startup.com>.

▶ b. pelo menos duas histórias de como o serviço ajudou as pessoas (se você ainda não tiver clientes pagantes, ajude um conhecido de graça);
c   precificação detalhada (seja sempre claro e direto em relação aos preços; nunca force os clientes potenciais a escrever ou ligar para descobrir quanto custam os seus serviços);
d   o processo de contratação deve ser extremamente fácil.

Atrairei clientes com [propaganda boca a boca, Google, blogs, distribuindo folhetos em uma esquina etc.].
Fecharei com meu primeiro cliente no dia _____ ou antes [um prazo curto].

Bem-vindo ao mundo da consultoria! Você acabou de abrir as portas do seu negócio.

Quando conheci Megan Hunt em seu espaço de *coworking* em Omaha, eram 18h e ela tinha acabado de chegar ao trabalho. Os horários de Megan não são convencionais e ela prefere trabalhar à noite com seu bebê a tiracolo. Diferentemente da maioria das nossas histórias, Megan sempre quis ser uma empreendedora. "Comecei aos 19 anos, na faculdade", ela conta. "Sempre me imaginei trabalhando por conta própria. Sempre soube que não queria um emprego convencional e sempre quis ser uma artista. Trabalhei em alguns empregos no esquema das 9h às 18h, mas nunca desanimei porque só os via como um meio para atingir um fim: ganhar o suficiente para abrir meu próprio empreendimento e me ocupar dele em período integral."

Atualmente Megan se dedica a fazer acessórios e vestidos de noiva customizados, atendendo mulheres entre 24 e 30 anos no mundo todo (42% de sua base de clientes é internacional). Depois de ganhar 40 mil dólares no primeiro ano, ela está expandindo seu negócio com a contratação de dois funcionários e fundando o espaço de *coworking*, onde também se localiza seu negócio de vestidos e acessórios. (Como ela é a dona, ninguém pode reclamar de seus hábitos vampirescos de trabalho.)

Quase todos os empreendedores que conheceremos na nossa jornada têm pelo menos uma história desastrosa para contar, quando algo deu errado ou até chegou a ameaçar a vida do negócio. No caso de Megan, o grande desastre aconteceu antes da temporada de férias de 2010. Depois de passar 70 horas fazendo elaborados arranjos de flores para dois clientes, ela os enviou pelo correio... e as encomendas desapareceram em um buraco negro antes de chegar a seus destinos. "Foi horrível", Megan me contou. "Tive de restituir um dinheiro que eu não tinha e a pior parte foi pensar nas noivas que se casariam sem flores." Mas ela fez o que precisou ser feito – restituiu o dinheiro, escreveu lacrimosos pedidos de desculpas, postou a história toda em seu blog para que os outros aprendessem com a experiência dela – e seguiu em frente.

Tirando seu juramento de nunca mais trabalhar com o serviço postal norte-americano, Megan adora o que faz e não pretende mudar nada. "Todos os dias aprendo com pessoas que me inspiram e motivam no espaço de *coworking*", ela conta, "e interajo todos os dias com clientes que estão vivendo suas grandes histórias de amor. Tenho uma filha pequena e posso levá-la ao trabalho. Meu potencial de renda é ilimitado e tenho a liberdade de reinvestir cada centavo que entrar na minha felicidade."

▼ ▼ ▼

Tudo isso parece tão simples... basta escolher uma paixão e construir um negócio ao redor, como Gary e Megan fizeram. Feito isso, basta abrir a carteira para o dinheiro entrar. Mas será que é tão fácil assim? Como seria de se esperar, a resposta é mais complexa do que isso. Construir um negócio ao redor de uma paixão pode dar muito certo para muitas pessoas, mas não é para todos.

Na corrida para seguir uma paixão, vários detalhes tendem a ser deixados de fora. Em primeiro lugar, você não pode se concentrar em *qualquer* paixão – você pode ter várias paixões pelas quais ninguém estaria disposto a pagar. Mantenha em mente a lição fundamental da convergência que analisaremos ao longo do livro. Você deve manter o foco em como seu projeto pode ajudar as pessoas e por que elas se interessarão pela sua oferta. Adoro comer pizza, mas duvido que possa criar um negócio ao redor dessa minha paixão. Em vez disso, tive de achar alguma coisa mais interessante para o resto do mundo.

Algumas vezes um micronegócio começa mal, mas depois deslancha. Em Reno, no Estado de Nevada, Mignon Fogarty criou a QDT Network, mais conhecida pelo *podcast* Grammar Girl, que oferece dicas e aulas de gramática para pessoas interessadas em escrever melhor *e* que foi um enorme sucesso praticamente desde o início, gerando uma linha de livros e programas relacionados e chamando muita atenção da mídia. Mas todo esse sucesso foi precedido de uma tentativa fracassada de criar um *podcast* similar. Mignon conta a história com suas próprias palavras:

> Antes de lançar o podcast Grammar Girl, fui a apresentadora de um podcast científico chamado Absolute Science. Eu adorava aquele show, que era a minha paixão. Na verdade, me empenhei mais em promover aquele show do que na

promoção do podcast Grammar Girl e, apesar de o Absolute Science ter sido bem recebido, depois de mais ou menos um ano, ficou claro que o show nunca renderia o suficiente para compensar o tempo que dedicava a ele.

Mignon mudou de estratégia, trocando a ciência pela gramática. A resposta não foi abandonar completamente uma paixão, mas se certificar de conectar a paixão certa com o público certo.

"Absolute Science"	*"Grammar Girl"*
Paixão... mas público insuficiente	Paixão... e um grande público

Em seguida, muitos empreendedores de sucesso que adotaram o modelo "siga sua paixão" conhecem um importante princípio que os aspirantes a empreendedores (e empreendedores fracassados) desconhecem. Segundo esse princípio, você normalmente não é pago pelo seu hobby; você é pago para ajudar as pessoas a se dedicar ao hobby ou a uma atividade indiretamente relacionada. Esse conceito é fundamental. Comecei a minha carreira de escritor contando histórias sobre a minha missão de conhecer todos os países do mundo, mas não ganhava nada com isso. Eu, como qualquer outra pessoa, precisei criar um valor no meu negócio – se não oferecesse um verdadeiro valor, eu não seria pago e as viagens não passariam de um hobby (apesar de ser um hobby apaixonante para mim).

Vamos analisar outro exemplo. Benny Lewis, nascido na Irlanda, gosta de dizer que é pago para aprender idiomas. A história de Benny é inspiradora: ele ganha mais de 65 mil dólares ao ano, sem ter um chefe para lhe dar ordens e vai de um país ao outro mergulhando em diferentes culturas, mas uma análise mais profunda mostra que a história vai muito além disso.

Conheci Benny de passagem em Bangcoc. Benny não bebe, o que provavelmente é uma boa coisa, considerando que ele é a pessoa mais efusiva que já conheci, mesmo sem o efeito do álcool. Tomando suco de manga, ele me contou sua história. Com 24 anos, Benny passara os dois últimos anos viajando no exterior. Na infância, ele só falava inglês. Ele se formou em engenharia sem demonstrar nenhuma aptidão especial para línguas estrangeiras. Depois de se formar, ele se mudou para a Espanha e se dedicou a prestar consultoria para clientes na Irlanda. Foi então que ele decidiu aprender espanhol.

Depois de seis meses em Sevilha, contudo, Benny se viu frustrado por ainda não saber falar o idioma, já que passava a maior parte do tempo com um grupo de expatriados e espanhóis falantes do inglês. Ele decidiu passar um mês inteiro falando só espanhol, sem exceção. No início foi difícil e constrangedor; ele não sabia conjugar os verbos, de forma que só falava no presente e agitava freneticamente os braços para trás para indicar que algo já tinha acontecido. Mas o curioso de falar só uma língua estrangeira é que você a aprende muito mais rapidamente do que quando depende da sua língua nativa como um *backup*. Em poucas semanas, Benny já se sentia à vontade falando espanhol. Ele aprendeu muito mais na imersão de um mês do que nos seis meses anteriores e "se viciou" em aprender outras línguas. Ele se mudou para Berlim e aprendeu alemão, depois para Paris para aprender francês e depois seguiu a Praga para aprender tcheco, uma língua notoriamente difícil.

Deixando de lado sua carreira na engenharia, Benny começou a viajar e nunca parou, trabalhando em bicos de consultoria para pagar as contas sempre que podia. Com sua energia inesgotável, ele acordava no meio da noite para conferências telefônicas sendo realizadas na América do Norte. O fato de ele ser solteiro (e não beber) facilitou viver com pouco dinheiro, mas estava claro que Benny tinha uma grande habilidade para compartilhar com o mundo. Sua mensagem para quem quiser ouvir — naquele ponto, todo o grupo de expatriados já sabia a respeito — era que todo mundo pode aprender outra língua mesmo se não for "talentoso" ou mesmo se aprendeu só uma língua na infância.

O método de Benny se baseou em seu sucesso comprovado. Em dois anos, ele aprendeu sete línguas (fluentemente!) e testava suas habilidades sempre que podia com falantes nativos que encontrava em suas viagens. Ocasionalmente, ajudava as pessoas a aprender uma língua, mas a abordagem não era sistemática.

"Benny, você tem uma habilidade incrível", eu disse quando o encontrei naquela noite em Bangcoc. "Por que não leva a sério a ideia de ensinar esse método a mais pessoas?" (Justiça seja feita, não posso me vangloriar de arquitetar o plano. Benny já tinha passado um tempo pensando na ideia e foi incentivado por muitas outras pessoas.)

Ele ponderou alguns nomes diferentes para a ideia antes de chegar ao nome perfeito: Fluent in 3 Months — Fluente em três meses. Todo mundo no bar ergueu um copo de cerveja em aprovação enquanto Benny tomava seu suco. Assim que aprendesse o tailandês (sua *oitava* língua), ele esquematizaria tudo o que sabia sobre o aprendizado de idiomas.

A visão era sólida, mas o trabalho era duro. Benny se esforçou para registrar tudo o que sabia em uma coletânea de documentos, vídeos e entrevistas. Ele esperou até aperfeiçoar o material... e esperou um pouco mais. "Finalmente tive de abrir mão da perfeição e começar a vender o meu pacote", ele contou mais tarde. Atualmente, o curso está disponível para oito idiomas – todos ensinados pelo próprio Benny, naturalmente.

Para promover o Fluent in 3 Months, Benny postou vídeos no YouTube fazendo uma turnê em seu apartamento em cinco línguas (inclusive diferentes dialetos). Ele ficava nas esquinas de vários países cantando no idioma nacional, vestido de roupas típicas e oferecendo abraços gratuitos. Quando me encontrei com ele no Texas, ele estava usando um par de óculos de proteção e um chapéu. "Por que está usando os óculos de proteção?", perguntei. A resposta dele foi típica: "Eu os uso quando viajo para que as pessoas perguntem: 'Por que você está usando óculos de proteção?' Isso me dá uma abertura para conhecer as pessoas e tentar aprender a língua delas".

Benny diz que é pago para aprender línguas, mas, como você pode ver, é muito mais do que isso: na verdade ele é pago para ajudar as pessoas. É verdade que o lado inspirador é importante (as pessoas gostam de assistir e compartilhar os vídeos dele), mas, sem o elemento da ajuda, ele não passaria de um irlandês sóbrio que fala muitos idiomas e não haveria nenhum modelo de negócio.

Depois de compreender que nem toda paixão leva a um bom negócio e perceber que negócios e hobbies, muitas vezes, são duas coisas diferentes, é necessário entender outro ponto importante: você pode simplesmente não *querer* misturar o seu hobby com o seu trabalho. Se o hobby ou paixão servir como uma importante válvula de escape para um exaustivo dia de trabalho, será que você quer mesmo transformar o seu hobby em uma responsabilidade de período integral? Algumas pessoas acham que é melhor manter sua paixão separada do trabalho.

Faça o "Teste de realidade" a seguir para ver se um negócio do tipo "siga sua paixão" seria uma boa para você. De acordo com Benjamin Franklin, um empreendedor tradicional: "Se a paixão o motiva, deixe que a razão segure as rédeas".

Teste de realidade

Perguntas para você

- Em vez de só no seu tempo livre, você gostaria de se envolver no seu hobby pelo menos 20 horas por semana?
- Você gosta de ensinar as pessoas a praticar o mesmo hobby?
- Você gosta de todos os detalhes do seu hobby?
- Se você fosse forçado a se ocupar de um volume considerável de trabalho administrativo relacionado ao seu hobby, você continuaria gostando do hobby?

▶ **Perguntas para o mercado**
- Alguém já pediu a sua ajuda?
- Um número suficiente de pessoas estaria disposto a pagar pelo seu conhecimento?
- Há outros negócios servindo esse mercado (normalmente, isso é um bom sinal), mas não da mesma forma como você faria?

Observação: Veremos os testes de mercado em mais detalhes no Capítulo 6. Se você não souber ao certo como responder as perguntas sobre o mercado, fique ligado.

Quando questionava o nosso grupo de empreendedores inesperados sobre o modelo "siga sua paixão", eu normalmente recebia uma resposta "mista". Quase ninguém dizia: "Sim! Você deve sempre seguir sua paixão, não importa para onde isso o levará". De forma similar, quase ninguém rejeitava imediatamente a ideia. A "mistura" vinha da ideia de que um negócio real resulta da paixão *e* de bons instintos para o negócio.

Além da paixão, você deve desenvolver uma habilidade que proporcione uma solução a um problema. Só quando a paixão se combina com uma habilidade valorizada pelas pessoas é que você verdadeiramente poderá seguir sua paixão.

	Paixão	Habilidade	Problema	Oportunidade
Gary	Viagens internacionais	Reserva de passagens aéreas de alto valor utilizando milhas	Falta de transparência no setor, percepção de dificuldade	Gary resgata as milhas e reserva as passagens para clientes que não têm tempo nem conhecimento suficientes
Benny	Aprendizado de idiomas	Aprende idiomas *e* possui um sistema de ensino comprovado	As pessoas querem aprender idiomas, mas não conseguem por métodos tradicionais	Benny rompe as barreiras e proporciona uma solução
Megan	Acessórios e vestidos de noiva feitos à mão	Cria artesanalmente acessórios e vestidos customizados *e* desenvolve relacionamentos de longo prazo	As noivas querem algo especial e artesanal	Megan ajuda em uma ocasião especial, que só acontecerá uma vez na vida da noiva (espera-se)

	Paixão	Habilidade	Problema	Oportunidade
Mignon	Textos claros e utilização da língua inglesa	Ensina as "regras" gramaticais de um jeito divertido	Percepção de que estudar gramática é difícil ou chato	Mignon ensina as pessoas por meio de histórias e exemplos

Outra maneira de pensar a respeito é nos seguintes termos:

$$(\text{Paixão + habilidade}) \rightarrow (\text{problema + mercado}) = \text{oportunidade}$$

Apesar de ser importante, a paixão é só uma parte da equação. Se Gary não tivesse a habilidade de resgatar milhas para reservar passagens, seu nível de paixão pelas viagens seria irrelevante. Por mais que Megan seja apaixonada pelos vestidos que faz, sem um mercado disposto a pagar por isso, ela não teria um negócio.

O próximo passo é transferir sua paixão a um modelo de negócio. Todos os empreendedores que conhecemos até agora utilizaram um modelo de negócio ligeiramente diferente para capitalizar seu projeto. Vamos analisar como cada um desses quatro empreendedores consegue ganhar dinheiro.

Gary recebe uma taxa fixa (atualmente 250 dólares) por seu serviço de consultoria especializada.

Benny vende um produto direto (um guia de aprendizado de idioma) em seu site por um preço fixo.

Megan também vende um produto direto (acessórios e vestidos de noiva customizados e feitos à mão), mas o preço varia.

Mignon oferece gratuitamente seu popular *podcast* aos ouvintes, e ganha com anúncios e patrocínios.

Cada modelo tem pontos fortes e desvantagens específicas. Gary ganha 250 dólares de uma vez, mas depois precisa trabalhar pelo que recebeu providenciando as passagens do cliente. Benny vende seu guia por apenas 29 dólares, mas o processo é automatizado e ele não precisa fazer nada depois que o dinheiro entra.

Megan vende uma variedade de produtos (e também é dona do espaço de *coworking*), de forma que sua renda é diversificada, mas o projeto principal, fazer os vestidos de noiva, requer muita mão de obra. Os patrocinadores de Mignon proporcionam uma renda segura e regular, mas ela perde um pouco o controle ao introduzir anúncios na comunicação com seu público.

Apesar das diferenças, a meta essencial de cada uma dessas abordagens é encontrar o tipo certo de produto ou serviço para o grupo certo de pessoas. Sem um bom encaixe, nenhum desses projetos teria êxito. Mas, quando você encontra a fórmula certa, não há como negar que um negócio fundamentado no tipo certo de paixão pode ser um grande sucesso.

Em Venice, Califórnia, Gabriella Redding criou um negócio de bambolês de um milhão de dólares depois de perder peso com o brinquedo. Antes disso, era uma tatuadora e depois foi dona de um restaurante. "Sou uma artista", ela contou à revista *Forbes*. "Os artistas são empreendedores em série porque precisamos descobrir maneiras de vender as nossas obras. Ou isso ou você acaba morrendo de fome, e eu me recuso a morrer de fome."

Em comparação com trabalhar só para sobreviver, é muito mais fácil fazer o que você adora e ser pago por isso. Basta encontrar a paixão certa, o público certo e o modelo certo de negócio.

PONTOS FUNDAMENTAIS

- Como mostram os exemplos de Gary e Benny, bons negócios proporcionam soluções para problemas: "O que eu faço com todas essas milhas que acumulei em programas de milhagem?", "Como posso aprender uma nova língua com facilidade?".

- Muitos negócios do tipo "siga sua paixão" se fundamentam em algo indiretamente relacionado e não à paixão ou hobby em si. Ao considerar uma oportunidade, pergunte-se: "Onde está o modelo de negócio?".

- Nem toda paixão ou hobby são adequados para fundamentar um negócio nem todo mundo quer ter um negócio fundamentado em uma paixão ou hobby.

- É possível abrir em um dia um negócio de consultoria especializada – quanto mais específico melhor.

"É sempre perigoso ver o mundo a partir de uma mesa de escritório."

JOHN LE CARRÉ

Com uma mochila contendo um par de tênis de corrida e duas trocas de roupa, peguei meu voo, com uma breve parada, de Portland ao Aeroporto Internacional de Vancouver. Mais tarde naquela mesma noite, o voo de 12 horas da Cathay Pacific para Hong Kong me proporcionou duas horas para assistir a um filme, seis horas para dormir e quatro horas para escrever e-mails.

Chegando à Ásia, passei pela imigração (sem nenhuma bagagem para retirar), chequei minha carteira para ver se ainda tinha algum dinheiro em moeda local da minha última visita e abri meu laptop, me conectei à rede "HKG-Free-Wi-Fi" e entrei na internet. Em poucos segundos todos os e-mails que escrevi no avião foram enviados e baixei os 150 e-mails que chegaram na minha caixa postal durante a noite.

Chequei com Reese, minha designer, em que pé estava um projeto no qual estávamos trabalhando. Atendi solicitações de suporte ao cliente – uma página no nosso site não está funcionando, alguém precisa de um login e assim por diante – e elaborei uma rápida atualização para os clientes. Li comentários dos leitores ao meu mais recente post de blog e dei uma olhada rápida na minha lista diária de adesões, o único indicador que monitoro regularmente. (Se tudo estiver indo bem, com novos assinantes, o resto também ficará bem.)

Costumo ficar em albergues e pensões, mas tenho uma conferência telefônica marcada para esta madrugada, às duas da manhã no horário local – será dia na América do Norte – de forma que me dirijo ao Conrad Hotel. Felizmente, dormi o suficiente no avião e basta tomar um banho para abrir meu "escritório". Algumas horas mais tarde a conferência telefônica tem início e tento me abster de mencionar o horário local enquanto aprecio a silhueta de edifícios iluminados contra o céu de Hong Kong.

Nessa viagem, meu destino é o Vietnã e Laos, mas poderia estar indo a qualquer lugar. Quando me ajusto ao fuso horário, depois de um ou dois dias, entro em uma rotina de trabalhar de manhã e conhecer a cidade à tarde. Pelo menos uma semana por mês, vivo este sonho de viajar, trabalhar e fazer frequentes intervalos para tomar um café. Meu negócio é estruturado ao redor da minha vida e não o contrário.

Sei o que algumas pessoas pensam: parece uma fantasia. Bem... pode ser, mas é uma fantasia que está sendo vivida por milhares de pessoas no mundo inteiro. O meu exemplo é apenas um; vamos conhecer alguns outros exemplos.

Estudo de caso 1: O professor de música

Em 2009, Brandon Pearce morava no Estado norte-americano de Utah e era um professor de piano de sucesso, o que significava que ele conseguia pagar o aluguel com um trabalho que lhe agradava. Mas Brandon também era extremamente cauteloso e queria combinar seu interesse em tecnologia com sua paixão pela educação musical. Pensando nos colegas que conhecia, ele finalmente encontrou o ponto de convergência entre a sua habilidade e o que eles precisavam.

"Os professores de música não querem lidar com a parte administrativa do negócio, eles querem ensinar música", ele conta. "Mas, em um dia de trabalho típico de um professor de música, eles precisam passar grande parte de seu tempo lidando com tarefas administrativas." Agendamento de aulas, alterações nos horários agendados, envio de lembretes – além de tempo, todas essas atividades consomem muita atenção e os distraem da atividade essencial de ensino da música. Além disso, muitos professores de música não atingem todo o seu potencial de ganho, já que muitas vezes eles descuidam dos pagamentos e outras vezes os alunos deixam de comparecer às aulas.

Inicialmente não foi a intenção de Brandon criar um negócio; ele só queria resolver o que chamava de "o problema do professor de música desorganizado" para si mesmo. A resposta foi o Music Teacher's Helper, uma interface criada por Brandon para seu uso pessoal antes de transformá-la em uma plataforma integrada para todo tipo de professores de música. Com a interface, os professores podiam criar o próprio site (sem precisar de nenhuma habilidade técnica) e lidar com todos os aspectos do agendamento e cobrança, o que lhes permitia se concentrar na parte do negócio que lhes dava prazer: ensinar música.

Será que existia um mercado para essa solução? Sim, e o mercado era substancial. Brandon estava lhes dando o peixe? Sim e, como os professores de música, muitas vezes, trabalham com um orçamento apertado, Brandon deixou claro que pagar pelo Music Teacher's Helper na verdade os levaria a *poupar* dinheiro com o tempo, mas, para garantir a lucratividade do negócio, ele não colocou o preço no chão. O serviço foi disponibilizado em várias versões diferentes, inclusive uma versão gratuita para uso limitado até chegar a uma versão de 588 dólares anuais dependendo do número de alunos.[5]

Três anos depois, a vida de Brandon mudou muito. Em vez de continuar morando em Utah, agora ele acorda na ensolarada cidade de Escazú, na Costa Rica, onde mora com a esposa e três filhas pequenas. Ele tem dez funcionários que moram em diferentes cidades ao redor do mundo. Ele monitora meticulosamente seu tempo e estima que passa entre 8 e 15 horas por semana em atividades diretamente relacionadas ao negócio. Ele passa o resto do tempo com a família e em vários projetos paralelos que mantém como um hobby.

Brandon e a família se mudaram de Utah para a Costa Rica, mas isso não é tudo; o mais importante é que eles podem viver onde quiserem. Quando precisaram sair da Costa Rica para renovar o visto, fizeram uma viagem de oito dias à Guatemala e, como Brandon e sua esposa pretendem expor as filhas ao maior número de ricas experiências possível, não se sabe onde eles podem parar em seguida. (Um dos planos envolve mudar-se para a Ásia.)

Ah, e ainda há mais um detalhe: o Music Teacher's Helper está a caminho de render pelo menos 360 mil dólares por ano. Como seus clientes se comprometem em longo prazo e pagam mensalmente, é improvável que esse valor caia. Em vez disso, ele continuará a aumentar à medida que atrai cada vez mais professores de música.

---

5   O modelo de precificação específico escolhido por Brandon para seu negócio constitui um importante fator de sua lucratividade. Analisaremos a precificação e como ela se relaciona à renda nos Capítulos 10 e 11.

Estudo de caso 2: A fotógrafa internacional acidental

Nascida em Michigan, Kyle Hepp é uma empreendedora "acidental" no sentido literal da palavra. Tendo se mudado para o Chile com o marido, Kyle ganhava algum dinheiro em projetos paralelos para a AOL enquanto procurava um emprego na área da administração esportiva. Eles adoravam o estilo de vida sul-americano, mas o emprego de Seba como um engenheiro civil estava longe de ser seguro e a empresa entrou em dificuldades. Em uma sexta-feira, ele foi informado que seu salário teria uma redução de 20%. Ele se recusou a assinar o novo contrato e foi imediatamente demitido.

Dois dias depois da demissão do marido, Kyle estava praticando *jogging* quando foi atropelada por uma picape em um cruzamento, um acidente tão violento que seu corpo foi lançado a uma distância de 30 metros do ponto de impacto. As lesões não eram potencialmente fatais nem permanentes, mas, como seria de se esperar, Kyle saiu gravemente ferida. Depois de uma semana no hospital, ela passou várias outras semanas em casa, incapaz de caminhar e tão machucada que nem podia digitar – o que deu um fim ao bico da AOL. "Entre a demissão do meu marido e o meu atropelamento", Kyle me contou com a expressão séria, "posso dizer que não foi um bom fim de semana."

Kyle e Seba estavam casados há aproximadamente três anos e nunca tiveram uma lua de mel de verdade, então decidiram que o melhor a fazer era curtir as férias obrigatórias. Em vez de partir em busca de trabalho, eles reservaram passagens para a Itália e passaram várias semanas conhecendo a Europa pela primeira vez. Antes do acidente, Kyle fizera alguns bicos fotografando casamentos. Ela nunca realmente pensou em transformar a atividade em uma carreira, mas, antes de viajar, atualizou seu site anunciando que voltaria a fotografar casamentos. Ela imediatamente recebeu a primeira solicitação, o que lhe deu esperanças de a atividade lhe render um bom retorno.

De volta ao Chile, Kyle e Seba decidiram tentar trabalhar em período integral como fotógrafos, "pelo menos até não termos mais trabalho e o nosso dinheiro acabar". Para a surpresa deles, Kyle recebeu uma solicitação após a outra e a agenda deles foi rapidamente preenchida. Dois anos depois, eles ganhavam 90 mil dólares anuais e a agenda estava totalmente lotada para o ano seguinte inteiro.

Agora trabalham no mundo todo, fotografando casamentos na Argentina, Espanha, Inglaterra e nos Estados Unidos. Você deve estar se perguntando qual é o grande diferencial de Kyle – considerando que não faltam bons fotógrafos em qualquer lugar do mundo, por que os clientes pagam para ela ir de um país ao outro? Kyle diz que seus clientes normalmente são viajados e não têm medo de contratar alguém de outro país. "Eles sabem que o mundo é pequeno", ela conta, "e gostam do nosso trabalho porque desenvolvemos relacionamentos ao longo do tempo."

Estudo de caso 3: O rei das planilhas eletrônicas[6]

Os empreendedores itinerantes se identificarão com a maneira como Bernard Vukas descreve seu local de trabalho: "Trabalho em qualquer lugar, a qualquer hora. Fuso horário e localização são irrelevantes. Tudo o que tenho pode ser levado em uma única mochila, inclusive o laptop", ele me contou em um e-mail enviado de uma praia em Koh Tao, Tailândia, onde ele morava na ocasião. Bernard é da Croácia, que também tem belas praias, mas ele queria conhecer o mundo.

Ele ajuda empresas que usam o Microsoft Office para processar grandes volumes de dados, criando ou modificando extensões para facilitar o gerenciamento dos dados. Bernard começou com um preço decente pelos padrões croatas, mas muito abaixo do que as empresas norte-americanas estavam acostumadas a pagar. Essa estratégia o ajudou a montar uma base de clientes e conquistar uma boa reputação, mas sua melhor decisão de negócios foi triplicar o preço cobrado de novos clientes.

Um dia, Bernard ganhou 720 dólares com um grande projeto. Refletindo sobre a importância do valor, ele escreveu: "Muitas pessoas na Croácia trabalham um mês inteiro para ganhar isso. As pessoas que ganham o dobro disso são consideradas bem pagas. É fantástico ganhar esse montante em um único dia". Bernard pode voltar a seu país natal no futuro, mas é difícil imaginá-lo abandonando seu novo estilo de vida.

Nômades digitais e empreendedores itinerantes vêm em todo tipo de pacote e é difícil deixar de se empolgar com suas histórias. Entrevistando os empreendedores, ouvi inúmeras histórias parecidas com as de Brandon, Kyle e Bernard. Também analisei negócios mais tradicionais, mas não conseguia deixar de pensar: *Esse é um excelente modelo de negócio.* Por que alguém desejaria qualquer outra coisa?

---

6 Não confundir Bernard, o "Rei das Planilhas Eletrônicas", com Purna, o "Mr. Spreadsheet". Moral da história: Pelo menos no mundo das planilhas eletrônicas, sempre tem espaço para mais um.

Nesses exemplos, Brandon é um professor de música, Kyle é uma fotógrafa e Bernard se dedica ao desenvolvimento de software. E a lista não para por aí: Cherie Ve Ard, que conheceremos no Capítulo 13, é uma consultora de software para profissionais da saúde e Brandy Agerbeck, cuja história será apresentada no Capítulo 7, é uma facilitadora gráfica. Em razão da natureza do trabalho, muitos dos negócios apresentados nos outros estudos de caso são geograficamente independentes, mesmo se tiverem um endereço fixo. Em outras palavras, há mais de um caminho para conquistar a independência geográfica, mas um modelo de negócio em particular é especialmente útil: o negócio de publicação de informações. Como esse modelo é ao mesmo tempo comum e altamente lucrativo, vamos analisá-lo em mais detalhes.

Uma breve cartilha para a independência geográfica

- Costuma ser mais fácil operar um negócio viajando pelo mundo do que abrir um negócio. Certifique-se de dedicar um bom tempo estruturando seu negócio antes de comprar as passagens.
- Tente manter o máximo possível o seu trabalho "na nuvem", usando serviços on-line como o Google Docs e o Dropbox. Assim você pode acessá-lo em qualquer lugar do mundo e não precisa se preocupar em levar seus dados.
- Troque a sua senha com frequência e não use o nome do seu gato como senha (não que eu tenha aprendido isso por experiência própria...).
- Algumas pessoas oferecem estadia gratuita por meio de sites como o site <www.couchsurfing.org> ou o site <www.airbnb.com>.
- É possível começar em qualquer país, mas, como uma recomendação geral, posso dizer que a América Latina e o Sudeste da Ásia são duas das regiões mais fáceis e hospitaleiras para dar início às suas aventuras nômades.
- Alguns lugares são mais tecnologicamente amigáveis do que outros. Saiba o que esperar antes de visitar um novo país e tente pesquisar o país em fóruns como no site <www.bootsnall.com> ou no site <www.meetplango.com>.
- Em suas viagens, tente manter um equilíbrio entre aventura e trabalho. Lembre-se de que a maioria das pessoas tem empregos formais e só viaja de vez em quando, então tente se beneficiar das oportunidades de conhecer lugares novos e mergulhar na cultura local. Mas, de forma similar, não se sinta mal se precisar dedicar mais tempo ao trabalho sempre que necessário. Tudo bem; é o trabalho que possibilita as suas viagens.

Seja o seu próprio editor

Jack Covert, fundador do 800-CEO-READ, uma das maiores varejistas de livros de negócios, é um veterano tanto na área da publicação tradicional quanto da publicação independente. Perguntei a Jack o que mudou no mundo editorial nos últimos anos. "Tudo mudou", foi a resposta. "Sempre vimos autores publicarem independentemente suas obras, mas nunca nessa extensão. A diferença está na qualidade da obra. Atualmente, várias obras autopublicadas têm uma qualidade pelo menos tão boa quanto os livros de grandes editoras. As condições têm sido muito mais igualitárias."

A outra diferença, segundo Jack, é que no passado a maioria dos autores escolhia a publicação independente porque não conseguia convencer uma editora tradicional a contratar a obra. Hoje, alguns autores estão deliberadamente escolhendo distribuir diretamente sua obra, chegando a recusar ofertas atraentes a favor da independência.[7]

Mas, pensando bem, quem precisa de livros hoje em dia? Você não precisa ser um autor nem ser um escritor para se beneficiar desse novo mundo. A publicação digital tende a se encaixar em pelo menos algumas categorias: produtos isolados, cursos de período fixo e assinaturas recorrentes.

Jen Lemen e Andrea Scher, duas amigas que participaram de um retiro juntas, tiveram a ideia de abrir um curso on-line para mulheres. Elas o batizaram de Mondo Beyondo e criaram um modelo comunitário para que os participantes postassem suas metas de vida e ideias. Enquanto isso, no velho continente, a ex-jornalista Susannah Conway trabalhava em um projeto similar chamado *Unravelling*. Milhares de participantes depois, os dois projetos contam com longas listas de espera para sessões futuras e ambos produzem uma renda anual de seis dígitos. Parte da beleza desse modelo é que ele cresce, principalmente, por meio de indicações. À medida que os alunos concluem os cursos de quatro ou cinco semanas, muitos contam aos amigos, que se inscrevem para o próximo programa.

Algumas pessoas conquistaram uma escala impressionante em suas iniciativas de publicação on-line. Em Melbourne, Austrália, Darren Rowse criou um popular fórum de fotografia que atraiu mais de 300 mil assinantes em menos

---

7   Um exemplo citado com frequência é o de Barry Eisler, que recusou uma oferta de 500 mil dólares por um de seus livros. No entanto, ele tem um número considerável de seguidores e um histórico de sucesso que os novos autores não têm.

de três anos. Ele também fundou o ProBlogger, um centro para novos editores digitais que desejam aprender os truques do ofício. No Texas, Brian Clark abriu uma empresa que presta serviços on-line, inclusive temas para sites e orientações de marketing. Muitos clientes chegam por meio do site <www.copyblogger.com>, um site que Brian criou sobre o marketing de conteúdo, e outros sites relacionados. O negócio emprega uma dúzia de pessoas e rende mais de cinco milhões de dólares por ano, em grande parte graças ao modelo fundamentado em assinaturas recorrentes. (Veja o modelo das assinaturas em mais detalhes e saiba mais sobre ele no Capítulo 10.)

Um cético poderia se perguntar: Será que realmente existe um mercado tão grande para comportar todos esses projetos? Em resumo, a resposta é sim. Esses exemplos não são raros e tive de recusar muitas histórias adicionais simplesmente porque este livro não se volta apenas à publicação de informações. Algumas áreas da publicação de informações ainda estão no estágio do Velho Oeste, mas este sólido modelo de negócio chegou para ficar.

Como tudo no mundo, esse "novo" negócio não é completamente novo. Como mencionou Jack, do 800-CEO-READ, alguns editores independentes sempre souberam que, muitas vezes, é melhor vender diretamente. O que mudou é a velocidade, a qualidade e o potencial de atingir um público muito mais amplo. É isso que esses editores itinerantes estão fazendo – e um camarada de Fullerton, Califórnia, nos dá um exemplo típico.

O e-book de 120 mil dólares

Brett Kelly se descreve como um "*geek* profissional" que trabalhava como um desenvolvedor de software, tendo uma rotina profissional estafante e uma vida pessoal estressante. Por causa de uma dívida de cartão de crédito de 15 mil dólares e do alto custo de vida no Sul da Califórnia, Brett e a esposa, Joana, eram forçados a trabalhar em um esquema de revezamento para conseguir cuidar dos filhos e pagar as contas. "Eu chegava em casa e cumprimentava Joana enquanto ela saía para trabalhar em um restaurante", ele me contou enquanto comíamos em uma barraca de tacos em Los Angeles. "Nos últimos meses, estávamos ambos exaustos, as crianças estavam infelizes e a situação não era boa."

Ele passou anos vendo seus amigos e colegas abrindo projetos lucrativos e largando o emprego ou criando uma fonte de renda adicional. Finalmente teve a própria ideia: como um usuário avançado do Evernote, um software gratuito de anotações, Brett reparou que não existia um manual de usuário detalhado para as pessoas se beneficiarem ao máximo do aplicativo.[8]

Passou meses documentando meticulosamente todas as dicas e truques que conseguiu encontrar para o Evernote, compilando tudo com capturas de tela e tutoriais detalhados em um grande arquivo PDF. "Eu fiquei obcecado com a ideia", ele contou, "e queria me certificar de que tudo seria absolutamente perfeito." Quando ele me enviou um esboço do que viria a ser o *Evernote Essentials*, fiquei impressionado. Muitos escritores de e-books enchem linguiça com textos supérfluos, grandes fontes e margens generosas. O e-book de Brett era o contrário: o produto final era composto de 90 páginas de excelente conteúdo. Mesmo assim, não basta ter um excelente conteúdo; também é necessário vender algo que as pessoas estão dispostas a pagar. Será que elas pagariam pelo e-book?

Antes de lançar o guia, Brett fez um acordo com Joana: se ele vendesse pelo menos 10 mil dólares, ela largaria o emprego de garçonete no restaurante e ficaria em casa com os dois filhos. Brett estimou que levaria meses, se não mais, para atingir a meta dos 10 mil dólares. No entanto, a conta do PayPal chegou aos cinco dígitos apenas 11 dias depois do lançamento do *Evernote Essentials*. (Sendo o *geek* que era, Brett imediatamente tirou uma captura de tela em seu iPhone e usou a imagem como papel de parede.) Menos de 24 horas depois Joana pediu demissão do restaurante. Fora a licença-maternidade que ela tirou quando as crianças nasceram, aquela seria a primeira vez que ela não trabalhava em sete anos depois do nascimento dos filhos.

Meses depois, as vendas do *Evernote Essentials* continuavam a render pelo menos 300 dólares por dia, com uma receita anual projetada de mais de 120 mil dólares para um projeto paralelo. É interessante notar que, se o projeto tivesse sido produzido como um livro impresso de uma editora tradicional, esses números seriam considerados um fracasso — Bretts só ganharia cerca de 18 dólares por dia em direitos autorais. Mas, como Brett era o único proprietário e o produto era digital, os 300 dólares que entravam em sua conta do PayPal todos os dias eram compostos quase totalmente de lucro.

---

8   Tecnicamente não havia um manual em inglês, porém, mais de uma dezena de livros ou guias do Evernote já tinha sido publicada no Japão. Isso indicava que o projeto tinha boas chances no mercado *e* revelou uma lacuna no mercado de língua inglesa, que Brett foi capaz de preencher.

Em uma virada surpreendente, os executivos da empresa que desenvolveu o Evernote ficaram sabendo do guia e pediram para conversar com Brett. Ele se preocupou com a possibilidade de eles estarem descontentes com o fato de ele estar ganhando dinheiro com o produto gratuito deles, mas não teve com o que se preocupar: o CEO adorou o guia e queria contratá-lo. Brett largou seu emprego enfadonho e foi contratado na Evernote, com a condição de continuar vendendo seu guia e recebendo todos os lucros ao mesmo tempo que trabalhava em casa para a empresa. É ou não é uma história impressionante? Veja como Brett descreve o resultado final:

> O sucesso inesperado do projeto não apenas libertou a nossa família de uma década de dívidas e desequilíbrio financeiro como também nos deu a liberdade de viver a vida que queríamos. Como agora trabalho em casa e Joana não trabalha mais, passamos muito mais tempo com os nossos filhos do que a maioria das pessoas. Às vezes, ainda não consigo acreditar que não estou sonhando e não poderia ser mais grato.

O projeto de Brett apresentou todos os indicadores de sucesso que analisamos até o momento: ele começou unindo uma paixão e uma habilidade, que destilou seu conhecimento em um pacote útil que poderia ser adquirido instantaneamente pelos compradores. Se você quisesse aprender sobre o Evernote sem precisar passar um bom tempo surfando na internet em busca de respostas, um investimento de 25 dólares resolveria o problema. A escolha do preço também foi perfeita: Brett poderia ter cobrado muito menos, como alguns editores digitais fazem, mas escolheu proporcionar uma proposição de valor clara para seus clientes potenciais.

Seja o seu próprio editor

Siga os passos a seguir para entrar no negócio de publicação de informações. Cada passo tem suas complexidades, mas eles podem ser resumidos como se segue:

1. Encontre um tópico pelo qual as pessoas pagarão para saber mais. Ajuda se você for especialista no assunto, mas, se não for, basta se empenhar mais na pesquisa.

2. Destile as informações em uma das maneiras a seguir:
   a. Anote-as por escrito.
   b. Grave em áudio ou vídeo.
   c. Produza alguma combinação de *a* e *b*.
3. Consolide os seus materiais em um *produto*: um e-book ou pacote digital que possa ser baixado pelos compradores.
4. Elabore uma oferta. O que exatamente você está vendendo e por que as pessoas deveriam se interessar na compra? Saiba mais sobre as ofertas no Capítulo 7.
5. Estabeleça um preço justo e baseado em valor para a sua oferta. Para orientações de precificação, veja os Capítulos 10 e 11.
6. Descubra um jeito de ser pago. O PayPal é o método mais popular e pode receber pagamentos de usuários de mais de 180 países. Existem outras opções caso você queira mais flexibilidade.[9]
7. Lance a oferta e promova-a. Para saber como agitar as coisas, veja o Capítulo 9.
8. Pegue o dinheiro e vá tomar um banho de mar! (Este passo pode demandar mais empenho.)

Infelizmente, como qualquer tendência ou modelo de negócio, nem toda história de publicação independente é um sucesso. Muitos aspirantes a autor se baseiam no modelo "se você fizer, eles virão". Mais adiante, rebatizaremos esse modelo de "se você criar, eles *podem* vir" – algumas vezes dá certo, mas muitas vezes não dá e não há nenhuma garantia de fortunas instantâneas. Para todo curso on-line que cresce para ser um grande sucesso, como o Mondo Beyondo, muitos outros se debatem para sobreviver, com apenas cinco alunos. Para cada e-book de 120 mil dólares como o de Brett, muitos outros vendem só dois exemplares (um para a mãe do escritor e outro para um amigo da família) antes de cair no esquecimento.

Alguns desses fracassos resultam de expectativas irrealistas. Dito de forma simples, algumas pessoas querem o dinheiro e a diversão (ou os 300 dólares por dia) sem trabalhar. Com a ideia sedutora de trabalhar em qualquer lugar, muitos aspirantes a empreendedor se concentram mais na parte do "qualquer lugar" do que na parte do "trabalho". Como a parte do trabalho é a que sustenta todo o resto, é melhor se concentrar nela desde o começo. Afinal, o melhor aspecto de um negócio geograficamente independente é a *possibilidade*. O fato

---

9 Você poderá encontrar uma análise de várias opções de pagamento diferentes no site <www.100startup.com>.

de você poder partir hoje mesmo para a Argentina ou a Tailândia não significa necessariamente que você de fato fará isso.

A imagem clássica de um empreendedor itinerante normalmente envolve um sujeito sentado na praia com roupa de banho, um drinque ao alcance da mão e um laptop no colo usufruindo de um belo pôr do sol. Minhas poucas tentativas de replicar essa cena normalmente envolvem preocupação com o laptop (E se alguém o roubar? E se entrar areia no teclado?) e olhos cansados de forçar a vista para enxergar a tela sob o sol escaldante. Além disso, a maioria das praias tropicais não proporciona acesso wi-fi à internet, bem como muitos outros lugares – de forma que, se você quiser trabalhar no seu negócio enquanto viaja, precisará aprender a pensar sobre o seu negócio tanto quanto pensa em viajar.

É como a ideia de seguir a sua paixão até o banco: algumas pessoas preferem manter a paixão como uma atividade secundária e outras pessoas preferem não misturar férias com trabalho. Até empreendedores como Brandon Pearce que desenvolveram cuidadosamente um negócio de alta renda e baixa manutenção que lhes permite trabalhar o mínimo só descansam *depois* que o negócio se consolidar. No início, é normal avançar às cegas e dedicar muitas horas a projetos que podem não ter sucesso.

Mas chega de testar a realidade. Ninguém duvida que milhares de pessoas desenvolveram negócios de sucesso com base nesse modelo, especialmente na última década. Então, por que não seguir esse caminho, traçando o seu próprio itinerário enquanto avança?

Quando conversei pela última vez com Brandon, ele continuava indo muito bem (chegando a ganhar até 30 mil dólares por mês). Ele estava se expandindo a novas regiões da Costa Rica e a outros países e estava até pensando em investir em uma fazenda local. Talvez a fazenda não seja tão lucrativa quanto o projeto on-line, mas tudo bem – mês após mês, a renda do software de ensino de música continuará entrando. Brandon e sua família conquistaram a mais completa liberdade e a possibilidade de morar onde quiserem. Todo dia é uma aventura.

PONTOS FUNDAMENTAIS

- Atualmente, é possível encontrar empreendedores itinerantes em todo lugar. Muitos deles estão desenvolvendo discretamente negócios razoáveis (rendendo seis dígitos ou mais anualmente) ao mesmo tempo que vivem no paraíso.

PONTOS
FUNDAMENTAIS

- Da mesma forma como nem toda paixão leva a um bom modelo de negócio, muitas pessoas buscam o estilo de vida nômade pelas razões erradas. Você deve se perguntar: O que *eu* quero fazer?

- Muitos caminhos levam à independência geográfica, mas o negócio da publicação de informações é especialmente lucrativo. (E há mais de um caminho para a publicação de informações; a área não se limita a e-books.)

- Tudo se relaciona às lições que começamos a aprender no Capítulo 1: encontre a convergência entre a sua paixão e o que as pessoas estão dispostas a comprar, lembre-se de que você provavelmente é bom em mais de uma coisa, e combine a paixão com a utilidade para desenvolver um negócio sólido – não importa onde você vai acabar morando.

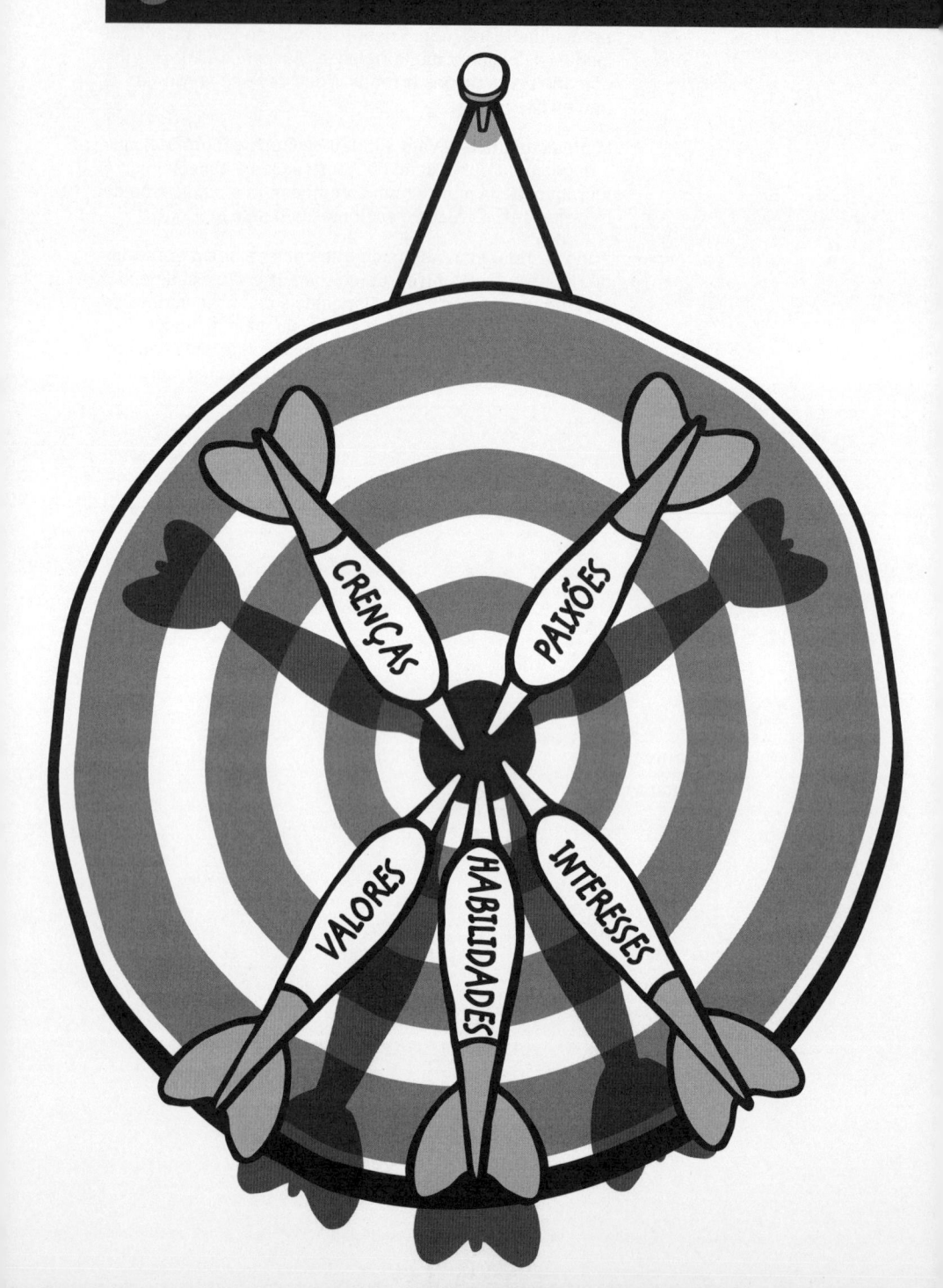

"Oportunidades de negócio são como ônibus; sempre tem outro chegando."

RICHARD BRANSON

As referências frequentes a clientes e compradores nos levam a uma boa questão: Quem são eles? E a duas outras perguntas, tão importantes quanto a primeira: *Onde* eles estão e *como* encontrá-los? Ao pensar nessas perguntas, pode ser útil classificar os seus clientes ideais de acordo com os fatores demográficos tradicionais – grupos como idade, sexo, renda – ou não.

Enquanto escrevia meu primeiro livro, pessoas fora da área editorial me perguntaram sobre meu "público-alvo". Tendo alguma experiência no negócio, de forma que sabia o que eles queriam dizer com aquilo, mas não conseguia encontrar um jeito de explicar o grupo diversificado de pessoas que leem o meu blog. Tínhamos artistas, viajantes, estudantes do ensino médio tentando decidir entre fazer a faculdade ou tentar a sorte por conta própria, aposentados planejando um novo capítulo em suas vidas e todo o resto. Havia inúmeros empreendedores e autônomos como também muitas pessoas com empregos formais. O público era dividido quase igualmente entre homens e mulheres.

Finalmente percebi que o mercado-alvo não tinha relação alguma com os fatores demográficos no sentido tradicional da coisa – o grupo simplesmente consistia de pessoas de todo tipo de formação, histórico e situação que queriam levar uma vida não convencional e notável. Eles eram a favor da mudança e tinham interesse em realizar um grande sonho ao mesmo tempo que também faziam do mundo um lugar melhor para os outros. Em outras palavras, eu não precisava segmentá-los ou rotulá-los de acordo com categorias irrelevantes.

Você pode não querer ser um escritor, mas, à medida que explora as diferentes possibilidades da estrada para a liberdade e o valor, pode ser útil pensar claramente sobre as pessoas que planeja atender. No momento, há pelo menos duas maneiras de agrupá-las.

Fatores demográficos tradicionais	Novos fatores demográficos
Idade, localização, sexo/raça/etnia, renda	Interesses, paixões, habilidades, crenças, valores[10]

Em Arcata, na Califórnia, Mark Ritz e Charlie Jordan abriram a Kinetic Koffee Company. A KKC é uma "microtorrefadora" gourmet que faz um excelente café... mas, nos dias de hoje, não é difícil encontrar um excelente café, de forma que eles precisavam de algo mais. A KKC encontrou a solução e se tornou lucrativa voltando-se a grupos específicos: ciclistas, esquiadores, alpinistas, mochileiros e "praticamente qualquer pessoa que aprecia o estilo de vida ao ar livre". Ao se focar em entusiastas, eles imediatamente diferenciaram a KKC em um mercado saturado.

A conexão de Mark Charlie com as atividades ao ar livre é natural. Antes de abrir o negócio, Mark passara a maior parte de sua carreira trabalhando no setor do ciclismo. Charlie fora o vice-presidente de uma empresa de caiaques e ambos eram ativos nas comunidades locais esportivas e recreativas. Eles também eram viciados por café, de forma que pareceu uma boa ideia combinar as duas paixões. "Nós não fomos a primeira empresa de café a se voltar ao mercado de ciclistas", Mark me contou, "mas fomos os primeiros a olhar para o mercado do ponto de vista de lojas de bicicletas e varejistas voltados a atividades ao ar livre. Hoje temos mais tempo no mercado do que várias empresas que começaram com mais fundos mas que foram forçadas a fechar as portas."

O público-alvo da KKC é composto de entusiastas por atividades ao ar livre, mas, para atingir esse público, Mark e Charlie trabalham com lojas de bicicletas e varejistas voltados a atividades ao ar livre. Manter bons relacionamentos com os distribuidores garante o acesso a quase todas as lojas do país e Mark complementa sua estratégia visitando feiras comerciais e eventos voltados ao consumidor. Doando 10% dos lucros a causas relacionadas à empresa, a KKC é um negócio de seis dígitos.

---

10 Essa classificação também pode ser chamada de *fatores psicográficos*.

A internet facilitou se conectar com as pessoas por meio de valores e ideais compartilhados, mas isso não se limita a um fenômeno on-line. Mais de 30 anos atrás, muito antes do Facebook, uma banda com seguidores *underground* já tinha descoberto isso. Veja o que Jerry Garcia tem a dizer sobre os fãs do Grateful Dead:

> E tem muito desse lance de pessoas trazendo os filhos, filhos trazendo os pais, pessoas trazendo os avós – hoje em dia, tem de tudo. Nunca foi a minha intenção dizer: este é o perfil demográfico do nosso público. Simplesmente aconteceu.

Tom Bihn, um fabricante de malas de Seattle, Washington, dá uma explicação similar: "Não deixamos de ficar agradavelmente surpresos com a diversidade dos nossos clientes. As pessoas têm um desejo natural de categorizar e quantificar, mas sempre sentimos que não faria sentido fazer isso com os nossos clientes. Eles são estudantes, artistas, executivos, professores, cientistas, programadores, fotógrafos, pais, designers, fazendeiros e filantropos". (Leia mais sobre Tom no Capítulo 13.)

Mudando o "quem"

Kris Murray, uma atarefada mãe que trabalhava fora, de Hudson, Ohio, viu uma oportunidade de ajudar creches a aumentar a eficiência de suas operações. Ela passou anos desenvolvendo relacionamentos com creches só para se frustrar com os baixos preços praticados e a falta de interesse no desenvolvimento do negócio.

Apesar dos desafios, Kris sabia que poderia ser uma boa ideia de negócio. As famílias sempre precisarão de creches e as creches costumam se concentrar mais em prestar um serviço de qualidade do que em lidar com o lado administrativo do negócio. Como Kris poderia se sair com uma oferta atraente e como aumentar a própria renda atendendo sua clientela? Foi desanimador no começo. Ela se viu exausta, sobrecarregada e a um passo de desistir.

Foi quando algo mudou. Para começar, ela otimizou seus serviços, direcionando-os ao que seus clientes claramente desejavam – ela aprendeu a lhes dar o peixe. Mas a segunda mudança também foi vital. Nas palavras de Kris, ela encontrou um jeito de "mudar o 'quem'": os clientes com quem trabalhava. Muitas creches também eram micronegócios, operados por uma ou duas pessoas. Apesar de as creches poderem proporcionar um bom atendimento, elas tendem a evitar investir em serviços terceirizados e, dessa forma, não eram os clientes ideais para os serviços de consultoria de Kris.

Visando testar um mercado mais desejável, Kris criou uma nova divisão de produtos e serviços voltados a proprietários de mais de uma creche. Esses proprietários tinham investido muito mais no negócio e tinham condições de pagar mais por orientações de marketing. A mudança fez uma enorme diferença nos resultados financeiros de Kris, que passou de "nada mal" a mais de 20 mil dólares mensais. Ela começou tentando vender algo para o qual seus clientes ainda não estavam prontos e resolveu o problema promovendo duas mudanças: o que ela oferecia e a quem fazia a oferta.

Desastre e recuperação: O CHOQUE CULTURAL

Ridlon Kiphart, também conhecido como Sharkman, tem um daqueles empregos que todo mundo inveja – ele se intitula CAO, ou um "diretor de aventuras", de uma pequena empresa chamada Live Adventurously. Depois de alguns bicos como trapezista, professor de mergulho, fundador de uma instituição de caridade e o "cara das atividades aquáticas" em um cruzeiro, agora ele tem a própria empresa, organizando viagens a locais exóticos. Perguntei a Sharkman qual foi seu maior desafio no novo negócio e ele me contou a seguinte história de uma aventura malsucedida no sul do Pacífico.

O meu melhor e o meu pior dia foram o mesmo dia. Concluímos a primeira metade da primeira visita a Fiji e os convidados estavam empolgadíssimos. Tínhamos voltado de um dia mergulhando em um belo mar azul-turquesa para encontrar uma longa mesa de jantar na praia, cercada de tochas e maravilhosamente decorada. Com o sol se pondo e a bela música tradicional tocando, nos reunimos com os nossos amigos para um dos jantares mais espetaculares da história... justamente quando o telefone tocou.

A experiência foi como ouvir uma bela música e de repente ouvir a agulha da vitrola arranhando o disco inteiro. O telefone tocou com a notícia de que o chefe da ilha vizinha que planejávamos visitar no dia seguinte tinha morrido e os rituais fúnebres implicavam que tudo seria fechado pelas próximas cem (!) noites. Tínhamos nove convidados exultantes e não tínhamos para onde ir.

Foi nesse ponto que toda a pesquisa realizada previamente e o nosso conhecimento da região se pagaram. Conseguimos estender a nossa estadia por mais uma noite e a passamos freneticamente analisando as possibilidades. Alugamos um avião (apelidado de "o caixão voador" por razões que dispensam explicações); entramos em contato com inúmeros hotéis, resorts e operadoras de mergulho; pedimos recomendações; fizemos mais pesquisas; e levamos o grupo a uma propriedade que tinha acabado de ser inaugurada em uma ilha remota. A transição foi realizada sem

▶

> problemas e todo o restante da viagem transcorreu tranquilamente, como se tivesse sido planejado daquele jeito o tempo todo.
>
> No fim das contas, o resort que tínhamos reservado originalmente ficou com a metade do nosso dinheiro apesar da quebra de contrato. A atitude deles foi: vocês podem tentar nos processar se quiserem, mas vão dar com os burros n'água. Aquilo nos ensinou como os contratos podem ser inúteis no exterior. Os nossos convidados se colocaram ao nosso lado e se ofereceram para pagar a despesa adicional, mas recusamos e engolimos a perda. Nossos convidados não tinham culpa alguma e não deveriam ter de pagar. Foi um jeito horrível de começar um novo negócio – levando um grande golpe financeiro – mas era a coisa certa a fazer. É assim que escolhemos levar o nosso negócio e acredito que essa postura sempre se pagou para nós.

Como seguir os exemplos de Tom Bihn, da Kinetic Koffee Company, de Kris Murray e até do Grateful Dead?

Estratégia 1: Vincule-se a um hobby popular, paixão ou modismo

Dietas populares vêm e vão, mas algumas acabam ficando. A dieta paleolítica (também conhecida como paleodieta), que encoraja seus seguidores a comer muito de algumas coisas (carne e vegetais crus) e muito pouco ou nada de outras coisas (grãos, laticínios, açúcar etc.) parece que chegou para ficar. Como todas as dietas rigorosas, a paleodieta atrai seguidores fervorosos além de um grupo de críticos ferrenhos que questionam suas bases científicas. Situações como essas – um setor ou movimento repleto de amantes e inimigos – sempre apresentam uma boa oportunidade de negócios.

Entra em cena Jason Glaspey, que adotou o estilo de vida depois de ler o *The Paleo Diet*, um manual popular para seguidores da dieta paleolítica. Jason notou uma grande dificuldade ao tentar seguir a dieta: era complicado. "Coma alimentos naturais e evite grãos" parece uma instrução simples, mas seguir a dieta requer muito planejamento. Este é outro sinal de uma boa oportunidade de negócios: quando muitas pessoas se interessam por alguma coisa mas têm dificuldade de implementá-la em sua vida cotidiana.

Jason se pôs a trabalhar em uma solução. Ele sabia que o grupo de seguidores da dieta era composto por mais homens do que por mulheres e, em geral, tinham entre 25 e 35 anos. Mas, o mais importante, Jason notou que um grupo diversificado de pessoas era atraído pelo estilo de vida paleolítico, mas não sabia se seria capaz de dedicar tanto tempo ao planejamento necessário. Daí veio a oportunidade: proporcionar um guia abrangente que "lhes dava o peixe" (sem querer fazer trocadilhos, apesar de os seguidores da dieta paleolítica de fato comerem muito peixe) dizendo-lhes exatamente o que comprar, cozinhar e comer toda semana. Jason abriu o Paleo Plan em três semanas com um investimento de 1.500 dólares. Em um ano, o negócio cresceu e já estava gerando uma renda recorrente de mais de 6 mil dólares mensais, demandando um total global de apenas duas horas de trabalho para atualizar o site toda semana.

Estratégia 2: Venda o que as pessoas estão comprando (pergunte a elas se não tiver certeza)

Ao se concentrar em conhecer "o seu público", mantenha este importante princípio em mente: a maioria de nós gosta de comprar, mas ninguém gosta de ser forçado a comprar. O marketing convencional se baseia na *persuasão*, enquanto o novo marketing se baseia em *convites*. No marketing de persuasão, você tenta convencer as pessoas de algo, seja a necessidade do seu serviço, em geral, ou porque a sua oferta é melhor que a da concorrência. Um promotor baseado na persuasão é como um vendedor de enciclopédias de porta em porta: se bater em portas suficientes, ele pode acabar vendendo uma enciclopédia... mas a um grande custo pessoal e depois de muita rejeição.

O marketing de persuasão continua sendo praticado, e sempre será, mas agora temos uma alternativa. Se você não quiser ir de porta em porta com uma enciclopédia debaixo do braço, pense em como as pessoas apresentadas no nosso estudo conseguiram criar negócios dos quais os clientes querem desesperadamente participar.

O que você vende? Lembre-se da lição que aprendemos no Capítulo 2: descubra o que as pessoas querem e encontre um jeito de lhes dar o que elas querem. Quando você desenvolve uma tribo de fãs comprometidos e clientes fiéis, eles aguardarão ansiosamente novas ofertas e estarão prontos para comprá-las, assim que forem lançadas. Esse jeito não só é novo como também é melhor.

Quando você estiver fazendo o *brainstorming* de diferentes ideias e se não souber ao certo qual ideia é melhor, uma das maneiras mais eficazes de descobrir isso é simplesmente perguntar aos seus clientes potenciais, seus clientes existentes (se você os tiver) ou qualquer pessoa que possa se interessar pela sua ideia. Ajuda ser específico – limitar-se a perguntar às pessoas se elas "gostam" de uma ideia não é muito útil. Como você está tentando criar um negócio, e não apenas um hobby, um método melhor é perguntar se elas estariam dispostas a pagar pelo que você está vendendo. Isso cria uma distinção entre meramente "gostar" de alguma coisa e de fato pagar por isso.

Perguntas como as que seguem são bons pontos de partida:

- Qual é o seu maior problema com _____ ?
- Qual é a sua maior dúvida sobre _____ ?
- O que posso fazer para ajudá-lo com _____ ?

Preencha as lacunas com o tópico, nicho ou setor específico que você está pesquisando: "Qual é o seu maior problema com a dieta X?" ou "Qual é a sua maior dúvida sobre sites de namoro pela internet?".

Esse tipo de pesquisa, especialmente incluindo perguntas abertas (em oposição a questões de múltipla escolha) que dão às pessoas a liberdade de responder como quiserem, também tem um lado divertido: muitas vezes você ficará sabendo de coisas que jamais teriam lhe ocorrido antes. E também é uma boa maneira de criar expectativa em relação a um grande lançamento ou relançamento, que analisaremos no Capítulo 8.

É possível pedir a opinião de pessoas individualmente ou em grupo. Para realizar um levantamento com um grupo mais amplo de entrevistados, costumo usar um serviço pago prestado pelo site <www.surveymonkey.com>, mas também é possível criar uma versão gratuita menos sofisticada com o Google Forms (disponível no Google Docs). Escreva a seu grupo de correspondentes, conte a sua ideia e peça ajuda. O melhor é manter o levantamento simples: só pergunte o que você precisa saber. Atualmente, todo mundo é muito ocupado, mas, se você elaborar um bom levantamento, a taxa de resposta pode ser de 50% ou mais.

Quando você tiver uma boa ideia do que pretende oferecer, pode levar o processo adiante. Muitas vezes, escrevo à minha lista de clientes perguntando sobre ideias específicas de produtos como:

> Eis alguns projetos que estou pensando em desenvolver nos próximos meses, mas posso estar completamente enganado. Por favor, me diga o que acha de cada ideia.
>
> Ideia 1
> Ideia 2
> Ideia 3 etc.

Depois, proponho uma simples escala de classificação para cada ideia e peço aos entrevistados que se atenham à primeira impressão. A escala de classificação é normalmente composta de respostas como "Adorei!", "Você deveria fazer isso", "Parece interessante", "Eu precisaria de mais informações" e "Não é para mim".

Em geral, é bom restringir os levantamentos a menos de dez questões, aproximadamente. Para obter mais respostas generalizadas, faça menos perguntas. Para obter mais respostas detalhadas (mas de menos pessoas), faça mais perguntas. Você é quem sabe, mas certifique-se de limitar as perguntas a algo que você de fato precisa saber. Leia o *feedback* com atenção – ele confirmará a sua intenção de seguir adiante ou o fará pensar em reestruturar o projeto proposto.

As informações coletadas são valiosas, mas mantenha sempre em mente que a opinião da maioria não é tudo. Entre outros fatores, você também deve levar em consideração as suas próprias motivações para se envolver em um projeto. Se as motivações se basearem exclusivamente nas preferências das pessoas, você correrá o risco de sair entediado, infeliz e simplesmente menos determinado do que seria em outras circunstâncias. A lição a ser aprendida é utilizar levantamentos, mas com cautela. Algumas vezes, decidir não levar adiante um projeto promissor ou deliberadamente rejeitar alguns negócios é uma das decisões mais poderosas que você pode tomar. (Veja o quadro "O cliente muitas vezes não tem razão" para uma história a esse respeito.)

O cliente ~~tem sempre razão~~ muitas vezes não tem razão

Era o dia de um grande lançamento, o que significava que eu já estava de pé às cinco da manhã com uma caneca de café na mão, pronto para cortar a fita. Quando o novo site foi aberto, centenas de clientes já estavam prontos e esperando para comprar. Vi que os pedidos estavam entrando e monitorei com atenção a caixa de entrada para atender prontamente a quaisquer solicitações de suporte.

Felizmente, o lançamento foi um sucesso. Ao meio-dia, mais de mil pessoas tinham comprado e o número dobraria até o final do dia. Enviei tantos e-mails de agradecimento aos clientes que o Google congelou por um tempo a minha conta de e-mails achando que eu fosse um *spammer*. Um amigo do Google me ajudou restaurando a conta e voltei a responder as mensagens. A caixa de entrada continha centenas de e-mails de novos clientes empolgados, bem como dezenas de pequenas solicitações de suporte: "Perdi a minha senha", "O site caiu", "Como posso mudar meu login?" e assim por diante.

Foi quando abri a mensagem de Dan, que dizia: "Quero meu dinheiro de volta". Respondi rapidamente: "Tudo bem, mas qual é o problema?".

"Vou lhe dar uns conselhos e não vou cobrar nada por isso", Dan descreveu em um tom claramente sarcástico. "Me ligue e contarei por que fiquei insatisfeito." ▶

> Olhei para a página de gerenciamento de pedidos e li os comentários no site – vários pedidos e dezenas de mensagens empolgadas entrando a cada minuto – e respondi: "Sinto muito, não posso ligar. Providenciarei a restituição e lhe desejo tudo de bom, mas não preciso de nenhum conselho agora".
>
> Você provavelmente já ouviu a expressão "O cliente tem sempre razão", mas a maioria dos microempresários descobre rapidamente que isso não é verdade. Sim, você quer se concentrar em satisfazer as necessidades das pessoas e ir além sempre que possível, mas um cliente nem sempre sabe o que é melhor para o seu negócio como um todo. Algumas pessoas podem não ser os clientes certos para o seu negócio e não há nada de errado em se despedir deles para poder se concentrar em atender outras pessoas.
>
> Eu não tinha tempo de ligar para Dan no dia do lançamento e posso ter perdido uma grande oportunidade de aprender com ele. Mas tenho certeza de que foi a melhor decisão voltar a trabalhar no meu mercado essencial, em vez de me ocupar com um cliente insatisfeito que já tinha recebido a restituição.

A lista de possibilidades e a matriz de tomada de decisões

À medida que se informa sobre os seus clientes e sobre o que eles querem, você pode acabar sobrecarregado de ideias. O que você deveria fazer quando tem mais ideias do que tempo para se dedicar a elas? Duas coisas: em primeiro lugar, certifique-se de anotar todas as ideias, já que você pode utilizá-las no futuro; em segundo lugar, encontre um jeito de avaliar ideias conflitantes. A criação de uma "lista de possibilidades" ajuda a guardar as ideias para o futuro, para quando você tiver mais tempo de implementtá-las.

Na maioria das vezes, contudo, os empreendedores não têm nenhuma dificuldade de *ter* ideias.[11] Assim que começa a pensar em oportunidades, você provavelmente acaba com um monte de ideias escritas em guardanapos, rabisca-das em cadernos e pairando pela sua cabeça. O problema é avaliar quais projetos merecem a sua dedicação e decidir-se entre diferentes ideias. Algumas vezes, você pode saber intuitivamente qual é a melhor linha de ação. Nesses casos, deve prosseguir sem hesitação. Em outras ocasiões, contudo, as coisas não são tão claras. O que você deveria fazer?

A matriz de tomada de decisões o ajudará a avaliar uma variedade de projetos e separar os vencedores dos "talvez mais tarde". Adiar um projeto não significa que você jamais o fará, mas a priorização o ajudará a começar com o projeto de

---

11   Veja o quadro "De onde vêm as ideias?" no Capítulo 2.

maior impacto. Para começar, mantenha em mente as questões mais básicas de qualquer micronegócio de sucesso:

- O projeto produz um produto ou serviço claro?
- Você conhece pessoas que comprarão o que tem a oferecer? (Ou sabe onde encontrar essas pessoas?)
- Você encontrou uma maneira de ser pago?

Essas perguntas constituem uma simples avaliação de referência. Se não conseguir responder com um "sim" claro a todas elas, volte ao planejamento. Vamos presumir, contudo, que você tenha conseguido responder positivamente a todas as perguntas, mas sabe que não tem como conduzir cinco grandes projetos ao mesmo tempo. Nesse caso, você precisará de algum método de avaliação. Segue uma opção: a matriz de tomada de decisões.

	Impacto	Esforço	Lucratividade	Visão	Total
Ideia 1					
Ideia 2					
Ideia 3					
Ideia 4					
Ideia 5					

Nessa matriz, você deve relacionar as suas ideias na coluna da esquerda e pontuá-las em uma escala de 1 a 5, com 5 sendo a maior pontuação. É verdade que a pontuação será subjetiva, mas, como estamos em busca de tendências, tudo bem trabalhar com estimativas. Pontue as suas ideias de acordo com os seguintes critérios:

Impacto: No total, quanto impacto este projeto provocará sobre o seu negócio e seus clientes?

Esforço: Quanto tempo e trabalho serão necessários para criar o projeto? (Nesse caso, uma pontuação mais baixa indica mais empenho, então, escolha 1 para um projeto que demandar muito trabalho e 5 para um projeto que quase não requer esforço.)

Lucratividade: Em comparação com as outras ideias, quanto dinheiro o projeto gerará?

Visão: Em que extensão esse projeto se encaixa à sua missão e visão?

Classifique cada item em uma escala de 1 a 5 e some a pontuação na coluna da direita. Lembre-se de que você está em busca de tendências. Se precisar cortar um projeto, corte o menos prioritário; se só puder trabalhar em um projeto, escolha o mais prioritário.

Veja um exemplo do meu próprio negócio, quando estava decidindo em quais novos projetos trabalhar na segunda metade de 2011.

	Impacto	Esforço	Lucratividade	Adequação à visão	Total
Guia de publicação	4	3	3	5	15
Empire Building Kit	4	2	5	4	15
Curso on-line de desenvolvimento de comunidades	3	4	2	3	12
Projeto de loja virtual	3	3	3	3	12
Pequenos workshops presenciais	4	1	1	4	10

Se você não souber por onde começar e tiver um monte de ideias, esse exercício pode ajudar. No meu caso, os workshops presenciais teriam um grande impacto sobre os participantes (ou pelo menos eu esperava), mas não sobre outras pessoas. Eles demandariam muito tempo de preparação e energia e não seriam muito lucrativos. Em vista disso, deixei o projeto de lado.

A matriz de tomada de decisões também ajuda a ver os pontos fortes e fracos das ideias. Eu gostava da ideia de pequenos workshops presenciais até perceber que eles demandariam muito trabalho para pouca recompensa e impacto. Isso era um grande ponto fraco! No entanto, um projeto como o curso on-line representava um meio-termo: não esperava me sobrecarregar com a carga horária e esperava resultados acima da média (apesar de não espetaculares).

▼ ▼ ▼

Quando nos despedimos de James Kirk no Capítulo 1, ele tinha se mudado de Seattle para a Carolina do Sul e aberto o café com o qual tinha passado os últimos seis meses sonhando. E depois? Assim que se acomodou em um estilo de vida mais sossegado e passou a conhecer sua clientela, fez algumas mudanças. "Descobri que não dava para servir café da manhã aqui sem vender bolinhos", ele disse. "Se você me dissesse em Seattle que meu café venderia bolinhos, eu teria rido na sua cara." Ele também vendia muito chá gelado quase todos os dias do ano, algo que só teria uma saída eventual em um dia quente de verão em Seattle.

Mas James se adaptou rapidamente, decidindo quais partes de sua operação eram flexíveis e quais não poderiam ser mudadas. Ele poderia incluir bolinhos no cardápio matinal, por exemplo, e aumentar a produção de chá gelado para atender a demanda – mas continuaria a garantir que os grãos de café fossem extremamente frescos e o expresso fosse preparado exatamente como ele aprendeu em Seattle. Em sua próxima visita a Lexington, dê uma parada para um bolinho e um expresso. James e sua equipe estarão esperando.

PONTOS FUNDAMENTAIS

- Quem é o seu público? Você não precisa pensar nele necessariamente em termos de categorias, como idade, raça e sexo. Em vez disso, pode pensar neles em termos de crenças e valores em comum.

- É possível seguir um modismo, uma mania ou tendência se posicionando como uma autoridade e simplificando algum elemento do processo na esperança de se beneficiar disso.

- Utilize levantamentos para conhecer seus clientes existentes e potenciais. Quanto mais específico melhor. Pergunte: "Qual é a coisa mais importante que posso fazer por você?".

- Use a matriz de tomada de decisões para avaliar comparativamente diversas ideias. Você não precisa escolher só uma ideia, mas o exercício pode ajudá-lo a decidir seu próximo projeto.

PARTE II

APRESENTAR SEU FILHO AO MUNDO

"Planos não passam de boas intenções a menos que
se transformem imediatamente em trabalho duro."

PETER F. DRUCKER

Jen Adrion e Omar Noory se formaram pela Columbus (Ohio) College of Art and Design, em 2008. Jen passou a lecionar na faculdade e Omar entrou em um estúdio de design e os dois preenchiam o tempo livre fazendo bicos como designers. Morando em um minúsculo apartamento, eles conseguiam pagar as contas e trabalhar em áreas relacionadas à sua formação, mas, apenas um ano após formados, não tinham como escapar da exaustão do mundo do design comercial. "Será que eu deveria ter feito medicina?", Jen se perguntava. "Será que eu não me daria melhor em contabilidade? Era estranho me sentir daquele jeito apenas um ano depois de me formar." Um dia, voltando de uma viagem a Chicago, eles conversaram sobre a próxima viagem a Nova York e sobre um plano que esperavam levá-los a outras viagens.

Quando chegaram em casa, Omar foi procurar um mapa para planejar as próximas aventuras. Eles não conseguiram achar um bom mapa, então decidiram fazer um mapa só deles. Eles passaram a noite em claro, trabalhando no mapa ideal, enquanto conversavam sobre todos os lugares que esperavam visitar. Terminado o design, só tinha um problema: a gráfica que eles queriam para imprimir o mapa só aceitava no mínimo 50 unidades, a um custo de 500 dólares. Era muito dinheiro para quem só queria um mapa, mas o projeto assumira um significado muito mais profundo, de forma que Jen e Omar racharam o custo e cada um pagou 250 dólares. Eles adoraram o resultado final e penduraram um dos mapas na parede... deixando 49 mapas sem utilidade. Eles deram alguns de presente a amigos... e ainda ficaram com 44. Finalmente, Omar ousou perguntar: Será que ninguém se interessaria em *comprar* os outros mapas?

Eles abriram um site básico, de uma só página, incluíram um botão do PayPal e foram dormir. Na manhã seguinte, acordaram e viram que um mapa tinha sido vendido. Depois outro, e outro. Graças a uma menção inesperada em um popular fórum de design, a primeira tiragem se esgotou em dez minutos e eles receberam uma montanha de mensagens implorando por mais. Seria aquela a resposta para seus problemas?

Nos meses seguintes, Jen e Omar trabalharam em novos estilos e novas ideias: um mapa do metrô de Nova York, por exemplo, e um mapa de bairros de São Francisco. O plano era crescer gradualmente, mas sem lançar novos produtos sem uma razão válida. Como bons designers, eles sabiam que todos os produtos oferecidos precisavam ser essenciais. Assim como sabiam que, apesar de alguns clientes comprarem mais de uma vez, a melhor maneira de ajudar seria indicando o site a outros compradores e fãs.

Nove meses depois, os dois já tinham largado seus empregos para se dedicar exclusivamente ao negócio. "O projeto conseguiu recuperar totalmente a nossa paixão pelo design", conta Omar. "É tão liberador ter o controle criativo. Tem sido uma oportunidade incrível para crescermos como designers. Sinto que o nosso trabalho progrediu mais no último ano do que nunca."

Jen e Omar começaram com uma ideia, mantiveram os custos baixos e não esperaram muito antes de mostrar o "filho" ao mundo. Feito isso, se adaptaram às demandas do mercado (fazer mais mapas!) e desenvolveram ponderadamente cada novo produto. "É engraçado, porque nós dois somos planejadores obsessivos", Jen me contou. "Mas este projeto praticamente não teve planejamento nenhum no começo e agora é o nosso trabalho em período integral."

Mais ação, menos reflexão

Plano? Que plano? Muitos dos nossos estudos de caso revelaram um padrão similar ao de Jen e Omar: começar rapidamente e ver o que acontece. Não há nada de errado com o planejamento, mas é possível passar a vida inteira planejando sem nunca fazer nada a respeito. Na batalha entre planejamento e ação, a ação deve vencer. Veja como fazer isso.

Escolha uma ideia que possa ser vendida. No caso de Jen e Omar, a ideia foi a seguinte: *Talvez outras pessoas também gostem de belos mapas. Será que as pessoas gostariam* *o suficiente do nosso trabalho para comprar um dos nossos mapas?* Uma ideia que pode ser vendida não precisa ser uma ideia grandiosa ou revolucionária; ela só precisa proporcionar uma solução para um problema ou ser útil o suficiente para que as pessoas se disponham a pagar por ela. Não pense em *inovação*; pense em *utilidade*.[12]

Quando você só está começando, como saber se uma ideia pode ser vendida? Bem, você nem sempre saberá com certeza – é por essa razão que deve começar assim que possível e evitar gastar muito dinheiro. Mas, para mais ideias, veja a seguir o quadro "Sete passos para um teste de mercado instantâneo".

Sete passos para um teste de mercado instantâneo[13]

1. Você precisa se interessar pelo problema que pretende resolver e deve haver um número considerável de pessoas que também se interessam. Sempre mantenha em mente a lição da convergência: o modo como a sua ideia coincide com o que as pessoas valorizam.
2. Certifique-se de que o mercado é grande o suficiente. Teste o tamanho do mercado verificando o número e a relevância de palavras-chave no Google – as mesmas palavras-chave que você utilizaria se estivesse tentando encontrar o seu produto. Pense nas palavras-chave que as pessoas usariam para encontrar uma solução para um problema. Se você estivesse procurando o próprio produto na internet sem saber de sua existência, que palavras-chave usaria na busca? Preste atenção às partes superior e direita das páginas de resultados, onde os anúncios são exibidos.
3. Concentre-se na eliminação da "dor admitida e flagrante". O produto precisa solucionar um problema que causa uma dor que o mercado sabe que tem. É mais fácil vender para alguém que sabe que tem um problema e está convencido de que precisa de uma solução do que convencer a pessoa de que ela tem um problema que precisa ser solucionado.
4. Quase tudo o que é vendido se volta a uma profunda dor ou profundo desejo. Por exemplo, as pessoas compram produtos de luxo visando respeito e status, mas, em um nível mais profundo, elas querem ser amadas. Algo que remova a dor pode ser mais eficaz do que satisfazer um desejo. Você precisa mostrar às pessoas de que maneira poderá ajudá-las a remover ou reduzí-la.
5. Pense sempre em termos de soluções. Certifique-se de que a sua solução é diferente e melhor. (Observe que a sua oferta não precisa ser mais barata – competir em termos de preço costuma ser uma proposição perdedora.) O mercado está frustrado com a solução atual? Não basta ser diferente; você precisa de uma diferenciação que faça sua oferta ser *a melhor*. Não faz sentido ▶

---

12 Agradeço a Jason Fried, da 37signals, por essa ideia.

13 Partes desta seção se baseiam nos conselhos de Jonathan Fields, um grande especialista em testes de mercado. Saiba mais no site <www.jonathanfields.com>.

> lançar algo se o mercado já está satisfeito com a solução – a sua solução deve ser diferente, ou melhor. O que interessa é a importância, não o tamanho.
> 6. Consulte as pessoas sobre a ideia, mas certifique-se de que as pessoas que você consultar façam parte do seu mercado-alvo potencial. As pessoas que não fizerem parte desse grupo podem proporcionar dados irrelevantes, tendenciosos e desinformados. Desse modo, crie uma *persona*: imagine a pessoa que mais se beneficiaria da sua ideia. Analise todos os seus conhecidos – comunidade, amigos, parentes, redes sociais – e pergunte-se se alguma dessas pessoas corresponde à persona que você imaginou. Leve a sua ideia a essa pessoa e apresente-a em detalhes. Com isso, você poderá obter dados muito mais relevantes do que se conversasse com uma pessoa qualquer.
> 7. Elabore um esboço ou crie um protótipo do seu projeto e mostre-o a um subgrupo da sua comunidade. Peça que eles o testem de graça em troca de *feedback* e sigilo. Como um bônus, o subgrupo se sentirá envolvido e atuará como evangelizadores mais adiante. Distribuir amostras desenvolve confiança e valor além de lhe dar uma chance de oferecer a solução completa mais adiante. Use um blog para desenvolver autoridade e expertise sobre um assunto. Poste comentários em blogs direcionados ao seu público-alvo.

Mantenha os custos baixos. Ao investir suor em vez de dinheiro no seu projeto, você evitará entrar em dívida e minimizará o impacto do fracasso caso ele não vingue. Jen e Omar começaram com um orçamento total de exatamente 500 dólares. Em outro bairro de Columbus, Ohio, Amy Turn Sharp tem um negócio de brinquedos artesanais. Capital inicial: 300 dólares. Nicholas, em Vancouver, Canadá, começou com apenas 56,33 dólares, o custo de uma licença comercial em 2000. Em Nova York, Michael Trainer abriu um negócio de documentários com 2.500 dólares, o custo de uma câmera – que mais tarde vendeu com lucro.

A maioria dessas pessoas é *autônoma*, tocando sozinhas um pequeno negócio. Mas empreendedores com vários funcionários também optaram por reduzir ao máximo os custos iniciais. David Henzell, o fundador da agência do Reino Unido que conhecemos no Capítulo 1, abriu sua nova parceria por 4 mil dólares. Scott Meyer e um parceiro de negócios, que conheceremos no Capítulo 9, abriu uma empresa de mídia em Dakota do Sul com quatro funcionários por menos de 10 mil dólares. Em resumo, os valores podem variar, mas, sempre que possível, mantenha os custos baixos.

Feche a primeira venda assim que possível. Na cidade de Louisville, Kentucky, conversei com Nick Gatens, que me contou de um pequeno projeto de fotografia no qual ele vinha trabalhando. Nick trabalhava o dia inteiro na área de tecnologia da informação em uma empresa e já tinha passado um tempo tentando abrir um negócio próprio. Mas o negócio não decolava. "Não sei ao certo se o design do site está correto ou se estou transmitindo a mensagem certa aos visitantes", ele me contou no café onde nos encontramos.

Gosto de conhecer os projetos das pessoas, então abri meu laptop e pedi o URL para dar uma olhada. "Bem", Nick admitiu, "na verdade o site ainda não está no ar."

Eu adoraria dizer que lhe dei algum conselho brilhante, mas não precisei dizer nada. Nick olhou fixamente para sua xícara de café enquanto percebia o óbvio: para que o projeto tivesse sucesso, ele precisaria começar. As outras pessoas do grupo também o encorajaram e ele saiu do café decidido a progredir rapidamente.

Naquele dia, eu estava em Kentucky, em uma turnê para promover meu livro em 50 estados norte-americanos e, quando cheguei à Virgínia Ocidental algumas semanas depois, Nick estava lá. Dessa vez, ele tinha um olhar empolgado e uma importante novidade: "Coloquei o meu site no ar e fechei uma venda!". Um estranho tinha encontrado o site na internet de alguma maneira e pagado a Nick 50 dólares por uma reprodução de uma de suas fotos. Se você nunca vendeu nada de sua autoria, pode estar se perguntando: *Ele vendeu uma reprodução por 50 dólares. E daí?* Mas entendi imediatamente: é um marco extremamente importante quando um novo negócio fecha a primeira venda, não importa o valor.

Nas semanas que se seguiram ao nosso primeiro encontro, entre Kentucky e a Virgínia Ocidental, Nick encontrou e derrotou o verdadeiro culpado pela falta de progresso. "Aquela conversa me fez pensar por que o site ainda não estava no ar", ele disse. "Na minha cabeça, era tudo técnico: eu precisava ajustar o design e consertar alguns erros do código. Mas, sinceramente, percebi que na verdade era o meu medo que me impedia de avançar; os detalhes técnicos não passavam de uma desculpa. E se eu não vendesse nenhuma foto, e se ninguém gostasse do meu trabalho? Depois de perceber o que me puxava para trás, fui para casa e lancei o site naquela mesma noite. Em duas semanas, eu tinha vendido aquela primeira foto."

Outros entrevistados contaram inúmeras versões dessa história – sobre como foi difícil começar, mas como foi gratificante fechar aquela primeira venda. "Quando fechei a primeira venda, eu *soube* que tinha conseguido", alguém contou. "Pode não ter sido completamente racional, mas aquela única venda me motivou a levar o negócio muito mais a sério." "Eu estava fazendo uma apresentação e abri a página de gerenciamento de pedidos do nosso primeiro lançamento de produto", outro empreendedor me contou. "Vi os pedidos entrando e literalmente disse em voz alta: 'É, é isso aí!'. Aquilo foi um ímpeto enorme para mim na época."

Dessa forma, a pergunta que você precisa se fazer é... como posso fechar a minha primeira venda? Não se preocupe agora com a concorrência; o seu maior problema agora é a inércia. Nick venceu a batalha contra a inércia colocando seu site no ar e foi recompensado com uma venda.

Promova antes de produzir. É interessante saber se as pessoas desejam comprar o que você tem a oferecer antes de dedicar muito tempo e esforço em sua produção. Uma maneira de fazer isso é por meio de levantamentos, como vimos no último capítulo – mas, se você for aventureiro, também pode simplesmente apresentar uma ideia, ver a reação das pessoas e depois dar um jeito de produzir a oferta.

Um amigo meu fez isso com um guia voltado para a indústria automobilística de alto poder aquisitivo. Ele ofereceu seu guia especializado a 900 dólares... sem tê-lo criado quando o anunciou em uma revista. Ele sabia que daria muito trabalho criá-lo, e para que perder tempo e esforço se ninguém se interessasse em comprar?

Ele se surpreendeu em parte quando recebeu dois pedidos. O custo do anúncio foi de apenas 300 dólares, de forma que a ação de marketing representaria um lucro de 1.500 dólares se ele de fato conseguisse criar o guia. Ele escreveu aos dois compradores informando que estava desenvolvendo uma nova e melhorada "versão 2.0" e adoraria enviá-la sem custo adicional se eles pudessem esperar 30 dias.

Ele naturalmente se ofereceu para devolver o dinheiro se eles não quisessem esperar, mas os dois compradores escolheram esperar pela versão 2.0. Em seguida, ele passou o próximo mês elaborando freneticamente o guia antes de enviá-lo aos clientes que aguardavam ansiosamente. Como sabia que tinha um sucesso nas mãos (e ajudou ter o produto pronto), ele publicou outro anúncio e vendeu mais dez guias em poucos meses.

Você pode escolher um método menos arriscado para fazer isso, mas certifique-se de ter demanda suficiente para o seu produto ou serviço antes de dedicar sua vida inteira ao projeto. Por essa razão, é tão importante começar o mais rápido possível e é, por isso, que a primeira venda pode ser tão importante.

Ajuste-se aos resultados iniciais. Depois de um sucesso inicial, dê uma parada para decidir o que precisa ser feito em seguida. Jen e Omar se ajustaram à demanda incluindo mais mapas e ponderadamente criando novos produtos. Um ano depois, eles decidiram parar de tentar fazer tudo sozinhos. "Era divertido ir ao correio no começo", Jen conta. "Mas, quando precisávamos fazer isso cinco vezes por semana, as visitas ao correio começaram a perder a graça." Eles decidiram terceirizar a remessa e acabaram poupando várias horas por semana.

Decisões como essas podem soar naturais (por que dois designers gastariam tempo indo ao correio?), mas sua implementação pode ser trabalhosa. No caso de Jen e Omar, não era só uma questão de contratar uma empresa local para se encarregar das remessas; eles também precisaram dar conta da tarefa intimidante de sincronizar sua loja on-line com as operações da terceirizada.

Por fim, vale a pena prestar atenção ao elemento responsável pelo sucesso inicial mesmo se o sucesso parecer ser um mero fruto da sorte ou de uma coincidência. No caso de Jen e Omar, pode ter parecido um feliz acaso quando eles foram mencionados em um renomado site de design já no começo, mas será que eles conseguiriam replicar o evento? Na verdade eles conseguiram, um de cada vez, por terem desenvolvido relacionamentos e divulgado os novos projetos com um tom sóbrio e razoável. Analisaremos esse processo em mais detalhes na próxima seção.

Em um micronegócio aberto com base em baixo custo e ação rápida, não é necessário muito planejamento formal. Em grande parte, você precisará dos elementos discutidos ao longo de todo este livro: um produto ou serviço, um grupo de clientes e um jeito de ser pago. Para uma ferramenta útil, veja o modelo "O plano de negócios de uma única página" apresentado a seguir.

Receba e dê sem restrições

Ao ponderar as questões da liberdade e do valor, a pergunta mais importante a ser respondida é: "Como este negócio ajudará as pessoas?". Não é só uma questão de generosidade, porque, ao mesmo tempo que um negócio ajuda as pessoas, o dono do negócio também é pago por isso. Algumas pessoas constroem todo um negócio com fins lucrativos em torno de um componente social, outras se voltam ao social à medida que avançam e, ainda, outras integram um projeto social a um negócio com fins lucrativos.

O plano de negócios de uma única página[14]

Responda cada pergunta com uma ou duas frases curtas.

Visão geral
O que você vende? _____

---

14   Você pode baixar ou imprimir gratuitamente o seu próprio plano customizado no site <www.100startup. com>. Outros guias úteis de planejamento de negócios são oferecidos por Jim Horan e Tim Berry.

▶ Quem vai comprar? _____
Como a sua ideia ajudará as pessoas? _____

Abrindo a carteira para o dinheiro entrar
Quanto você cobrará? _____
Como receberá? _____
De que outras maneiras você poderá lucrar com o projeto? _____

Agitando as coisas
Como os seus clientes ficarão sabendo do seu negócio? _____
Como você pretende encorajar indicações? _____

O sucesso
O projeto terá sucesso quanto atingir as seguintes metas:
Número de clientes _____ *ou* renda líquida anual de _____ (ou algum outro indicador)

Obstáculos/desafios/prazo
Desafio ou problema específico #1 _____
Solução proposta para o problema #1 _____

Desafio ou problema específico #2 _____
Solução proposta para o problema #2 _____

Desafio ou problema específico #3 _____
Solução proposta para o problema #3 _____

Prazo final: Lançarei este projeto até o dia_____ .

O *apartheid* foi abolido na África do Sul em 1994, dando fim a quase meio século de soberania branca no país mais economicamente desenvolvido da África. Nelson Mandela foi eleito o primeiro presidente negro no mesmo ano e o país deu início a um lento processo de criação de uma verdadeira igualdade para a sua "nação arco-íris". Além de ser negativamente associada ao *apartheid*, a África do Sul era conhecida por muitos aspectos positivos, inclusive seu popular e premiado vinho. A região do vinho do Cabo Ocidental é mais antiga que a da Califórnia. A África do Sul forneceu vinho para as cortes reais da Europa por mais de 350 anos e os vinhos sul-africanos foram utilizados para iniciar a indústria australiana do vinho em 1781.

No entanto, em razão do *apartheid*, menos de 2% da indústria vinícola de três bilhões de dólares era de propriedade de negros, apesar de os negros representarem 80% da população do país. Entram em cena Khary e Selena Cuffe, um casal dos Estados Unidos que encontrou um jeito de criar um negócio altamente lucrativo e ao mesmo tempo apoiar os proprietários negros de vinícolas da África do Sul. Selena, a CEO, explica o conceito: "Esta empreitada combina a minha paixão pelo empreendedorismo com a justiça social. O maior benefício é que minhas metas pessoais e de negócios são idênticas: melhorar a percepção das pessoas em relação ao continente africano e ajudar a recuperar um senso de união e conectividade na vida das pessoas tocadas pelo nosso negócio".

Em Tel Aviv, Israel, Daniel Nissimyan fundou uma distribuidora de equipamentos de *paintball* chamada Matix Ltd. O negócio chamou a atenção por causa de sua inusitada base de clientes: "Vendemos equipamentos de esportes radicais a entusiastas em Israel e países vizinhos e, também, às Forças Armadas israelenses para fins de treinamento". Apesar do súbito surgimento de vários concorrentes em resposta ao crescimento da demanda pelo *paintball* em Israel, o negócio prosperou. A Matix Ltd. gerava uma renda de seis dígitos e firmou contratos de exclusividade com fornecedores, dificultando a vida dos novos fornecedores.

Daniel viajava constantemente entre Israel e os Estados Unidos, e seu empreendimento anterior era uma organização sem fins lucrativos dedicada a ensinar caratê a crianças com transtornos de desenvolvimento no sul da Califórnia. O *paintball* era divertido, mas Daniel queria algo que combinasse o modelo da ONG que ele abriu na Califórnia com o negócio de equipamentos esportivos que tinha em Tel Aviv. Ele encontrou a resposta em um novo empreendimento chamado Green Collar, um projeto voltado a reduzir a ineficiência dos aterros sanitários ao mesmo tempo que também explora uma fonte de energia negligenciada. A meta é trabalhar com prefeituras tanto de Israel quanto da Autoridade Palestina na tentativa de solucionar problemas e promover os interesses em comum. Nas palavras do próprio Daniel:

> Muito mais do que com o Matix [o negócio de equipamentos de *paintball*], eu acordo de manhã sentindo que estou ajudando a fazer do mundo um lugar melhor e que não preciso sofrer para fazer isso. Não preciso trabalhar como voluntário em outra ONG nem doar dinheiro; em vez disso, concentrei minha energia em fazer do mundo um lugar melhor para o meu país e para os meus filhos – e também ganho com isso.

Declaração de missão de 140 caracteres

Vamos analisar o processo de planejamento com um exercício muito simples: elaborar a declaração de missão do seu negócio (ou sua ideia de negócios) em 140 caracteres ou menos. Este é o número máximo de caracteres de uma mensagem no Twitter e um bom limite natural para focar um conceito. Pode ser útil pensar nas duas primeiras características de qualquer negócio: um produto ou serviço e o grupo de pessoas que pagam por ele. Reúna esses dois elementos e terá uma declaração de missão:

Proporcionamos [produto ou serviço] a [clientes]
Como vimos no Capítulo 2, costuma ser melhor salientar um benefício essencial do seu negócio em vez de um aspecto descritivo. Dessa forma, você pode ajustar a declaração para algo como:

Ajudamos [clientes] a fazer/realizar/outro verbo [benefício primário]
Um foco como esse o ajuda a evitar o "corporativês" e explorar o verdadeiro propósito do negócio relacionando-o aos seus clientes. Veja alguns exemplos:
    Se você tem um serviço de passeio para cães, a característica é: "Eu levo cachorros para passear". O benefício é "Eu ajudo os donos a não se preocupar com seus cães quando não podem passear com eles".
    Se você vende tecidos diferenciados para chapéus, o benefício será algo como "Ajudo as pessoas a serem criativas fazendo um chapéu para elas mesmas ou alguém próximo a elas".
    Se você faz convites de casamento customizados, pode dizer: "Ajudo os casais a fazer seu grande dia ser ainda mais especial criando convites incríveis".
    E você? Qual é a declaração de missão do seu negócio, em 140 caracteres ou menos?

Não importa se você escolher seguir o modelo de Daniel de construir um negócio em torno de uma causa social (e ser pago por isso) ou encontrar um jeito de incorporar um projeto comunitário aos seus negócios já existentes, muitos empreendedores consideram fundamental esse fator por lhes dar um maior senso de realização e propósito no trabalho.

Jen e Omar seguiram o modelo da startup de 100 dólares: concentrando--se na combinação específica de suas habilidades inigualáveis, eles criaram um produto interessante que as pessoas também valorizavam, proporcionando o que os clientes queriam sem se esconder atrás do negócio: o site deles contém posts de blog sobre a vida doméstica deles, incluindo fotos do gato – mas não entra em detalhes do negócio que a maioria dos clientes consideraria irrelevante.

Eles escolheram uma ideia que podia ser vendida e foram encorajados pelo primeiro dia de vendas. Eles mantiveram os custos baixos, conseguindo sair do minúsculo apartamento sem contrair nenhuma dívida. Ao ver que o negócio crescia rapidamente, fizeram uma pausa, avaliando o que estava dando certo (fazer mais mapas) e o que não estava dando tão certo (ir ao correio o tempo todo).

E, o mais importante, em vez de passar a vida inteira pensando ou enchendo um fichário de projeções, Jen e Omar partiram para a ação.

PONTOS FUNDAMENTAIS

- "Planeje conforme avança" e ajuste-se às mudanças das necessidades dos seus clientes, mas lance o seu negócio assim que possível, sempre tendendo à ação.

- A primeira foto que Nick vendeu gerou muito mais motivação que os 50 dólares recebidos. Assim que puder, dê um jeito de fechar a sua primeira venda.

- Siga os "Sete passos para um teste de mercado instantâneo" (também chamado de método de promover antes de produzir) para avaliar a reação inicial.

- Utilize o "Plano de negócios de uma única página" para esboçar rapidamente as suas ideias.

- Para evitar complicar demais as coisas, explique o seu negócio com uma "Declaração de missão de 140 caracteres".

"Não tenho nada a oferecer além de sangue, labor, lágrimas e suor."

WINSTON CHURCHILL

Scott McMurren estava em sua sala na estação de TV em Anchorage, Alasca, apreciando o Monte McKinley. Ele trabalhava em vendas de mídia, visitando possíveis anunciantes pela cidade para convencê-los a comprar anúncios. Ele também apresentava um programa de viagens, uma atividade que ele apreciava, mas não acreditava que um dia poderia se dedicar a ela em período integral. Gary Blakely, amigo de Scott, vinha torrando sua paciência com uma ideia de negócio, mas Scott nunca se interessou. Dois anos de aporrinhação mais tarde, Scott foi vencido pelo cansaço e finalmente disse, derrotado: "Tudo bem, não custa tentar".

A ideia era criar livretos de cupons de desconto para viajantes independentes que visitavam o Alasca. Todos os anos, o Estado norte-americano recebe mais de um milhão de visitantes, ansiosos para conhecer o Parque Nacional Denali e outras atrações. Alguns turistas chegam em cruzeiros ou visitas guiadas, mas muitos montam a própria viagem. Como costuma ser o caso, o problema do consumidor e a oportunidade de negócios se relacionam: o Alasca é lindo durante o verão, mas os custos são sempre altos. Para começar, quase tudo no Estado é mais caro do que nos Estados Unidos, em geral, e algumas agências de viagens cobram preços ainda mais exorbitantes dos visitantes. (Uma piada popular é: "Bem-vindo ao Alasca... agora me dê sua carteira".) O livreto de cupons de descontos seria um antídoto contra os preços altos, mas teria de proporcionar um valor real em vez de oferecer os descontos, em geral, irrisórios oferecidos por outros serviços de cupons.

Era nesse ponto que Scott entraria. Como ele já tinha vários contatos em razão do seu emprego na estação de TV em vendas de mídia, tudo o que precisaria fazer era convencê-los a oferecer um desconto, normalmente no esquema "pague um leve dois" – no caso de um hotel, por exemplo, oferecendo a segunda diária ou acomodando o acompanhante de graça. Um vendedor nato, Scott usou cada negócio fechado para alavancar o próximo. Quando encontrava resistência de um fornecedor relutante em participar do programa de descontos, Scott observava que outras empresas estavam participando sem objeções. A mensagem implícita era: "Todo mundo está entrando nessa. Você não vai querer ficar de fora".

Depois que provaram o benefício do programa aos fornecedores, o próximo passo foi mostrar às pessoas que comprariam os livretos de cupons como elas se beneficiariam. Você pode achar que Scott e Gary cobrariam um preço baixo pelos livretos para vender o maior número possível (em comparação com outros livretos de descontos vendidos por 20 a 25 dólares, normalmente patrocinados por anunciantes ou recebendo comissões dos fornecedores participantes), mas eles tiveram uma ideia melhor: cobrar 99,95 dólares pelos livretos de cupons e fazer a proposição de valor ser extremamente clara. Os livretos continham descontos para passeios de helicóptero e excursões que chegavam a custar várias centenas de dólares, bem como hotéis que cobravam mais de 100 dólares por diária. Por que as pessoas *não* pagariam 99,95 dólares por um produto como esse?

Foi um exemplo perfeito de um negócio do tipo "siga sua paixão", combinado a uma perfeita transferência de habilidades de um emprego a um micronegócio. Scott conhecia como poucos o setor de viagens locais e sabia como alavancar os acordos com os fornecedores para garantir que todos seriam de alto valor. Gary se encarregou da produção, cuidando de todos os detalhes associados ao produto, se encarregando de todo o trabalho de divulgação na internet e os serviços bancários. Os livretos de cupons de descontos TourSaver têm sido a principal fonte de renda deles por 15 anos até agora.

Por que a oferta do TourSaver é tão atraente? Por oferecer benefícios imediatos superiores ao custo, com um argumento convincente: "Compre este livreto de cupons, use uma vez e recupere o dinheiro que pagou. Depois você ainda tem, como bônus, mais de cem outras utilidades". Scott explica: "É só fazer as contas! Usar só um dos mais de 130 cupons do livreto lhe poupará mais do que o custo do livreto inteiro". Dito de outra forma, Scott e Gary criaram uma oferta irrecusável. Se você for ao Alasca e planejar algum passeio, vai querer um desses livretos.

A laranja e o donut

Alguns anos atrás, corri minha primeira maratona em Seattle. Eu adoraria poder contar que fui firme e forte até o fim, mas no quilômetro 30 eu já estava exausto, totalmente concentrado em colocar um pé na frente do outro. Enquanto me arrastava até a linha de chegada, vi um voluntário distribuindo fatias de laranja na calçada. Completamente esgotado, eu desacelerei e aceitei com gratidão a oferta. Aquele pedaço de laranja era uma oferta que eu não podia recusar – apesar de ser de graça, eu pagaria de bom grado pelo pedaço de fruta se tivesse dinheiro e tivesse cabeça para fazer uma transação.

Três quilômetros adiante, vi outro voluntário oferecendo um presente diferente: donuts. Infelizmente, aquela oferta não me empolgou (e não vi nenhum outro corredor pegando os donuts). Não sou nenhum puritano e comi toneladas de donuts ao longo dos anos, mas, tendo passado três horas na corrida mais longa da minha vida, decidi que aquele não era o melhor momento para uma dose cavalar de açúcar. A oferta não me atraiu e não se encaixava bem ao contexto.[15]

Uma oferta irresistível é como um pedaço de laranja no quilômetro 30. É a proposta de casamento que você passou a vida inteira esperando do seu grande amor. Uma oferta irrecusável é como a bolsa de estudos Bonderman Fellowship no valor de 20 mil dólares oferecida todos os anos a formandos da University of Washington. A bolsa de estudos tem regras extremamente rigorosas: pegue o nosso dinheiro, viaje pelo mundo por conta própria e não volte antes de oito meses. Ah, e de vez em quando nos mande uma mensagem rápida para que possamos dizer aos seus pais que você está vivo. Se você acha que centenas de estudantes concorrem pela bolsa de estudos todos os anos, está certo.

Como elaborar uma oferta que seus clientes potenciais não têm como recusar? Lembre-se de que primeiro você precisa vender o que as pessoas querem comprar – dê-lhes o peixe. Depois se certifique de estar se dirigindo às pessoas certas no momento certo. Você pode ter o público certo no momento errado; os maratonistas adorariam comer donuts depois da corrida, mas não no

---

15 Ironicamente, ninguém estava distribuindo donuts *depois* da corrida de 42 quilômetros, algo que muitos corredores adorariam ver. Mantenha isso em mente se um dia acordar com vontade de distribuir donuts a maratonistas.

quilômetro 30. Depois basta pegar o seu produto ou serviço e transformá-lo no argumento de vendas perfeito... uma oferta irrecusável.

Veja como fazer isso.

1. Entenda que o que nós queremos e o que dizemos que queremos nem sempre é a mesma coisa.

Da próxima vez que entrar em um avião lotado e se dirigir ao apertado assento do meio, no fundo da aeronave, com um bebê chorando atrás de você sem custo adicional, lembre-se deste princípio. Os passageiros passaram anos reclamando de aviões apinhados e assentos apertados e as companhias aéreas passaram anos ignorando-os. De vez em quando uma companhia aérea cria uma campanha para resolver o problema: "Mais espaço para as pernas na classe econômica!".

Parece ótimo, mas, alguns meses depois, elas inevitavelmente desistem da ideia e removem os centímetros adicionais. Por quê? Porque, apesar das reclamações, a maioria dos passageiros não valoriza o espaço adicional o suficiente para pagar por ele; em vez disso, valorizam as passagens mais baratas acima de tudo. As companhias aéreas perceberam isso, de forma que dão às pessoas o que elas querem – não o que dizem que querem. Uma boa oferta deve incluir o que as pessoas *realmente* querem e estão dispostas a pagar.

2. A maioria de nós gosta de comprar, mas normalmente não gostamos de ser forçados a comprar.

Uma oferta irrecusável pode aplicar uma pressão sutil, mas ninguém gosta de ser coagido. Ofertas irrecusáveis, muitas vezes, criam uma ilusão de que uma compra é um convite, não uma forma de coação. Serviços de compras coletivas como o Groupon (veja o Capítulo 8) e o Living Social conseguem recrutar os clientes, que se encarregam da maior parte da promoção por eles. Com efeito, a maior reclamação relativa a negócios como esses costuma ser que as promoções se esgotam rápido demais, uma reclamação também conhecida como "Quero dar o meu dinheiro, mas eles não deixam!".

Como você pode imaginar, o melhor caminho é o da menor resistência. Os visitantes do Alasca entendem rapidamente por que um livreto de cupons de 100 dólares vale muito mais que 100 dólares. Maratonistas não precisam ser convencidos dos benefícios de laranjas frescas depois de três horas correndo. Estudantes universitários aventureiros agarrarão uma bolsa de estudos no valor de 20 mil dólares para "viajar a qualquer lugar do mundo e fazer o que quiser" sem a necessidade de grandes e elaboradas explicações.

Projeto de elaboração da oferta

FÓRMULA MÁGICA: O PÚBLICO CERTO, A PROMESSA CERTA, O MOMENTO CERTO = OFERTA IRRECUSÁVEL

Elementos fundamentais

O que você está vendendo? _____

Quanto custa? _____

Quem aceitaria imediatamente a oferta? _____

Benefícios

O benefício primário é _____

Um importante benefício secundário é _____

Objeções

Quais são as principais objeções à oferta?

1. _____
2. _____
3. _____

Como você pretende combater essas objeções?

1. _____
2. _____
3. _____

Senso de urgência

Por que alguém compraria isso agora?

O que posso incluir para que a oferta seja ainda mais atraente?

3. Dê um empurrãozinho.

As melhores ofertas criam um sentimento do tipo "Preciso ter isso agora mesmo" entre os consumidores, mas muitas outras ofertas podem criar um senso de urgência menos imediato. Dar um pequeno empurrãozinho para incentivar uma ação imediata distingue uma oferta meramente decente de uma boa oferta. Vamos analisar alguns exemplos.

Exemplo 1: o estúdio de ioga

Jonathan Fields, um advogado especializado em fundos *hedge* que abandonou a carreira para entrar no setor do condicionamento físico e bem-estar, abriu um estúdio de ioga em Manhattan com a missão de ser o melhor do mercado. Uma aula individual custa 18 dólares e a mensalidade sai por 119 dólares. Mais para o fim do verão, o estúdio viu uma queda significativa nos negócios, mas, em outubro, as pessoas retomaram a rotina e voltaram a praticar com mais frequência.

Jonathan queria encontrar um jeito de inspirar as pessoas a voltar antes do esperado e encorajá-las a se comprometer com o programa. Com isso em mente, ele teve a ideia de uma oferta que elas não conseguiriam recusar: começando no dia 1º de setembro, os novos membros teriam direito a aulas ilimitadas até o fim do ano por 180 dólares. A promoção oferecia basicamente quatro meses de ioga pelo preço de 45 dias, ou um desconto de 62% em relação ao preço normal. Dois fatores adicionais foram acrescentados para aumentar ainda mais o interesse pela oferta: para começar, quanto antes o novo membro se matriculasse, mais aulas ele poderia fazer, criando, dessa forma, um senso de urgência instantâneo. Em contrapartida, a oferta poderia ser descontinuada a qualquer momento; se alguém viesse no dia 3 de setembro sem saber ao certo se deseja se comprometer pelo resto do ano, o pessoal do estúdio se certificava de informar a pessoa que a oferta poderia não estar disponível no dia seguinte.

Graças às resoluções de Ano Novo, a maioria dos centros de condicionamento físico recebe um bom número de novos membros em janeiro. A estratégia de Jonathan ajudou seu negócio a conquistar um grande aumento em setembro, um mês tradicionalmente difícil no setor. Além disso, no começo do ano, com as energias renovadas, muitos membros que se matricularam em setembro na promoção já estavam comprometidos o suficiente para passar para um plano mensal – ao preço normal.

Exemplo 2: o modelo de negócio ineficiente (ineficiência de mercado = oportunidade de negócios)

Sempre que alguma coisa é mais complicada do que deveria ou a cada vez que você identifica uma ineficiência no mercado, é possível encontrar uma boa ideia de negócio. O site <www.priceline.com> se aproveitou das ineficiências do setor hoteleiro criando um sistema que permite que os consumidores reservem quartos em bons hotéis por muito menos que os preços normais. Em seguida, outras empresas se aproveitaram da falta de transparência do Priceline criando um modelo de negócio que permite que os viajantes saibam com quais hotéis o Priceline trabalha. Todos esses modelos incluem uma oferta irrecusável:

Oferta irrecusável do Priceline: economize 40% ou mais em bons hotéis. Garantido!

Oferta irrecusável do concorrente: saiba exatamente qual hotel você obterá com o Priceline... e poupe ainda mais quando souber exatamente quanto oferecer de lance.

Você também pode criar um poderoso modelo de negócio com base em sistemas tradicionais pouco transparentes. Se quiser irritar um corretor de imóveis tradicional nos Estados Unidos, basta perguntar sobre a Redfin, o serviço sediado em Seattle que racha as comissões com os compradores de imóveis. Aprendi essa lição quando um corretor me contou que a Redfin "deveria ser ilegal" e que eu estava prestando um desserviço a pessoas honestas e trabalhadoras ao endossá-la. Por que (alguns) corretores se irritam tanto e por que deveria ser ilegal ajudar os consumidores a economizar dinheiro? Ah, porque o dinheiro sai do bolso dos corretores de imóveis, que estão acostumados a receber gordas comissões, independentemente do nível de empenho. A Redfin teve êxito desafiando os guardiões do setor e se propondo a resolver uma enorme ineficiência do mercado.

E por falar em proprietários de imóveis, a franquia DirectBuy foi criada para proporcionar a "pessoas comuns" (ou seja, não as construtoras) acesso a preços de varejo para eletrodomésticos e eletroeletrônicos. Para contornar as preocupações dos varejistas e fabricantes, a DirectBuy estruturou seu modelo de negócio cobrando uma taxa fixa para os consumidores participarem do programa. A oferta irrecusável é: invista a taxa de associação e poupe milhares de dólares na reforma da sua casa.[16]

Exemplo 3: a facilitadora gráfica

Você conhecerá Brandy Agerbeck nestas páginas, mas pode ter uma ideia imediata do trabalho dela pelo mapa mental que ela elaborou para este livro.[17]

Brandy é uma autônoma que segue a filosofia do "jamais tenha um chefe, jamais seja um chefe". Brandy se dedica em período integral à criação de representações gráficas de ideias – normalmente em reuniões, retiros ou conferências. Nos últimos 15 anos, ela trabalhou com centenas de clientes em todo tipo de eventos. Trata-se de um belo modelo de negócio para uma artista talentosa, mas também levanta a questão: Como conquistar executivos que podem não entender o conceito de cara?

---

16 Infelizmente, a taxa cobrada pela DirectBuy para participar do programa é de milhares de dólares e nem sempre fica claro o quanto a pessoa poderá poupar com o serviço. Mas, da mesma forma que o Priceline, essa situação talvez crie uma oportunidade para outro negócio terceirizado proporcionar a informação.

17 Para assistir a um breve vídeo sobre como Brandy faz suas excelentes criações, veja: <www.youtube.com/loosetoothdotcom>.

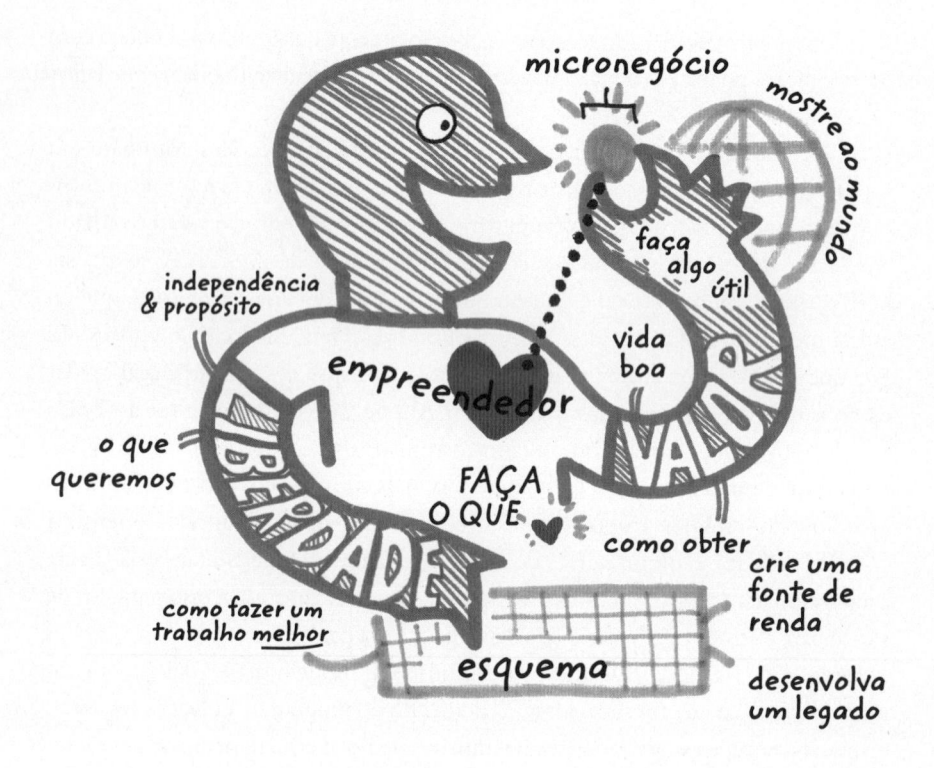

Com base em inúmeras conversas sobre o valioso serviço que presta, veja o que Brandy aprendeu. Ela começa todas as conversas iniciais dizendo: "Tenho um emprego fantástico e estranho". Isso instiga a curiosidade e, também, ajuda a impedir que a pessoa se sinta mal se desconhecer o mundo da facilitação gráfica. Brandy também aprendeu que seu mercado-alvo pode ser composto dos executivos que ela atende, mas eles não são necessariamente as pessoas que a contratam. "Em geral, sou contratada pelos facilitadores, atuando como sua parceira visual e silenciosa", ela diz. "Eles podem se concentrar totalmente no cliente sabendo que o processo e o progresso estão sendo documentados."

Valor percebido e a dispendiosa visita ao Starbucks

Aproximando-me do final de uma viagem de cinco horas dirigindo de Boise a Salt Lake City, fiz uma parada em um Starbucks a cerca de 20 minutos da livraria na qual eu daria uma palestra naquela noite. Estacionei o carro, fui pegar alguma coisa no porta-malas e tranquei o carro com as chaves dentro. Que ótimo, Chris! O pior é que só percebi o meu erro quando terminei o café e minha sessão de e-mails, uma hora depois, pouco antes do horário que deveria estar chegando à livraria.

Eu estava furioso por ter sido tão idiota, mas precisava pensar rápido. Utilizando uma combinação de tecnologia (iPod Touch, MiFi, celular), encontrei o número de um chaveiro local e telefonei imediatamente. "Será que você poderia vir o mais rápido possível?" Ele concordou.

Para a minha surpresa, o chaveiro chegou em uma van apenas três minutos depois. Impressionante, não? Então, ele tirou suas ferramentas e se aproximou da porta do passageiro. Em menos de dez segundos ele já tinha aberto a porta, me permitindo tirar as minhas chaves do porta-malas e prosseguir com a minha vida. "Quanto lhe devo?", perguntei. Talvez por eu não ter um carro próprio ou pelo fato de que a última vez que paguei um chaveiro foi dez anos atrás – ou pode ser que eu só seja um grande mão de vaca –, por alguma razão eu esperava que ele cobrasse algo como 20 dólares. Mas ele disse: "Vai dar 50 dólares".

Eu não tinha discutido o preço com ele ao telefone e não estava em posição de negociar, então paguei e agradeci. Mas algo continuava me incomodando e tentei identificar o que era. Eu estava furioso por ter trancado a chave no carro – naturalmente ninguém tinha culpa –, mas também sentia que 50 dólares era um preço alto demais a pagar por um serviço tão breve.

Foi quando percebi que no fundo eu queria que ele demorasse mais para chegar, mesmo se isso me atrasasse ainda mais. Eu queria que fosse difícil para ele destrancar meu carro e que a tarefa desse muito trabalho, apesar de esse desejo secreto não fazer sentido algum. O chaveiro atendeu a minha solicitação e proporcionou uma solução rápida e completa para o meu problema. Eu não tinha nenhum motivo para ficar insatisfeito com a transação.

Refletindo sobre meus sentimentos, percebi que nossas decisões de compra nem sempre são racionais. Aquilo me fez lembrar de algo que aconteceu pouco tempo depois de abrir meu negócio. Eu tinha elaborado um relatório de 25 páginas ensinando como reservar passagens aéreas com desconto e o botei à venda por 25 dólares. Muitas pessoas compraram, mas outras reclamaram: *Vinte e cinco páginas por 25 dólares? É caro demais!*

Eu sabia que não dava para agradar a todos, mas aquela objeção específica não fazia sentido para mim. A ideia do relatório era ajudar as pessoas a economizar em passagens aéreas e muitos leitores escreveram contando que pouparam

300 dólares ou mais depois de uma leitura rápida. "O que a extensão do relatório tem a ver com o preço?" Lembro que passei um bom tempo refletindo sobre aquela reclamação. "Se eu lhe desse um mapa do tesouro, você reclamaria que o mapa só tem uma página?" Na verdade, no incidente com o chaveiro, o feitiço se virou contra o feiticeiro. Todos nós atribuímos um valor subjetivo a bens ou serviços que podem corresponder com o que eles "deveriam" ser.

Da mesma forma como o que queremos e o que dizemos que queremos nem sempre são a mesma coisa, o valor que atribuímos a algo nem sempre é racional. Você deve aprender a pensar no valor como os seus clientes pensam e não necessariamente da maneira como você gostaria que eles pensassem.

Kit de ferramentas da oferta irrecusável: perguntas frequentes, garantir e superar as expectativas

À medida que continua a trabalhar na sua oferta, três ferramentas o ajudarão a aumentar o seu poder de atração: a página de perguntas frequentes (ou qualquer outra maneira de dar respostas a perguntas comuns), uma garantia incrível e dar a seus clientes mais do que eles esperam. Vamos analisar cada uma dessas ferramentas em detalhes.

1. Perguntas frequentes, ou "O que eu quero que você saiba".

Você pode achar que uma página de perguntas frequentes é criada meramente para responder perguntas dos clientes. Surpresa! Não é... ou pelo menos não é sua única função. Uma página de perguntas frequentes bem elaborada tem um segundo objetivo, extremamente importante. Você pode chamar o conceito de "operação ataque às objeções": o objetivo adicional de uma página de perguntas frequentes é reassegurar os compradores potenciais e combater possíveis objeções. A sua missão, caso decida aceitá-la, é identificar as principais objeções de seus compradores ao considerar a sua oferta e combatê-las *antecipadamente*.

Quais seriam as objeções à sua oferta? Elas se enquadram em duas categorias: gerais e específicas. As objeções específicas se relacionam a um produto ou serviço individual, de forma que é difícil prevê-las sem analisar a oferta em particular. No entanto, as objeções gerais surgem em quase toda compra, então vamos analisá-las aqui. Essas objeções normalmente se relacionam a desejos, necessidades, preocupações e medos humanos muito básicos. Algumas objeções comuns são:

- Como posso saber se isso realmente funciona?
- Não sei se seria um bom investimento (e/ou não sei ao certo se tenho condições de fazer esse investimento).
- Quem garante que você não vai fugir com o meu dinheiro?
- O que as pessoas acham dessa oferta?
- Será que não tem um jeito de encontrar essa informação/obter esse produto ou serviço de graça?
- Eu me preocupo com a ideia de postar minhas informações na internet (ou outra preocupação relativa à privacidade).

A principal consideração relativa a cada uma dessas objeções diz respeito a *confiança* e *autoridade*. Você deve conquistar a confiança do consumidor para superar as objeções. À medida que elabora a oferta, pense nas objeções... e use-as a seu favor. Você quer enviar mensagens como estas:

- Isto realmente funciona porque...
- Este é um excelente investimento porque...
- Você pode confiar porque... (ou "Você não precisa nos pagar diretamente porque trabalhamos com um terceiro reconhecido e confiável...")
- As pessoas adoraram o produto ou serviço, veja o que elas disseram...
- Você precisa pagar para obter este produto ou serviço (ou as versões gratuitas não são tão boas, você precisará dedicar muito tempo e empenho para conseguir as informações por conta própria etc.)
- Garantimos a segurança dos seus dados pessoais e privacidade da seguinte maneira...

Viu com funciona? O importante é não ficar na defensiva (é melhor evitar isso) e tentar ser proativo no combate às preocupações. Um modelo que você pode utilizar ao descrever sua oferta é esboçado a seguir no que chamamos "o formato do absolutamente incrível". Ele funciona assim:

Ponto 1: Isso é tão incrível! [benefício primário]

Ponto 2: É sério, é realmente incrível. [benefício secundário]

Ponto 3: A propósito, você não precisa se preocupar com nada. [combate às preocupações]

Ponto 4: Veja como é incrível. O que você está esperando? [compre agora]

No "formato do absolutamente incrível", o ponto 1 é o principal benefício, o ponto 2 é um reforço do principal benefício ou um benefício paralelo importante, o ponto 3 é o momento de lidar com as objeções e o ponto 4 é o resumo de tudo, encorajando os compradores a fechar a compra. Nem sempre dá para acertar de cara – você pode se deparar com objeções adicionais à medida que percorre o processo inicial de vendas com clientes reais –, mas lidar com as objeções mais importantes desde o início o ajudará a se posicionar melhor do que a abordagem do tipo "esperar para ver no que dá".

2. A garantia incrível, também conhecida como "Não tenha medo"

Não importa o que você estiver vendendo, a maior preocupação de muitos clientes potenciais é: "E se eu não gostar? Posso receber meu dinheiro de volta?". Uma maneira comum e altamente eficaz de combater essa preocupação é oferecer uma garantia de satisfação. Um conselho: não permita que sua garantia seja complicada, confusa ou chata. Você não quer que o seu cliente pense muito a respeito! Mantenha as coisas simples e fáceis.

Além disso, se houver alguma maneira de vincular os resultados prometidos da sua oferta à garantia, faça isso. Nev Lapwood, que tem um programa de instrução de *snowboarding* e que você conhecerá no Capítulo 11, oferece uma garantia de 120%. Se o programa não abalar o seu mundo, você receberá todo o seu dinheiro de volta *mais* 20% pelo transtorno.[18] Quando criei o Travel Hacking Cartel, prometi que os membros que aplicassem as estratégias propostas pelo programa acumulariam pelo menos 100 mil milhas em programas de milhagem por ano, o suficiente para quatro passagens aéreas gratuitas.

Nem todo negócio será capaz de oferecer uma garantia incrível, especialmente se a entrega do produto ou serviço envolver custos substanciais. Além disso, você também pode optar por *não* oferecer nenhuma garantia para o seu produto ou serviço e anunciar o fato com alarde. Dessa forma, a ausência de uma garantia pode atuar como um processo de seleção, afastando gentilmente os clientes que não se adaptam bem à sua oferta ao mesmo tempo que reforça a opção de compra para os melhores clientes.

Em geral, você deve oferecer uma garantia incrível ou nenhuma garantia. Uma garantia fraca ou uma garantia obscura pode acabar desgastando sua credibilidade em vez de reforçá-la.

---

18 Perguntei a Nev se ele não tinha problemas com clientes abusando dessa política. A resposta: "Não, nunca tive problema algum". Nev atribui a ideia a Tim Ferriss, autor de *Trabalhe 4 horas por semana*.

3. Superar as expectativas, também conhecido como "Uau! Veio um monte de extras que eu não esperava!"

Imediatamente depois de fazer uma compra, muitas vezes sentimos uma pontada de ansiedade: Será que foi uma boa compra? Será que não acabei de jogar dinheiro fora? A melhor coisa a fazer é se antecipar a esse sentimento fazendo as pessoas se sentirem bem com a compra que acabaram de realizar. A maneira mais fácil e mais decisiva para reforçar essa decisão é lhes dando um rápido acesso ao produto ou serviço pelo qual acabaram de pagar. Mas, para ir ainda mais longe, é interessante *superar as expectativas*: dê às pessoas mais do que elas esperam. Isso pode ser feito enviando um cartão de agradecimento escrito à mão junto com o produto ou de inúmeras outras maneiras que façam sentido para o seu negócio.

A questão é que pequenos gestos fazem uma grande diferença.

Como a fatia de laranja no quilômetro 30 da maratona, uma oferta irrecusável é aquela que chega no momento certo. À medida que avança pelo mapa a caminho da liberdade, reflita com atenção sobre como criar a sua própria oferta irrecusável.

O próximo passo é apresentar a sua oferta ao mundo. Está pronto?

PONTOS FUNDAMENTAIS

- Tente vincular o máximo possível a sua oferta aos benefícios diretos que os clientes receberão. Como no caso dos livretos de cupons de desconto do Alasca, uma oferta irrecusável se paga com uma proposição de valor clara.

- O que as pessoas querem e o que elas dizem que querem nem sempre são a mesma coisa; o seu trabalho é descobrir a diferença.

- Ao desenvolver uma oferta, reflita meticulosamente sobre as objeções e combata-as antecipadamente.

- Dê um empurrãozinho aos clientes para encorajá-los a tomar uma decisão. A diferença entre uma boa oferta e uma excelente oferta é o *senso de urgência* (também conhecido como momento oportuno). Por que as pessoas deveriam comprar *agora*?

- Tranquilize o cliente e reconheça a compra assim que ele fechá-la com você. Depois, encontre uma razão menor, mas significativa para ir além das suas expectativas.

"Antes de começar, prepare-se bem."

MARCO TÚLIO CÍCERO

Vamos fazer uma visita a Hollywood, a partir de um cinema. Todos os anos, vários campeões de vendas cinematográficos são lançados a um custo de produção enorme, muitas vezes de 100 milhões de dólares ou mais. Executivos da indústria sabem que só há uma janela limitada para assegurar um sucesso. Se o filme não fizer sucesso no fim de semana da estreia, eles ainda terão um bom filme, mas não o campeão de vendas de que precisam para recuperar os altos custos de produção.

Os executivos também sabem que, apesar de algumas pessoas só decidirem o filme que querem ver quando chegam ao cinema, muitas outras saem de casa decididas a assistir a determinado filme. Se elas ouvirem falar do filme e se empolgarem com os comentários, podem esperar ansiosamente a estreia, além de contagiar também os amigos com a expectativa e empolgação.

É por isso que Hollywood dá início às atividades de "pré-estreia" de um grande filme muitos meses antes da estreia, muitas vezes, uma temporada inteira ou um ano inteiro antes para determinados filmes. Nesse período eles exibem trailers antes dos outros filmes, criam empolgação por meio de campanhas na internet e se envolvem em atividades de relações públicas muito antes de o filme ser lançado ao público.

A campanha de pré-estreia é um sucesso quando as pessoas aguardam ansiosamente o filme, reclamando que precisam esperar muito tempo até o dia em que – "finalmente" – o filme é lançado ao público. Então, o estúdio espera que centenas de milhares de espectadores formem filas quilométricas nos cinemas para comprar o ingresso na bilheteria. Sem uma campanha ativa de pré-estreia, o filme pode ser ótimo, mas as chances de sucesso comercial são bem menores.

O mesmo princípio também se aplica aos micronegócios. Independente de ser a estreia de um filme de Hollywood ou o lançamento do seu novo curso de costura de meias, os lançamentos são desenvolvidos principalmente por meio de uma série de comunicações regulares com os clientes potenciais e existentes. Da mesma forma como os executivos da indústria cinematográfica que lançam diferentes *trailers* para promover um filme (primeiro um *trailer* mais curto, depois um mais longo) e os eventos voltados à imprensa que a Apple criou com Steve Jobs no comando (provocando uma frenética expectativa em relação aos produtos futuros), os pequenos negócios podem reproduzir esse ciclo à sua própria maneira.[19]

▼ ▼ ▼

Karol Gajda e Adam Baker, dois amigos com negócios distintos em regiões diferentes dos Estados Unidos, decidiram unir forças para realizar um grande projeto. Karol tinha se formado em engenharia pela University of Michigan, mas nunca atuou na área. Ele teve a ideia lendo um livro clássico de marketing escrito 90 anos atrás por Claude Hopkins e intitulado *A ciência da propaganda*[20]. No livro, Hopkins falava da "queima de estoque" – a antiga tática de promover grandes liquidações utilizada durante décadas por lojas de móveis. Karol não tinha uma loja de móveis, mas ficou pensando... E se promovêssemos uma queima de estoque moderna, enfatizando dar um enorme valor a preços baixos, mas só por um tempo limitado?

Tanto Karol quanto Adam trabalhavam no negócio de publicação de informações e entraram rapidamente em ação, recrutando outros colegas interessados em participar. O argumento era intrigante: contribua com os seus produtos a serem vendidos em um pacote por um preço baixo e por tempo limitado. Ah, e se você ajudar a promover a oferta à sua própria base de clientes e seguidores, ganhará uma comissão de 80% sobre tudo o que vender. O argumento era bom e Karol e Adam

---

19 Qualquer análise do "marketing de lançamento" se fundamenta no livro de Robert B. Cialdini e Robert L. Shell (*O poder da persuasão*. Rio de Janeiro: Campus, 2006), um dos primeiros a estudar como os consumidores tomam suas decisões de compra. Jeff Walker, um empreendedor e educador, também é famoso por seu trabalho sobre lançamentos de produto.

20 HOPKINS, Claude. *A ciência da propaganda*. Rio de Janeiro: Cultrix, 1966.

já tinham passado um bom tempo desenvolvendo relacionamentos e conquistando uma sólida reputação por seu trabalho. Dos 25 contatos, 23 pessoas aceitaram.

Juntando todos os produtos, eles acabaram com um pacote monstruoso que poderia ser vendido por 1.054 dólares no varejo. A ideia seria vender o pacote por 97 dólares, menos de 10% do valor de todos os produtos individualmente e um preço ao qual – eles esperavam – os clientes reagiriam bem. O "gancho" veio da ideia da queima de estoque: a oferta só ficaria disponível por 72 horas – nenhum pacote voltaria a ser vendido depois desse prazo.

O grande dia chegou e a oferta foi lançada na internet. Nos primeiros dez minutos, nada aconteceu. Karol, em Austin, olhava sem piscar para as estatísticas enquanto Adam roía as unhas em Indianápolis. Será que algo deu errado? Felizmente não... Acontece que eles só estavam dez minutos adiantados. De repente, um filete de visitantes se transformou em uma torrente e depois em uma inundação, à medida que cada vez mais pessoas ficavam sabendo da oferta e visitavam o site para fazer a compra. *Bum!* O servidor quase se sobrecarregou e a conta do Gmail de Karol recebia um e-mail após o outro com o assunto "Notificação de pagamento recebido".

A enchente prosseguiu durante o dia todo, deu uma desacelerada no segundo dia e retomou a intensidade no final do terceiro e último dia. Quando a poeira baixou, Karol e Adam se sentaram para fazer as contas. Vendas totais: 185.755 dólares em três dias sem dormir. Tamanho é o poder de um lançamento bem elaborado de um produto.

Era uma noite escura e tempestuosa

Considerando que uma campanha planejada de lançamento pode proporcionar resultados muito melhores do que simplesmente disponibilizar um produto dizendo "Aqui está", é interessante ponderar meticulosamente como estruturá-la. A campanha, normalmente, assume a forma de uma série de mensagens enviadas ao seu público e vale a pena manter em mente a analogia de Hollywood: a pior coisa que você pode fazer em um lançamento é lançar o seu filme sem contar para ninguém. É muito melhor contar uma história. A história se desenrola assim...

Um vislumbre do futuro. Na primeira menção ao seu lançamento iminente, é melhor não revelar todos os detalhes; comece com um simples alerta. É interessante dizer algo como: "Ei, estou trabalhando em algo que pode lhe interessar. Será espetacular quando estiver terminado, mas por enquanto só quero que você saiba que, em breve, entrarei em contato com mais detalhes". A meta é criar expectativa para o produto ou serviço que em breve estará disponível para compra.

Por que este projeto será interessante. A mensagem preliminar mais importante sobre o lançamento (e que deve ser reforçada continuamente) é por que os seus clientes potenciais e existentes devem se importar. Em meio à enxurrada de mensagens que recebemos todos os dias, por que alguém deveria parar e prestar atenção a este projeto? A mensagem que você deseja comunicar é: "É por isso que este projeto será revolucionário, veja como as pessoas se beneficiarão e é por isso que você deve se interessar".

O plano para a grande estreia. As duas mensagens anteriores, bem como quaisquer outras mensagens, se concentraram no projeto em si, não no lançamento. É neste ponto que você começará a revelar alguns dos detalhes do lançamento em si. Quando será? Como será? Haverá algum tipo de bônus para os primeiros a comprar? E, o mais importante, o que as pessoas precisam saber agora?

Calma aí, estamos quase prontos! Essa comunicação é feita próximo do lançamento, por vezes até na véspera. A mensagem é: "Esta é a calmaria antes da tempestade. Estamos chegando e estamos muito empolgados com isso!". Quaisquer lembretes de última hora ou detalhes do lançamento são incluídos aqui e a meta é transformar a expectativa em uma decisão de compra. (Você quer que os seus clientes potenciais decidam antes que desejam comprar a sua oferta.)

Aleluia! A espera chegou ao fim! A mensagem é: "Finalmente! Todo mundo passou tanto tempo esperando e agora o produto ou serviço finalmente ficou pronto!". Esta comunicação tende a ser mais breve que as outras porque, se você acertou nos passos anteriores, muitos compradores já estarão prontos para comprar. É neste ponto que você abre os portões para a multidão... ou pelo menos é o que você *espera* que aconteça. Nesta mensagem, você envia um link (ou lhes dá outra maneira de comprar) e os encoraja a agir.

Interlúdio

Vamos fazer uma pequena pausa. O que acontece imediatamente depois deste ponto é tão importante quanto tudo o que já aconteceu. Um bom promotor não descansa depois do lançamento, porque sabe que provavelmente poderá aumentar significativamente os resultados com um pouco de iniciativa. Um lançamento, muitas vezes, resulta em um ciclo de resposta como este:

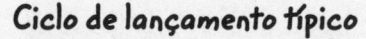

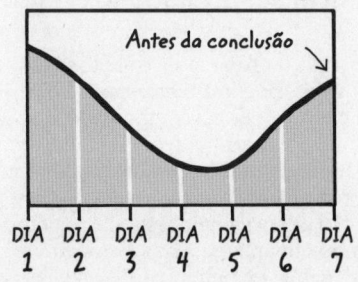

Se o lançamento durar uma semana, sua tendência será constatar uma alta taxa de resposta no primeiro e segundo dias, seguida de uma significativa retração e, depois, de uma grande retomada antes da conclusão do lançamento. Isso mostra por que é necessário ter um ciclo de lançamento: se o seu lançamento não tiver fim, você não se beneficiará da retomada! Se você se limitar a lançar e seguir em frente, não terá a oportunidade de crescer. Agora, de volta à história...

Como estamos indo? Algo sempre dá errado em todo lançamento. Esta é a sua chance de lidar com o problema e resolvê-lo, além de atualizar as pessoas do andamento do projeto. Neste momento, também, é importante contar histórias de clientes satisfeitos que já fizeram a compra. A mensagem é: "Veja todas essas pessoas que já estão se beneficiando do nosso produto!".

Tique-taque – o tempo não para. Logo antes de concluir o lançamento, ou antes de remover os bônus ou antes de elevar o preço, é neste ponto que você dá o último empurrãozinho. A mensagem é: "Está quase no fim. Esta é a sua última chance de aproveitar!".

"Gostaria de agradecer a minha mãe por acreditar em mim." Um bom lançamento tem um período de conclusão no qual o passeio na montanha-russa chega ao fim, mesmo se a oferta continuar disponível, mas em um formato diferente. A mensagem é: "Acabou. Muito obrigado a todos. Veja o que acontecerá em seguida".

Como tudo na vida, é importante cumprir suas promessas no lançamento. Se a sua oferta terminou no prazo combinado e você teve uma enorme taxa de resposta,

Desastre e recuperação: multidão de novos clientes

Da mesma forma como o problema de ter dinheiro demais, ter clientes demais costuma ser um bom problema para se ter – mas também pode ser confuso se os clientes chegarem todos de uma vez. Eis o que David Wachtendonk, o fundador de um negócio de planejamento de eventos de Chicago, aprendeu quando recebeu 2 mil clientes a mais do que esperava em razão de uma promoção.

Em junho de 2010, a nossa empresa participou de uma promoção no Groupon. Pesquisamos um pouco e nos pareceu um bom caminho para a nossa empresa conseguir um pouco de exposição para um novo conceito que queríamos lançar em Chicago. Depois de algumas negociações com o pessoal do Groupon, concordamos que seria interessante. Nossa última tarefa seria encontrar um local para oferecer o serviço. Depois de um tempo, encontramos um novo restaurante que concordou em trabalhar conosco.

No dia da promoção, não tínhamos ideia do que estava prestes a acontecer. Nosso representante do Groupon estimou que venderíamos cerca de 1 mil a 1.500 unidades... mas acabamos vendendo 3.300 unidades em um único dia. Achamos que daríamos conta da demanda, mas infelizmente ficamos sobrecarregados. O telefone não parava de tocar e recebemos uma enxurrada de e-mails, que tentamos responder como pudemos. A maioria dos clientes foi relativamente compreensiva, já que éramos um pequeno negócio, mas nem todo mundo levou numa boa.

Depois de fechar o acordo descobrimos que o restaurante estava no meio de um processo de reposicionamento para se transformar em um bar esportivo, o que está longe de ser a situação ideal para o que tínhamos em vista: um jantar com entretenimento. A clientela deles tinha mudado, o clima do restaurante já não era mais o mesmo e o proprietário do negócio fez o que pôde para nos acomodar. Infelizmente, o seu melhor nem sempre é bom o suficiente e os nossos novos clientes não ficaram nada satisfeitos. Trabalhamos incansavelmente com a equipe do restaurante para ensiná-los como lidar com grandes grupos e chegamos a usar nossa própria *hostess* e o nosso gerente na maioria dos shows com a esperança de melhorar a experiência para os clientes. Em função de todos os fatores fora do nosso controle, a qualidade não satisfez as expectativas no começo – o serviço acabou desleixado e a experiência foi diluída. As primeiras horas foram uma tortura, mas com o tempo a experiência foi melhorando. Quarenta e sete shows mais tarde, finalmente jogamos a toalha.

A nossa empresa realizara diligentemente as pesquisas e tomamos as precauções que consideramos adequadas para fechar os acordos, mas isso não bastou. Deveríamos ter sido mais proativos e comunicado melhor as expectativas aos nossos clientes. Felizmente, a nossa equipe sobreviveu à experiência e está aí para contar a história. A pergunta que me fazem o tempo todo é: "Vocês fariam outro Groupon?". A resposta sincera é: sim. Apesar dos desafios, a experiência com o Groupon nos proporcionou uma exposição que jamais teríamos com o marketing tradicional.

as pessoas invariavelmente o procurarão implorando para que você lhes abra uma exceção, após a conclusão do lançamento. É tentador ganhar mais dinheiro com isso, mas, se você disse que o lançamento terminaria em um determinado horário ou dia, é importante se ater firmemente à sua decisão. Em longo prazo, você sempre sai ganhando com esse tipo de atitude, porque as pessoas aprenderão a levá-lo a sério. Karol e Adam receberam incontáveis solicitações para comprar o pacote promocional terminado o período de 72 horas, mas eles gentilmente se recusaram a atendê-las.

Mais uma coisa: se você reconhecer um defeito, fraqueza ou limitação do seu produto, isso provavelmente o ajudará em vez de prejudicá-lo. Isso acontece porque, quando avaliamos uma decisão de compra, gostamos de levar em consideração tanto os pontos fortes quanto os fracos. Se o desenvolvedor de um produto admitir que ele não é perfeito – e nos explicar por quê –, tendemos a confiar mais nele.

É possível ver esse estilo de comunicação na campanha de 2012 de reeleição do presidente Obama. Um dos primeiros anúncios *a favor* da reeleição continha a seguinte afirmação de um partidário: "Não concordo com Obama em tudo, mas eu o respeito e confio nele". Enquanto isso, um anúncio lançado naquela mesma semana *contra* a reeleição continha a seguinte afirmação de um opositor: "Eu gosto do Obama, mas simplesmente não entendo as políticas dele".

As duas afirmações são basicamente iguais, revertidas para enfatizar o que cada lado quer que os eleitores acreditem. Cada mensagem contém tanto uma admissão de incerteza quanto uma alegação, fazendo cada mensagem ser um bom argumento para os eleitores que ainda não decidiram em quem votar.[21]

Em todas as mensagens enviadas (seja por e-mail ou por outro meio), é necessário levar em consideração vários elementos. O primeiro e mais importante nós já mencionamos: a necessidade de contar uma boa história. No entanto, uma boa história sozinha nem sempre basta. Você também precisa pensar em até que ponto os clientes poderão se identificar com ela e até que ponto o momento é oportuno para contar essa história. O primeiro fator se refere à necessidade de garantir que as pessoas que ficarem sabendo do lançamento possam se identificar com ele. Elas se veem como personagens da sua história e conseguem entender claramente como o produto ou serviço as ajudará? Elas entendem a mensagem?

O segundo fator – o senso de urgência – pode representar a diferença decisiva entre bons resultados ("Deu tudo certo") e excelentes resultados ("Arrasamos!").

---

21 Além de admitir uma imperfeição ou fraqueza, táticas populares de lançamento incluem dar um produto de graça (transformando o lançamento em um concurso) e revelar um "trailer" ou "amostra" do produto. Considerando a importância dos lançamentos, incluí mais dicas e táticas no site <www.100startup.com>.

Se o momento não for oportuno, os clientes podem avaliar a oferta e concordar que ela é interessante, mas deixar de comprá-la porque eles não veem necessidade de comprar agora. Você não quer pressionar as pessoas a comprar se elas não estiverem prontas, mas é sempre interessante incutir certo senso de urgência. É por essa razão que um bom lançamento sempre leva em consideração o senso de urgência.

Nem tudo se resume em vendas

A meta de um bom lançamento não é apenas converter o maior número de clientes potenciais possível, mas também preservar o seu relacionamento com outros clientes potenciais e reforçar a sua influência. A razão pela qual isso é importante é que você não quer coagir as pessoas; é melhor desenvolver relacionamentos com o tempo.

Algumas pessoas sempre reclamarão independente do produto e do preço. Ninguém pode fazer nada para mudar essa atitude, então, é melhor aceitar o fato e não se desdobrar para tentar satisfazer essas pessoas. Mas é importante prestar atenção à sua base mais ampla. O que eles estão dizendo a seu respeito? Como percebem o valor da sua oferta e o estilo das suas mensagens? Um bom lançamento deve aumentar as vendas e influenciar os clientes ao mesmo tempo. Se você estiver recebendo um *feedback* positivo de pessoas que não compram o seu produto, mas querem apoiá-lo de outras maneiras, você está no caminho certo.

A importância de saber contar histórias e o lançamento do Empire Building Kit

Era o meu lançamento mais importante até então: um curso de negócios on-line chamado Empire Building Kit – algo como kit de construção de impérios –, que acabou formando a base para este livro. Passei meses conduzindo entrevistas e pesquisas, documentando lições de empreendedores não convencionais e extraindo os segredos do sucesso deles. Mas, enquanto me preparava para disponibilizar o curso, chegou um ponto a partir do qual não consegui mais avançar – alguma coisa não estava se encaixando e comecei a procrastinar até a data do lançamento.

Ao planejar uma viagem à Europa e à África, reservei um voo que acabaria me levando a Chicago, mas ainda não tinha comprado uma passagem para me levar de volta a Portland, onde moro. De repente tive a ideia maluca de dar uma olhada nas opções de trem, achando que eu jamais cruzaria o país de trem, mas não custava nada dar uma olhada, de forma que entrei no site da Amtrak Para a minha surpresa, o nome do trem da Amtrak de Chicago a Portland era *Empire Builder*. Hummm. Aquilo me deu uma ideia, mas achei que seria uma loucura grande demais para implantar. Naquele mesmo dia, a campainha.

◀

▶ tocou: era o entregador da UPS com um pacote. A caixa continha uma mochila que o pessoal da empresa de Tom Bihn (que conheceremos no Capítulo 13) me mandou de brinde. O nome da mochila era... *Empire Builder.*

Não sei se Deus, o universo ou a empresa de Tom Bihn estava me enviando uma mensagem, mas decidi ir em frente com a ideia. Decidi ir à África, voltar aos Estados Unidos via Chicago e lançar o Empire Building Kit em um único dia, no trem *Empire Builder.* Ah, e ainda por cima seria meu aniversário – de forma que também incluí isso na história.

Pedi que meu amigo J. D. Roth me acompanhasse. Nos encontramos em Chicago para os preparativos para a jornada. Assim que embarcamos no trem, montamos nosso "escritório" no vagão da Amtrak, incluindo vários produtos da Apple – o que entreteve os outros passageiros, muitos deles turistas idosos. Nas semanas que precederam o grande dia, contei o meu plano à minha comunidade com uma mistura de empolgação e apreensão; era empolgante lançar o novo curso, mas era aterrorizante pensar que eu poderia não terminar a tempo. Com tanta coisa em jogo, não daria para mudar a data do lançamento e eu não tinha um plano B caso algo desse errado.

Felizmente, acabou dando tudo certo. Concluí a edição final no voo da Lufthansa para Chicago. Dois dias depois, lançamos o Empire Building Kit para centenas de ávidos compradores, muitos dos quais estavam esperando desde a campanha de pré-lançamento. O lançamento gerou vendas de mais de 100 mil dólares antes de eu encerrar a promoção exatamente 24 horas mais tarde, quando nosso trem cruzou a fronteira entre os Estados de Washington e Oregon. A mensagem tinha uma boa história e um senso de urgência: assim que chegássemos a Portland, a promoção chegava ao fim.

O que mais gostei foi de receber e-mails de pessoas que disseram que não tinham interesse no curso, mas estavam adorando a história da viagem de trem. Eu nem sempre acerto, mas dessa vez todos os elementos se encaixaram.

Lançamento no aeroporto de Londres, 11 horas até o Brasil

Depois de concluir um curso na universidade, Andreas Kambanis passou seis meses tentando abrir um negócio próprio e recusando ofertas de empregos formais. A meta era desenvolver um app do iPhone e um guia on-line de roteiros para conhecer Londres de bicicleta, mas os obstáculos iniciais foram grandes. Entre outras coisas, Andreas usou o nome *London Cyclist* antes de perceber que já existia uma publicação com o mesmo nome, o que levou a cartas furiosas e ameaças de um processo judicial. Enquanto isso, todos os seus amigos foram trabalhar em empresas, de forma que tinham dinheiro para sair à noite, enquanto Andreas era forçado a ficar em casa.

Andreas estava empacado, planejando seu primeiro lançamento com um parceiro antes de sair em uma viagem de turismo ao Brasil. Algumas semanas antes de partir, o parceiro desistiu do lançamento. Andreas reduziu o número de produtos, mas decidiu prosseguir tanto com o lançamento quanto com a viagem.

Ao chegar o grande dia, ele lançou o app no portão de embarque do aeroporto de Heathrow literalmente 30 minutos antes de embarcar para o Brasil. Acomodando-se na classe econômica para o voo de 11 horas, ele teve muito tempo para pensar em seu novo negócio, mas naquela época, antes da popularização da internet a bordo, não havia nada que ele pudesse fazer a respeito. Como ele contou mais tarde, se desconectar da internet logo depois de lançar o app provavelmente não foi a melhor decisão, mas, como ainda não tinha um público muito amplo, ele não esperava nenhum grande resultado imediato. Assim que a aeronave finalmente aterrissou em São Paulo, Andreas não conseguiu resistir à curiosidade e usou o *roaming* de seu iPhone para dar uma olhada no que estava acontecendo.

Com os olhos vermelhos e apertado ao lado da janela, ele fez as contas e não acreditou no que viu – havia uma enxurrada de pedidos entrando, como o que Karol e Adam vivenciaram. Não era nenhuma fortuna, mas, enquanto ele cruzava o Atlântico, o lançamento pagou a passagem de avião e a primeira semana de hospedagem. Andreas prosseguiu sua viagem com uma conexão para o Rio, abandonando todas as esperanças de não usar o *roaming* de seu telefone, e continuou monitorando as vendas.

Eu prefiro passar meus lançamentos em casa, com um bule enorme de café à mão, lidando com os inevitáveis problemas técnicos enquanto me comunico com parceiros e compradores. Mas, nesse caso, a impossibilidade de reprogramar o lançamento e a viagem serviu como um poderoso motivador para Andreas. "É difícil explicar por que aquele prazo final foi tão importante para a realização do projeto", ele me contou. "Acho que foi tão motivador para mim porque parecia impossível e me forçou a me livrar de tudo o que não ajudasse a concluir o projeto."[22]

Uma boa estratégia de lançamento pode ajudar quase todo negócio, físico ou na internet. Vamos dar uma olhada em como uma editora independente usou as mesmas táticas que deram tão certo para Karol e Adam, mas para um lançamento completamente off-line e local. Anastasia Valentine publica livros infantis e costumava trabalhar em "grandes editoras com gigantescas verbas de marketing".

---

22 Um benefício inesperado da viagem de lançamento de Andreas foi ter conhecido sua futura namorada na América do Sul. Os seus resultados podem variar!

Naturalmente, ela não tinha acesso ao mesmo tipo de recursos para os próprios lançamentos, mas sabia como criar expectativa em relação a um evento.

A primeira parte era começar pedindo – pedindo ajuda a todo mundo que ela conhecia. "Nós não sabíamos direito como filtrar as nossas solicitações", Anastasia disse, "então, em vez de filtrar, simplesmente pedíamos tudo a todo mundo. Pedíamos cobertura no jornal, menções na TV, endossos, doações para uma grande festa... o céu era o limite."

A estratégia se provou eficaz quando ela começou a receber respostas positivas a quase todos os pedidos. Quando chegou o grande dia, uma fila se formou na rua e Anastasia se certificou de criar uma boa experiência para as pessoas. Como os adultos que compram livros infantis normalmente chegam com as crianças a tiracolo, ela incluiu espaços para pintura e organizou brincadeiras. Apesar de o lançamento ter sido um evento off-line, o tráfego na internet aumentou 267% e a mala direta dobrou. Aprender a pedir também foi instrutivo. "Achávamos que algumas pessoas não teriam nenhum interesse, mas elas acabaram aparecendo... e trouxeram amigos!", ela contou. "Enquanto isso, pessoas que achávamos que teriam muito interesse nem chegaram a responder. A lição que aprendemos foi que não devemos presumir que alguém não se interessaria, não compareceria ou não compraria."

Se você estiver só começando o próprio planejamento de lançamento, veja a "Lista de verificação de lançamento de 39 passos". Essa lista de verificação tem duas utilidades: ela serve como um modelo para o planejamento do primeiro lançamento de um novo negócio e ajuda a gerar ideias para um negócio existente.

Lista de verificação de lançamento de 39 passos

Observação: nenhum lançamento de produto é igual ao outro. Use os passos a seguir como uma diretriz. Muitas vezes, ao acrescentar um ou dois passos que de outra forma você deixaria de fora, você obterá um significativo aumento das vendas.

O quadro geral
1. Certifique-se de que o seu produto ou serviço tenha uma proposição de valor claro.[23] O que os seus clientes recebem pelo dinheiro que pagam pela sua oferta?

---

23 Este passo é extremamente importante! A proposição única de vendas se refere ao elemento que distingue a sua oferta de todas as outras. Por que as pessoas se interessariam pelo que você está vendendo? Essa pergunta deve ser respondida com muito cuidado.

2. Decida quais serão os bônus, incentivos ou recompensas para os primeiros compradores. Como eles serão recompensados pela compra imediata?

3. O seu lançamento é de alguma forma divertido? (Lembre-se de levar em consideração os não compradores, além dos compradores. Se as pessoas não querem comprar, será que elas não gostariam de ouvir ou ler sobre o lançamento?)

4. Se o seu lançamento for on-line, você gravou uma mensagem em vídeo ou áudio para complementar o texto escrito?

5 Você criou expectativa em relação ao lançamento? Os clientes potenciais estão empolgados?

6. Você incorporou senso de urgência – não do tipo falso, mas uma razão concreta para comprar agora – no lançamento?

7. Divulgue antecipadamente a hora e a data do lançamento (se o lançamento for on-line, algumas pessoas ficarão acampadas no site uma hora antes, clicando repetidamente no botão atualizar).

8. Revise várias vezes todos os materiais de vendas... e peça para alguém revisá-los também.

9. Verifique todos os links da sua página de gerenciamento de pedidos ou processador de pagamentos e cheque novamente em um computador e navegador.

Próximos passos

10. Se for um produto on-line, a sua página de gerenciamento de pedidos e sua conta do PayPal estão configuradas adequadamente?

11. Teste repetidamente todos os passos do processo de pedido. Sempre que alterar qualquer variável (preço, componentes do pedido, texto etc.), teste tudo novamente.

12. Você registrou todos os domínios associados ao seu produto? (Não é caro registrar domínios; seria interessante comprar também o .com, .net, .org, e todos os nomes similares disponíveis.)

13. Você fez o *upload* de todos os arquivos no lugar certo?

14. Reveja meticulosamente a página de pedidos em busca de erros ou melhorias de fácil implementação. Imprima-a e mostre-a a vários amigos, inclusive algumas pessoas que não sabem nada sobre o seu negócio.

15. Leia em voz alta importantes comunicações (mensagem de lançamento, página de compra, página promocional). Você provavelmente encontrará um erro ou uma frase obscura que deixou de perceber ao ler mentalmente.

16. Você ou o seu designer criaram elementos gráficos customizados para a oferta, inclusive anúncios para afiliados ou parceiros, se for o caso?

Não se esqueça do dinheiro

17. Determine uma meta monetária clara para o lançamento. Quantas vendas você deseja fechar e quanta renda líquida pretende ganhar? (Em outras palavras, como deverá ser o seu sucesso?)

18. Avise seu banco sobre a possibilidade de entrar dinheiro na conta.[24]

---

24 Bancos e prestadores de serviços financeiros são paranoicos com a entrada de grandes somas em pouco tempo. Se você não os avisar antes, pode ter problemas.

19. Crie um plano B para receber fundos se necessário (abra uma conta adicional, planeje agregar todos os pagamentos no PayPal etc.).
20. Seria possível incluir outra opção de pagamento para facilitar o trabalho dos compradores?
21. Para um produto caro, você tem como oferecer um plano de pagamento? (Observação: é comum oferecer um pequeno desconto para clientes que pagam à vista. Isso serve como um incentivo para os clientes que preferem pagar tudo de uma vez ao mesmo tempo que proporciona uma alternativa para as pessoas que preferem parcelar o pagamento.)

Na véspera do lançamento
22. Adiante ao máximo suas tarefas on-line para se concentrar no grande dia amanhã.
23. Envie uma atraente mensagem de lançamento aos seus leitores, clientes e/ou afiliados.
24. Prepare um post de blog e quaisquer posts de mídia social necessários (se for o caso).
25. Configure dois despertadores para se certificar de estar desperto e disponível pelo menos uma hora antes do horário programado para o lançamento.

A manhã do grande dia
26. Programe o horário do lançamento para se adequar ao seu público, não a você. Em geral, é melhor realizar o lançamento de manhã cedo.
27. Realize o *soft launch* – lançamento para um público limitado – pelo menos dez minutos antes para se certificar de que tudo está funcionando adequadamente. É melhor que você encontre os problemas do que deixar que seus clientes os encontrem!
28. Escreva aos três a cinco primeiros compradores para agradecer e pergunte: "Deu tudo certo no processo de compra?". (Benefício paralelo: esses compradores provavelmente são os seus maiores fãs de qualquer maneira e apreciarão o tratamento especial.)
29. Tente enviar uma breve mensagem pessoal a todos os compradores além da mensagem automática de agradecimento. (Mesmo se não for possível fazer isso para todos os compradores, tente escrever o maior número que puder.)

Promoção (pode ser feita no dia do lançamento ou antes)
30. *O mais importante:* peça ajuda para divulgar a notícia do lançamento. Muitos leitores, clientes potenciais e conhecidos estarão dispostos a ajudá-lo, contando aos amigos e seguidores, mas você precisa pedir.
31. Escreva aos afiliados lembrando-os da nova oferta.
32. Escreva a jornalistas ou contatos na mídia, se apropriado.
33. Divulgue no Twitter, Facebook, LinkedIn e outras redes sociais das quais você já participa. (Não costuma ser uma boa ideia entrar em uma rede social só para promover uma oferta.)

Acompanhamento (faça isso antecipadamente)
34. Elabore a mensagem de agradecimento padrão que todos os compradores receberão ao finalizar a compra.

▶ 35. Se for o caso, escreva a primeira mensagem da série de e-mails de acompanhamento que os compradores receberão.

36. Elabore um conteúdo adicional para comunicações futuras e se programe para enviá-las depois que se recuperar do lançamento.

Indo além do esperado

37. Como você pode ir além das expectativas e surpreender os seus clientes com este produto? Você tem como acrescentar produtos adicionais ou algum tipo de benefício não incluído no material promocional?

38. Você pode fazer algo especial para agradecer os seus clientes? (Para um lançamento de um produto ou serviço caro, envie cartões-postais a cada comprador; você também pode telefonar para alguns de seus clientes.)

O penúltimo passo

39. Não se esqueça de comemorar. Este é um grande dia e você passou muito tempo dando duro. Vá ao seu restaurante preferido, tome uma taça de vinho, compre um objeto de desejo ou dê a si mesmo qualquer outro agrado. Você merece!

O último passo

40. Comece a pensar no próximo lançamento. O que você pode fazer para usar este lançamento como um trampolim para o próximo? O que você aprendeu que pode ajudá-lo a criar algo ainda melhor da próxima vez?

Lembre que muitos clientes o apoiarão durante a vida inteira se você continuar lhes proporcionando um excelente valor. É muito mais fácil vender a um cliente existente do que a um novo cliente, então, faça o possível para superar as expectativas e comece a planejar o próximo projeto. (Por exemplo, se prometer uma lista de verificação de 39 passos, dê um passo adicional de bônus.)

Pós-lançamento: a história ainda não chegou ao fim

Depois do lançamento, você pode se sentir tentado a dar uma parada e de fato deve comemorar e relaxar. Mas não fique muito tempo parado, porque o próximo passo é importante. Durante o processo de lançamento, muitas pessoas estão prestando atenção em você. Afinal, você chamou mais atenção do que o normal e conquistou a confiança de novos clientes. Outros clientes potenciais que levaram a oferta em consideração não se interessaram por ela desta vez, mas você pode lhes oferecer algo novo em outra ocasião.

Retome sempre a questão fundamental do valor: Como é possível ajudar mais as pessoas? Depois de seu grande lançamento, Adam e Karol retomaram os próprios negócios e seus estilos de vida ativos. Adam usou parte dos lucros para comprar um trailer e viajar pelo país com a família e Karol deu início a uma peregrinação não convencional para visitar todas as montanhas-russas da América.

Ao mesmo tempo, eles não pararam de pensar no próximo grande projeto que resultaria em mais vendas, mais clientes e mais impacto.

PONTOS FUNDAMENTAIS

- Um bom lançamento é como um filme de Hollywood: você ouve falar do filme pela primeira vez muito antes da estreia, você fica sabendo de cada vez mais notícias antes da estreia e vê imagens de multidões de pessoas esperando ansiosamente em uma fila enorme na estreia.

- Um bom lançamento combina estratégia com tática. A *estratégia* se refere a questões explanatórias (os "porquês"), como a história, a oferta e o plano de longo prazo. A *tática* se refere a questões práticas (os "comos"), tal qual o melhor momento, o preço e o argumento de vendas específico.

- Uma série de comunicações regulares com os clientes potenciais antes do lançamento o ajudará a recriar a experiência de Hollywood com um público de qualquer tamanho.

- Conte uma boa história e certifique-se de levar em consideração a questão do senso de urgência: Por que as pessoas deveriam se interessar pela sua oferta *agora*?

- Use a "Lista de verificação de lançamento de 39 passos" como uma diretriz. Nem todos os passos podem se aplicar ao seu projeto e você pode querer incluir os próprios passos.

"Boas coisas acontecem aos agitadores."

ANAÏS NIN

A 190 quilômetros de Boston, no Estado de New Hampshire, centenas de artistas e amantes da arte se reúnem duas vezes ao ano para uma experiência comunal no campo. Antes de chegar, muitos deles se conectam na internet para organizar o transporte e planejar encontros. Depois de se acomodar nas casas de campo à beira do lago, eles assistem a palestras de profissionais e convivem uns com os outros, tanto velhos quanto novos amigos.

Tudo começou cinco anos atrás, quando Elizabeth MacCrellish se sentiu isolada dos outros artistas e teve a ideia de desenvolver um maior sentimento comunitário na região rural onde morava. "Convidei meus amigos para um encontro de fim de semana centrado nas artes", ela explicou. Ela planejava receber algumas dezenas de pessoas, mas o primeiro encontro chegou a 135 participantes – em sua maioria vindos da Costa Oeste dos Estados Unidos, constituindo um público bem diferente do pequeno grupo da Nova Inglaterra que ela tinha originalmente imaginado.

Assim nasceu o Squam Art Workshops, batizado em homenagem a um lago de New Hampshire. Depois daquele primeiro encontro, Elizabeth repetiu a experiência, inicialmente uma vez por ano e depois semestralmente. O público é composto de um terço de artistas profissionais e dois terços de "pessoas comuns" que têm a arte e o artesanato como um hobby. Atualmente, centenas de pessoas se reúnem em cada encontro.

À medida que os workshops cresciam, Elizabeth fez uma pausa para decidir os próximos passos. Ela não tinha nenhuma propaganda tradicional, mas um número cada vez maior de pessoas ficava sabendo do programa, apenas por meio do boca a boca. No terceiro ano do Squam, Elizabeth acrescentou uma sessão adicional em um novo local... e acabou se arrependendo. Ela estava exausta e decidiu passar o próximo ano "refletindo e fazendo um levantamento". (No início ela relutou em conversar comigo para este livro, mas acabou concordando depois que prometi que escreveria sobre a importância da comunidade e dos relacionamentos no trabalho que ela desenvolve.)

Para se matricular no Squam, os participantes precisam enviar o pagamento e seus dados pessoais pelo correio. Elizabeth utiliza esse sistema antiquado para manter um vínculo estreito com sua tribo. Ela também aloca meticulosamente as pessoas a cabanas específicas para garantir que os recém-chegados se sintam à vontade e faz de tudo para delicadamente impedir a formação de panelinhas. Ela recebeu convites para levar o Squam ao Reino Unido, à Austrália e a dezenas de cidades da América do Norte e recusou todos.

"Não sou uma mulher de negócios", ela explica. "Só faço o que sinto ser a coisa certa e a coisa vai ficando cada vez mais interessante." Elizabeth não é contra o capitalismo, mas quer se certificar de se sentir à vontade com o crescimento de seu negócio. Em uma de nossas conversas ao telefone, ela comparou seu modelo de negócio com os Amish, contando sobre uma ocasião na qual ela visitou uma feira de produtores agrícolas locais na Nova Inglaterra. A autossuficiência é um valor essencial na maioria das comunidades Amish e quase todo mundo participa do comércio de uma forma ou de outra. Mas esse tipo de comércio requer muito pouca negociação e persuasão; os biscoitos de melaço e as tortas de maçã se vendem praticamente sozinhos. Mesmo para itens mais caros os preços não são negociáveis – é pegar ou largar.

Elizabeth criou os workshops como um projeto pessoal que se transformou em um negócio sustentável. "Nunca quis mais do que um encontro estruturado com amigos", ela diz. Cinco anos depois, Elizabeth trabalha em período integral administrando o Squam – e se certificando de que ele se desenvolva da maneira certa. Depois do sucesso inicial, pelo menos oito workshops diferentes oferecendo retiros similares foram criados em outros lugares, muitos deles fundados por ex-participantes do Squam que buscavam replicar o evento à sua própria maneira. Mas tudo bem, a experiência do Squam original é inigualável.

Como agitar as coisas?

Este capítulo se concentra em *agitar as coisas* ou em como divulgar um projeto. Mas o que quer dizer "agitar as coisas"? Existem várias interpretações, mas gosto da abordagem apresentada neste diagrama de Joey Roth:

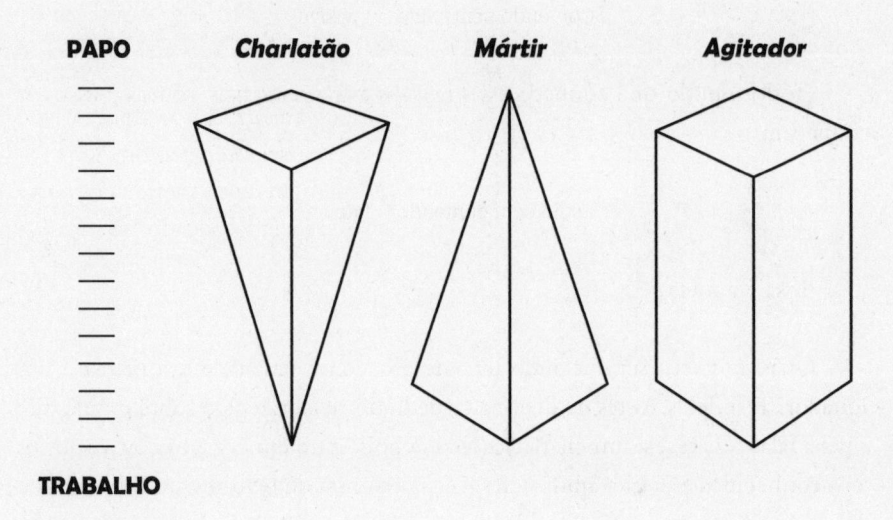

A distinção entre os três ícones representa a diferença (e o provável sucesso ou falta de sucesso) de uma pessoa ou negócio esperando promover alguma oferta. O *charlatão* é só papo, mas não tem nada sustentando suas alegações. O *mártir* só trabalha, e tem muito sobre o que falar, mas é incapaz ou não se mostra disposto a falar sobre seu trabalho. Já o *agitador* representa a combinação ideal: a união do trabalho e do papo.

Promover-se de forma autêntica e sólida é um atributo essencial do sucesso de um micronegócio. Como ilustra a história de Elizabeth, algumas vezes a melhor maneira de agitar as coisas é criando uma excelente oferta e instigando as pessoas a falar a respeito. Em outros casos, é interessante ter o maior número possível do tipo certo de clientes, de forma que não há nada de errado em se mostrar no mundo.

No meu trabalho, tento seguir o paradigma do agitador todos os dias, como um escritor e empreendedor: muita criação e muita conexão. A parte da conexão (ou seja, o papo) nem sempre tem uma relação direta com o projeto em questão – algumas vezes estou apoiando a agitação alheia –, mas um dia produtivo para mim implica muita criação e agitação.

Outra maneira de pensar a respeito é:

Estilo sem conteúdo = fogo de palha

(Além disso, ninguém respeita pessoas assim.)

Conteúdo sem estilo = invisível

(Todo mundo que conhece essas pessoas as respeita, mas poucas pessoas as conhecem.)

Estilo com conteúdo = impacto

(Essa é a meta.)

Quando você está iniciando um projeto, como passar de um mártir a um agitador? É simples. Antes de mais nada, dedique-se a criar algo sobre o qual vale a pena falar – não seja um charlatão. Mas depois entre em contato com todos os seus conhecidos e peça a ajuda deles. Faça uma lista de pelo menos 50 pessoas e divida-as em categorias (colegas de um emprego no passado, amigos da faculdade, conhecidos etc.). Assim que o projeto estiver pronto, pelo menos na versão beta, envie uma breve mensagem. Veja uma amostra:

Olá, [nome],

Gostaria de falar um pouco sobre um novo projeto no qual estou trabalhando.

Ele se chama [nome do negócio ou projeto] e a meta é [benefício principal]. Esperamos [uma grande meta, melhoria ou ideia].

Não se preocupe, não o incluí em nenhuma mala direta e não vou ficar mandando spams, mas, se você gostou da ideia e gostaria de ajudar, veja o que você pode fazer:

[Ação proposta 1]

[Ação proposta 2]

Muito obrigado pela atenção.

Observe que você não está enviando mensagens em massa nem divulgando as informações privadas de ninguém; cada mensagem é pessoal, apesar de o conteúdo ser em grande parte o mesmo. Você também não está "empurrando" o projeto a ninguém, você só está informando as pessoas do projeto e convidando-as a participar se quiserem. As ações propostas podem variar, mas provavelmente devem se relacionar ao se cadastrar em uma mala direta (dessa forma, você poderá voltar a entrar em contato com elas) e falar sobre o projeto a outras pessoas.

O próximo passo é incorporar a agitação ao seu trabalho do dia a dia.

Se você criar, eles podem vir...

Pode acontecer em um passe de mágica, mas você provavelmente precisará informar as pessoas. Mesmo no caso do discreto modelo de vendas de Elizabeth MacCrellish, ela adotou a prática de dar início a seus workshops de verão recrutando amigos e seguidores. É nesse ponto que entra a agitação. Se metade do trabalho é construir a casa e a outra meta é vendê-la, veja como algumas outras pessoas conseguiram fechar a venda:

> Não gastamos nenhum tostão em propaganda nos primeiros cinco meses depois que abrimos as portas. Em vez disso, decidimos alocar mais da metade dos nossos custos de inauguração a um mural de 9 por 15 metros com a imagem colorida de uma árvore pintada na lateral do nosso prédio de tijolos. Isso chama mais atenção do que qualquer anúncio que poderíamos divulgar.
>
> **Karen Starr,**
> *Hazel Tree Interiors*

> Quando lancei meu programa de associação, decidi começar com alguns testadores beta. Convidei cem dos meus principais clientes potenciais a testar a versão beta durante dois meses antes de abrir para o público geral... mas não lhes enviei um convite por e-mail. Em vez disso, enviei uma carta de resgate (daquelas com as letras recortadas de revistas) em um envelope pardo – dobrada e fechada com fita adesiva. As pessoas adoraram a ideia e deu certo! A carta remetia as pessoas a uma página promocional contendo um vídeo com uma mensagem pessoal minha.
>
> **Alyson Stanfield,**
> *Art Biz Coach*

Inicialmente imaginamos uma comunidade de milhares de membros para os nossos programas de treinamento para o triátlon e o Ironman. Na verdade, um número menor de membros levou a raízes mais profundas e uma experiência muito mais poderosa para todos. Diferentemente da maioria dos programas, que estão sempre tentando elevar os preços, recompensamos os nossos membros reduzindo o preço quanto mais tempo eles permanecerem no programa. Isso porque reconhecemos que, quanto mais intensa for a experiência deles, mais eles podem ajudar os outros membros... e mais ativos serão no recrutamento de novos membros.

Patrick McCrann,
Endurance Nation

Antes de mais nada, o que você tem a dizer?

Eu estava em uma grande sala de reuniões com meu amigo Jonathan Fields (mencionado também no Capítulo 7). Jonathan era um advogado e hoje é um autor e empreendedor em série. Estávamos falando sobre a criação de uma tribo de seguidores e alguém levantou a possibilidade de escrever um livro: "Qual é o primeiro passo?".

Um dos palestrantes elaborou uma lista de quatro ou cinco ideias e, no final, disse: "Ah, quando você planeja escrever um livro, também deve pensar no que tem a dizer".

Jonathan e eu trocamos olhares pensando a mesma coisa: "Mas este não seria o *primeiro* passo?".

Falar sobre o seu negócio é como escrever um livro: antes de mais nada, decida o que tem a dizer. Qual é a mensagem? Por que isso é importante agora e por que as pessoas vão querer saber a respeito?

O plano de marketing das doações estratégicas

Receba e dê sem restrições: dá certo! Quanto mais você se concentrar em proporcionar um valioso serviço e ajudar as pessoas, mais o seu negócio crescerá. Vários dos empreendedores apresentados nos nossos estudos de caso afirmaram que dar (um ato muitas vezes descrito de maneiras diferentes, mas com o mesmo significado) é o valor essencial do negócio. Uma das melhores descrições foi de Megan Hunt, a empreendedora que produz vestidos de noiva e que conhecemos nos Capítulos 1 e 3:

Meu plano de marketing poderia ser chamado de doação estratégica. Todo ano, quando lanço uma nova linha de vestidos, entro em contato com dois ou três blogueiras influentes e crio um vestido customizado para elas, o que sempre atrai um monte de novos clientes quando elas escrevem a respeito. Mas, o mais importante, direciono a minha atenção aos meus clientes. Muitas vezes, dou de graça uma remessa expressa, dobro o pedido de alguém ou incluo um exemplar do meu livro preferido com um cartão escrito à mão. Gosto de embalar meus produtos como se fossem um presente para a minha melhor amiga. Essa estratégia tem ajudado muito no rápido crescimento e popularidade do meu negócio.

John Morefield, um arquiteto desempregado em uma época em que os empregos eram escassos, abriu um quiosque em um mercado de produtores rurais de Seattle com uma placa dizendo "Consultoria arquitetônica por cinco centavos de dólar". Em troca de cinco centavos ele dava conselhos para solucionar qualquer problema de proprietários de casas, imobiliárias ou qualquer pessoa. Se John quisesse, o quiosque poderia ter sido transformado em um programa eficaz de geração de vendas que poderia levar a negócios adicionais, mas ele preferia oferecer sua orientação profissional sem esperar mais nada em troca.

A ideia do arquiteto de cinco centavos foi um sucesso e John foi tema de reportagens na CNN, NPR e BBC, bem como inúmeros outros meios de comunicação. Em virtude de toda a atenção na mídia – e dos novos clientes que chegaram pela feira de produtores –, hoje John é um bem-sucedido arquiteto *autônomo*, uma importante distinção de seus colegas, que ainda estão tentando ser contratados em empresas de arquitetura.

Outra maneira de praticar o conceito das doações estratégicas é deliberadamente *deixar de* explorar todas as oportunidades de aumentar a renda. À medida que o meu próprio negócio crescia e eu recebia cada vez mais atenção do público, comecei a receber muitas solicitações de consultoria. Nunca me vi como um consultor, mas pensei: "Por que não? Se é isso que as pessoas querem, talvez eu possa ajudá-las". Criei uma página no meu site, muitas pessoas se interessaram e conduzi algumas sessões para ver no que dava. Em resumo, a coisa toda me soou falsa e sem autenticidade. Eu já tinha ajudado muitas pessoas com problemas específicos antes, mas não sendo pago por hora. Quando conversava com as pessoas que me pagavam por isso, me sentia fisicamente mal. Percebi que me sentia pouco à vontade fazendo isso por dinheiro, então parei.

Ainda presto um ou outro serviço de consultoria sempre que posso, mas agora faço de graça. Com as pessoas certas e nos meus próprios termos, eu gosto do que faço – especialmente sem a pressão de saber que elas estão me pagando pelos resultados. Nem sempre sou capaz de oferecer conselhos úteis, mas sei que, quando posso ajudar, a pessoa provavelmente também poderá me ajudar no futuro. Não é uma questão de troca formal de favores, mas sim uma questão de realmente se interessar e tentar melhorar a vida de alguém sempre que puder.[25]

Como qualquer tipo de marketing, é possível manipular ou abusar dessa prática. Os turistas que desembarcam no terminal internacional do Aeroporto Internacional de Los Angeles são recebidos por pessoas simpáticas levando pranchetas de aparência oficial que oferecem ajuda para chegar a diferentes pontos da cidade. "Olá, para onde você está indo?", eles perguntam. "Como posso ajudar?" Depois de ensinar como chegar ao destino ou responder perguntas dos turistas inocentes, lá vem o pedido: "Hoje estou trabalhando em nome de uma excelente organização. Você poderia nos ajudar com uma doação?". A mensagem nas entrelinhas é: *Acabei de ajudá-lo... agora é a sua vez.*

Esse não é o tipo de doação estratégica que o beneficiará em longo prazo. Os pedintes no aeroporto não querem ajudar; eles só estão oferecendo ajuda como um jeito de conquistar a confiança de turistas pegos de surpresa. A doação estratégica se fundamenta em ser *verdadeiramente* prestativo sem ter em vista o retorno potencial.

Desenvolver relacionamentos é uma estratégia, não uma tática

É possível ir longe conhecendo as pessoas, ajudando-as e pedindo ajuda. Esse não é um empreendimento sem fins lucrativos e pode, muitas vezes, render um bom dinheiro (com juros!) ao longo do tempo. Mas é uma estratégia de longo prazo, não uma tática de curto prazo a ser copiada visando sucesso instantâneo.

Nascido na Dakota do Sul, Scott Meyer trabalhava como professor de polemologia em uma universidade do Círculo Polar Ártico, na cidade de Tromsø, Noruega. (Era muito longe de casa, mas os invernos não eram muito diferentes, ele explica.) Enquanto isso, seu irmão John trabalhava como um consultor da Accenture em Minneapolis. Era algo normal, na Dakota do Sul se distanciar das raízes como Scott e John fizeram – havia uma divisão clara entre "os que ficavam" e "os que saíam".

Depois de alguns anos longe de casa, tanto Scott quanto John começaram a pensar em voltar com uma missão. Havia uma comunidade crescente de empreendedores na Dakota do Sul e muitos deles tinham algum problema. As microempresas da região tendiam a ser administradas por pessoas com menos habilidades técnicas do que por pessoas nas cidades de Minneapolis ou Chicago, os principais centros da

---

25 Uso esse exemplo para ilustrar que encontrar uma boa oportunidade não significa que você deve necessariamente explorá-la. Não tenho nada contra a consultoria, em geral, só não deu certo para mim.

região. "Por aqui", Scott me contou, "as pessoas costumam usar a lista telefônica para ligar para alguém e muitos microempresários ainda não sabem usar o e-mail com eficácia. Sabíamos que tínhamos condições de ajudá-los a desenvolver seus negócios."

Scott e John fundaram a 9 Clouds, uma consultoria que ajuda negócios locais a atrair mais clientes por meio de uma comunicação melhorada ao mesmo tempo que os ensina gentilmente ao longo do caminho. Eles dão o peixe aos clientes ajudando-os a atrair novos clientes. Os clientes de Scott e John são inteligentes, mas não querem "perder tempo" com novas tecnologias. A 9 Clouds lhes mostra os benefícios de aprender a usar novas ferramentas comprovadamente eficazes.

A empresa se empenha em gerar novos negócios, mas se concentra em gerar valor. "Sempre que podemos, conversamos e trocamos informações com outros empresários e os ajudamos no trabalho deles", conta Scott. "Pode não ser uma venda nem uma parceria, mas desenvolver esses relacionamentos, hoje, sempre retorna na forma de novas oportunidades amanhã." A consultoria já está chamando a atenção da comunidade: a 9 Clouds ganhou o segundo lugar no concurso Governor's Giant Vision do Estado de Dakota do Sul e John foi reconhecido pela *Business Week* como um líder promissor. A 9 Clouds teve uma renda líquida de 45 mil dólares nos seis primeiros meses de operação, gerou 180 mil dólares no ano seguinte e agora está a caminho de se tornar um negócio de meio milhão de dólares.

Primeiro diga sim, depois diga "claro que sim!"

Outros livros de negócios falarão sobre a importância de dizer não: como você deve alocar seu tempo, "faça só o que você faz bem" e rejeite mais solicitações do que aceite. À medida que um negócio cresce e as opções de crescimento se tornam mais seletivas, esses conselhos de fato podem ser úteis.

Mas e se você adotasse a abordagem oposta, especialmente no começo? E se você deliberadamente atendesse todas as solicitações a não ser que tenha uma boa razão para recusar? Da próxima vez que alguém lhe pedir alguma coisa, tente aceitar e ver para onde isso o levará. Todo o sucesso que tive até agora sempre resultou de dizer sim, não de dizer não.

Derek Sivers, fundador de um negócio que ele acabou vendendo por 22 milhões de dólares (um dinheiro que ele doou a uma instituição de caridade), propõe uma estratégia alternativa: à medida que seu negócio cresce e você se vê cada vez mais sobrecarregado, avalie as suas opções de acordo com o teste do "claro que sim!". Quando se vê diante de uma oportunidade, não se limite a pensar nos méritos da oportunidade ou na sua falta de tempo. Pense em como se sente a respeito. Se não se empolgar, recuse a oportunidade e siga em frente. Mas, se a oportunidade for empolgante e significativa – a ponto de você poder exclamar "claro que sim!" quando pensar a respeito –, dê um jeito de aceitar.

Dê algo de graça e observe as pessoas se surpreenderem

O seu negócio está meio morto? Não há nada como um concurso ou um brinde para acordar as pessoas. Costumo receber mil comentários ou mais para cada post no Facebook no qual sorteio um livro de 15 dólares. Eu ficava me perguntando: "O que passa pela cabeça da última pessoa que decide se inscrever no sorteio? 'Novecentas e noventa e nove pessoas se inscreveram, mas quem sabe não serei eu o sorteado?'". Com o tempo percebi que a ideia não era tanto ganhar o livro, mas sim uma questão de participação social. Se todos os seus amigos estão se inscrevendo, por que você também não se inscreveria?[26]

A diferença entre um concurso e um brinde é relativamente simples: um *concurso* envolve algum tipo de competição ou julgamento, ao passo que um *sorteio* é a distribuição aleatória de um prêmio. Cada um tem seus prós e contras: um concurso normalmente requer mais trabalho tanto para os aspirantes a vencedores quanto para o negócio que o promove, mas pode gerar mais interesse. Já um sorteio é fácil e rápido e pode gerar um grande número de inscrições, mas, como geralmente um sorteio só requer uma simples inscrição, um sorteio, em geral, não gera muito envolvimento dos participantes. Para os melhores resultados, teste os dois métodos.

O experimento de marketing e sexo de 10 mil dólares e dez horas

"No futuro, o marketing será como sexo: só os perdedores pagarão por ele."

Essa famosa afirmação foi publicada pela primeira vez em um artigo de dezembro de 2010 na revista *Fast Company*. Quer saber? O futuro já chegou. Pode não ser exclusivamente para os perdedores, mas o papel da propaganda paga no marketing mudou há um bom tempo. A maioria dos empreendedores com quem conversei desenvolveu sua base de clientes sem nenhuma propaganda paga, em grande parte por meio do boca a boca.

---

26 Eu achava que mil inscrições para um sorteio básico era um número impressionante até que Jaden Hair, da Steamy Kitchen, me contou que recebe até 50 mil inscrições para seus sorteios, com prêmios tão simples quanto um kit de livros de culinária.

O plano de promoção de uma página

Meta: recrutar ativamente e com eficácia novos clientes potenciais para o seu negócio sem se sobrecarregar.

Diariamente
- Mantenha uma presença regular na mídia social sem se sobrecarregar ou se distrair. Poste entre um e três comentários úteis, responda perguntas e ajude as pessoas.
- Monitore um ou dois indicadores (não mais do que isso!). Leia mais a respeito no Capítulo 13.

Semanalmente
- Peça ajuda de colegas ou realize promoções em colaboração e certifique-se de ajudá-los também.
- Mantenha comunicações regulares com clientes potenciais e existentes.

Pelo menos mensalmente
- Entre em contato com clientes existentes para se certificar de que eles estão satisfeitos. (Pergunte: "Como posso ajudá-lo ainda mais?".)
- Prepare-se para um evento, concurso ou lançamento de produto (veja o Capítulo 8).

De vez em quando
- Realize uma auditoria no seu negócio (veja o Capítulo 12) em busca de oportunidades negligenciadas que possam ser transformadas em projetos ativos.
- Assegure-se de trabalhar regularmente no desenvolvimento de algo significativo, e não se limitar a reagir aos eventos à medida que ocorrem.

Refletindo sobre a famosa frase que compara a propaganda com o sexo e ao elaborar este capítulo, decidi conduzir um experimento pouco científico para comprar anúncios pagos com a agitação gratuita. No decorrer de um mês, paguei 10 mil dólares em anúncios e patrocínios meticulosamente selecionados para promover o meu serviço Travel Hacking Cartel. Também passei dez horas agitando as coisas, postando como convidado em blogs, realizando uma *joint venture* com outro serviço, entrando em contato com jornalistas e assim por diante. Veja os resultados:

Custo dos anúncios: 10 mil dólares (+ 2 horas de preparação)		Custo da agitação: 10 horas e custo zero
Número de novos clientes: 78	*versus*	Número de novos clientes: 84
Valor estimado dos novos clientes: 7.020 dólares		Valor estimado dos novos clientes: 7.560 dólares
Valor aproximado da hora de agitação: 756 dólares		

Será que temos um vencedor? Acho que sim, mas com algumas restrições. Para começar, seria possível argumentar que tive acesso a relacionamentos que nem todo mundo tem e que foram esses relacionamentos que levaram ao elevado valor por hora de agitação. Tem um quê de verdade nisso, mas a ideia de agitar as coisas é se beneficiar dos seus relacionamentos, não importam quais sejam. Nem todo mundo pode ser capaz de ganhar 756 dólares por hora de agitação. Mas a ação pode levar a algumas situações com um valor de agitação ainda mais elevado.

Também é verdade que o tempo de agitação não é ilimitado. Se eu tivesse 100 mil dólares para gastar em anúncios em vez de apenas 10 mil dólares, a situação poderia ser bem diferente. Combinar a agitação com a propaganda paga (repito, meticulosamente selecionada) pode ser uma opção viável para alguns negócios. A questão é que a agitação pode ser extremamente útil para o seu negócio. Quando pensar em promover e desenvolver o seu negócio, pense antes na agitação e só depois na propaganda (se for o caso).

Uma objeção às estratégias de agitação e de desenvolvimento de relacionamentos descritas neste capítulo é que essas ações requerem tempo. É claro que sim: essas atividades constituem uma grande parte do seu trabalho. Mas, se você não quiser passar o dia inteiro em um site de redes sociais, pode evitar isso com uma série de pontos de contato. Mantenho um arquivo de texto com informações e links a serem compartilhados e uma ou duas vezes por dia entro na internet para postar alguma coisa. Ao mesmo tempo, dou uma olhada em todas as mensagens que recebo e respondo o maior número possível. Apesar de eu, algumas vezes, passar mais tempo nessa atividade, em razão dos hábitos que desenvolvi e do meu interesse natural, o processo todo não deve levar mais que 10 a 15 minutos por dia.

A questão é fazer o que faz sentido para você. Levante-se de manhã e ponha a mão na massa. Crie algo sobre o qual vale a pena falar e comece a espalhar a notícia. Quem você conhece? Como eles podem ajudar? E, é claro, certifique--se de sempre ajudar os outros.

PONTOS FUNDAMENTAIS

- Se você não souber ao certo como alocar o seu tempo de desenvolvimento do negócio, dedique 50% à criação e 50% à conexão. O canal mais poderoso para espalhar a notícia normalmente começa com as pessoas que você já conhece.

- Se você criar, eles podem vir, mas você provavelmente precisa informá-los da sua criação e mostrá-los como chegar lá.

- No começo, diga sim a todas as solicitações razoáveis. Seja mais seletivo (use o teste do "claro que sim!") à medida que seu negócio se consolida.

- Use o "Plano de promoção de uma página" para se conectar regularmente com as pessoas ao mesmo tempo que também dedica tempo para desenvolver outras partes do seu negócio.

"É melhor ter dinheiro do que ser pobre, nem que seja apenas por razões financeiras."

WOODY ALLEN

Naomi Dunford era uma mãe adolescente que ainda por cima tinha largado a escola antes de concluir o ensino médio. Quando estava grávida do segundo filho, morava em um abrigo de sem-tetos. Quando conseguiu sair do abrigo fazendo uma série de bicos, Naomi decidiu melhorar suas circunstâncias como pudesse. Apesar de todas as desvantagens – ter tido um filho aos 17 anos, ter abandonado os estudos – ela tinha uma ou outra vantagem. Seu pai tinha aberto vários negócios do zero, compartilhando conhecimento e experiência ao longo do caminho. Sua mãe era uma marqueteira. E, antigamente, seu avô tinha trabalhado na área de publicidade. Em outras palavras, Naomi tinha o marketing no sangue, de forma que não foi impossível para ela se imaginar levando uma vida diferente.

Evitando revelar seu passado aos clientes potenciais no início, Naomi abriu uma consultoria chamada IttyBiz, com o *slogan*: "Marketing para empresas sem departamentos de marketing". Mais adiante ela acrescentaria produtos, cursos e indicações de outros profissionais, mas Naomi começou com um único serviço de consultoria: o *brainstorming*. Por uma taxa inicial de 250 dólares, ela passava uma hora avaliando ideias de marketing e sugerindo maneiras de melhorá-las. Nada mais, nada menos.

Você pode se perguntar quantas pessoas pagariam por esse serviço (resposta: muitas) e se valeria a pena (resposta: continue lendo). Naomi nasceu na cidade de London, Canadá, mas eu a conheci em Londres, Inglaterra, onde ela morava perto da mãe.

Enquanto percorríamos a cidade de metrô e passeávamos em uma feira de roupas ao ar livre, pedi que ela me aconselhasse sobre uma situação no meu negócio. Contei meu caso em dois minutos e ela fez algumas perguntas a título de esclarecimento. Depois, sem pensar muito, ela disse: "Eis o que você deveria fazer", e me deu uma lista de ações específicas e ideias enquanto eu as anotava freneticamente. Aceitei o conselho e passei algumas horas aplicando-o ao meu próximo projeto. O resultado da implementação de sua lista de ações foi pelo menos 15 mil dólares adicionais ao longo do ano seguinte. (Não paguei a taxa de 250 dólares a Naomi, mas espero que aprecie este endosso.)

À medida que ajustava sua mensagem e se conectava com mais pessoas, o negócio foi crescendo. Ao final do primeiro ano, Naomi divulgou um breve vídeo contando como ela ganhara quase 200 mil dólares até então. Isso surpreendeu o mundo on-line, já que Naomi não era muito conhecida – ela não era uma celebridade da internet, ela não tinha um milhão de seguidores – e, na verdade, muitas pessoas que se deparavam com o seu site eram imediatamente repelidas pelo linguajar pouco sofisticado e seu estilo "eu digo o que penso, mesmo se você não gostar". Alguns títulos de artigos incluíram "O que fazer quando você está morrendo de medo" e "Moral da história: edição *topless* (com fotos)". Mas isso não incomodava o público-alvo de Naomi.

Uma das coisas que Naomi faz muito bem é lembrar continuamente seus clientes da necessidade de ganhar dinheiro. Pode soar simples, mas empreendedores atarefados podem facilmente se ver sobrecarregados com todo tipo de projetos e tarefas que não têm relação alguma com ganhar dinheiro. Concentrar-se na renda e no fluxo de caixa – mensurando todo o resto em relação a esses indicadores – garante a saúde do negócio. Nas palavras de Naomi:

> Lembre-se de que a meta de qualquer negócio é o lucro. Não é ser amado, não é ter uma enorme presença na mídia social, nem ter produtos incríveis que ninguém compra. Não é ter um belo site, não é ter newsletters perfeitamente elaboradas, nem ter um blog incrivelmente popular. Em negócios maiores, isso é chamado prestação de contas aos acionistas. Um negócio não é um concurso de popularidade. O CEO não se safa dizendo: "Mas veja quantas pessoas curtiram a gente no Facebook!". Os acionistas não aceitarão isso. Você é o acionista majoritário do seu negócio e deve proteger o seu investimento. Você deve se certificar de que as suas atividades recorrentes sejam diretamente vinculadas à meta de ganhar dinheiro. Não há nada de errado em ter um hobby, mas, se quiser ter um negócio, você tem de ganhar dinheiro.

Naomi está certa: dia após dia, você pode se envolver em todo tipo de atividade que não tem nenhuma relação com ganhar dinheiro – mas deve tomar cuidado com essas distrações, porque sem dinheiro você não tem um negócio. Muitos aspirantes a empreendedores cometem dois erros comuns e relacionados: pensar demais em como conseguir o dinheiro para começar o projeto e pensar de menos em como fazer o negócio gerar dinheiro. Resolver esses problemas (ou melhor ainda: evitá-los) requer uma solução simples: gaste o mínimo possível e ganhe o máximo possível.

Parte I: Mantenha a sua carteira fechada

Inspirada pelo segundo filho, Heather Allard inventou dois cobertores de bebês que podem ser vestidos e que viraram uma sensação mundial. Os cobertores saíram no programa de TV *Access Hollywood*, passaram a ser vendidos em mais de 200 lojas e ela mal conseguia atender a demanda. Quando seu terceiro filho nasceu, em 2006, Heather vendeu os produtos a uma empresa maior para poder passar mais tempo com a família. Sucesso! Mas sua veia empreendedora falou mais alto e o próximo passo foi ajudar outras mulheres, especialmente mães, a aprender a fazer o que ela conseguiu. Ela abriu seu próximo negócio, a Mogul Mom, com a meta de orientar mulheres atarefadas que desejavam conquistar mais independência com um micronegócio. O negócio de cobertores de bebês foi um sucesso estrondoso, mas também se tornou uma operação dispendiosa à medida que o produto decolava. Refletindo a respeito, Heather percebeu que precisaria promover algumas mudanças em seu segundo negócio:

> Eu tinha entrado em uma dívida enorme para abrir a empresa dos cobertores e gastei em milhares de coisas absolutamente desnecessárias (grandes campanhas publicitárias, um site de *e-commerce* customizado, um agente publicitário etc.) e eu definitivamente não queria aquilo tudo para a Mogul Mom. Então, quando gasto dinheiro na Mogul Mom, tento me concentrar em coisas que continuarão a desenvolver a minha marca e impulsionar as minhas vendas ao mesmo tempo que me deixa tempo suficiente para passar com a minha família – coisas como design do site, pagamentos a um pequeno grupo de colaboradores ou um novo computador.

A distinção que Heather salienta é importantíssima: ela não reluta em investir em coisas que: (1) desenvolverão sua marca e (2) impulsionarão suas vendas. Esse tipo de gasto pode servir como um trampolim para um negócio. Se você puder gastar 100 dólares e gerar um valor de 200 dólares, por que não? É o outro tipo de gasto — as campanhas publicitárias sem resultado garantido e sites customizados desnecessários — que Heather aprendeu a evitar. Lição aprendida: só gaste em coisas que tenham uma relação direta com as vendas.

As histórias de Naomi e Heather ilustram dois princípios importantes, ambos relacionados ao dinheiro. O primeiro princípio é que um negócio deve sempre se concentrar no lucro. (Mantenha sempre em mente: sem dinheiro você não tem um negócio.) O segundo princípio é que pedir dinheiro emprestado ou fazer um grande investimento para abrir um negócio é completamente opcional.

Isso não significa que não existam exemplos de negócios que tiveram sucesso com métodos tradicionais, só significa que *fazer empréstimos não é mais essencial*. Não pense nisso como um mal necessário; veja um grande investimento como uma opção indesejável a ser implementada só se você tiver um jeito de reduzir os riscos ou tiver absoluta certeza do que está fazendo.

Se não souber ao certo o que está fazendo ao abrir um negócio, tudo bem, você não é o único. Quase todo empreendedor segue o sistema da tentativa e erro. Mas, como é mais fácil fazer experimentos sem perder as calças, para que fazer um grande investimento e contrair uma dívida por algo que pode ou não dar certo?

É absolutamente possível começar com um orçamento muito baixo sem reduzir as chances de sucesso. Veja os exemplos de muitos empreendedores do nosso estudo:

- Chelly Vitry começou como uma guia turística para amantes da gastronomia na região de Denver, apresentando-os a restaurantes e produtores de alimentos. Capital inicial: 28 dólares. Renda anual recente: 60 mil dólares.
- Michael Trainer abriu uma empresa de produção de mídia com 2.500 dólares, o custo de uma boa câmera, que ele posteriormente vendeu e ainda recuperou totalmente o custo. Depois disso, ele prosseguiu para trabalhar com dois ganhadores do Prêmio Nobel: o fundo Acumen e o Carter Center.
- Tara Gentile abriu seu pequeno negócio de publicação investindo 80 dólares, esperando ganhar o suficiente para trabalhar em casa e cuidar da filha. Um ano depois, ela já ganhava o suficiente (75 mil dólares) para que seu marido também pudesse ficar em casa.
- Chris Dunphy e Cherie Ve Ard abriram a Technomadia, uma consultoria de software para profissionais da saúde, investindo 125 dólares. Atualmente, o negócio gera uma renda líquida de mais de 75 mil dólares, enquanto Chris e Cherie viajam mundo afora.

- Um ex-designer de lojas para a Starbucks, Charlie Pabst, precisava de um computador de 3.500 dólares para seu negócio de design em Seattle. Mas, munido da poderosa máquina e uma licença de negócio de 100 dólares, ele já estava pronto para a ação. Receita anual: quase 100 mil dólares.

Essas histórias não são exceções. Quando comecei a pesquisar para escrever este livro, recebi mais de 1.500 candidatos, com histórias similares do mundo todo. Você pode ver a faixa de custos iniciais do nosso grupo de estudos de caso no gráfico a seguir. O investimento inicial médio foi de 610,60 dólares.[27]

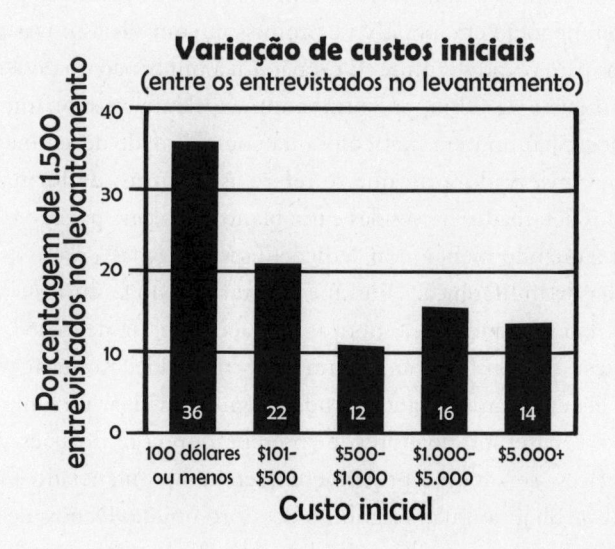

Seria possível esperar que determinados tipos de negócios são mais fáceis de abrir com um investimento inicial e é verdade. E essa também é a moral da história: como é tão mais fácil abrir um micronegócio, por que fazer qualquer outra coisa a menos que – ou até que – você saiba o que está fazendo? É melhor começar pequeno e, levando tudo em consideração, costuma ser melhor ser pequeno.

---

27 O custo mediano foi de 125 dólares. Se excluirmos os 15% de valores discrepantes das faixas superior e inferior, o capital inicial médio cai para 408 dólares e o custo mediano continua sendo de 125 dólares.

Dos métodos inovadores da Kickstarter para levantar fundos a financiamentos improváveis de automóveis

E se, depois de ponderar todas as possibilidades, você decidir que de fato precisa de um capital inicial? Sempre que possível, a melhor opção é usar as próprias economias. Com isso, você terá um grande interesse no sucesso do projeto e não deverá a ninguém. Mas, se não for possível, você também pode pensar em levantar fundos para o seu projeto por meio do "crowdraising" – também conhecido como financiamento coletivo. Foi o que Shannon Okey fez com um projeto para impulsionar seu negócio de edições especializadas. Ela pediu 5.000 dólares e recebeu 12.480 dólares em 20 dias graças a um simpático vídeo e um texto bem elaborado.

Antes de recorrer às massas, Shannon foi ao banco pedir um pequeno empréstimo. Seu negócio era lucrativo e promissor, com várias novas publicações programadas para o ano seguinte. E ela não foi a um banco qualquer. Ela foi ao banco comunitário de Ohio, onde tinha um excelente relacionamento pessoal e de negócios. Shannon era meticulosa na contabilidade de seu negócio, com uma atitude conservadora no que se refere às finanças, de forma que levou consigo dados detalhados de vendas e um plano claro para pagar o empréstimo. Infelizmente, quando mencionou "edições especializadas", ela se deparou com uma muralha de indiferença. "Eles me olharam como se eu fosse uma pessoa incapaz de saber qualquer coisa sobre as operações de um negócio", ela contou.

A rejeição se transformou em uma oportunidade. Ao levar o projeto ao Kickstarter ela conseguiu levantar fundos além de instigar um amplo interesse pelo projeto. Quase 300 doadores se apresentaram com doações variando de 10 a 500 dólares, deixando o projeto completamente financiado e com capital de sobra. Ah, e Shannon não engoliu o desaforo quieta. Depois de levantar 10 mil dólares em sua campanha no Kickstarter, ela imprimiu a página do site, embrulhou um pirulito com a folha e o enviou aos analistas financeiros do banco. "Acho que eles entenderam a mensagem", ela diz.

Ao coletar histórias para o livro, meu maior interesse foi em pessoas que evitaram contrair qualquer dívida. Mas ouvi duas histórias divertidas sobre empréstimos que acho que vale a pena contar aqui. Em um voo de Hong Kong a Londres, Emma Reynolds e seu futuro parceiro de negócios, Bruce Morton, tiveram uma ideia para uma consultoria que trabalharia com grandes empresas para melhorar seus processos de seleção e alocação de pessoal e mobilização de recursos. Eles calcularam que precisariam de pelo menos 17 mil dólares para abrir a nova empresa. Só tinha um problema... na verdade, dois: Emma só tinha 23 anos e poucas chances de conseguir um empréstimo empresarial e Bruce estava passando por um divórcio, de forma que também era um candidato improvável a um empréstimo empresarial. Em algum momento no voo de 20 horas, um deles percebeu que, apesar de ser impossível eles conseguirem um empréstimo empresarial, eles provavelmente conseguiriam financiar um carro.

Foi o que Bruce fez, tomando 17 mil dólares emprestados para comprar um carro e usando os fundos para investir no negócio. Eles quitaram o financiamento em dez meses e o banco nunca ficou sabendo que Bruce nunca chegou a comprar um carro. Atualmente, a empresa emprega 20 pessoas, é altamente lucrativa e tem vários escritórios em quatro países.[28]

Já Kristin McNamara, que abriu na Califórnia uma academia especializada em escaladas, nos conta uma divertida história:

> Recorremos à comunidade para "investir" em nós, na forma de certificados de depósito de três anos. Oferecemos 3% a mais que a taxa de juros bancários, o que é mais do que seria possível obter de qualquer outra forma, e pessoas que eu nunca tinha visto antes chegaram com dinheiro na mão para investir. Meu parceiro e eu, os fundadores, somos os únicos funcionários pagos trabalhando em período integral e tínhamos acabado de contratar uma pessoa para administrar os investimentos para nós por uma pequena taxa mensal. Conseguimos levantar 80 mil dólares com o nosso pequeno projeto comunitário.

Essas lições de improvisação nos mostram que existe mais de uma maneira de levantar fundos se necessário.

Parte II: Ganhe mais dinheiro (três princípios-chave para se concentrar nos lucros)

Como vimos, costuma ser muito mais importante focar-se em ganhar dinheiro assim que possível do que fazer empréstimos para levantar capital inicial. Cada um à sua maneira, muitos dos nossos estudos de caso se concentraram em três princípios-chave que os ajudaram a se tornar lucrativos (lucrativos pela primeira vez ou mais lucrativos à medida que o negócio crescia). Notei que o mesmo se aplica aos meus negócios. Quanto mais me concentro nesses fatores, mais me beneficio. Em resumo, os princípios-chave são:

---

28 Apesar de ter dado certo para Emma e Bruce, emprestar dinheiro para um carro inexistente e usar os fundos para abrir um negócio foi uma manobra ousada. Como dizem na TV, você não vai querer tentar isso em casa.

1   Precifique o seu produto ou serviço em relação ao benefício proporcionado, não ao custo de sua produção.
2. Ofereça aos clientes uma faixa limitada de preços.
3. Receba mais de uma vez pela mesma coisa. Analisaremos cada um desses princípios a seguir.

Princípio 1: Determine os preços com base nos benefícios, não nos custos

No Capítulo 2, analisamos os benefícios em comparação com meras características ou recursos. Lembre que uma característica é descritiva ("Estas roupas têm um bom caimento e são bonitas") e um benefício é o valor recebido do item em questão ("Estas coisas farão você se sentir saudável e atraente"). Tendemos a nos concentrar nas características, mas, como a maioria das compras é fruto de uma decisão emocional, é muito mais convincente falar dos benefícios.

Da mesma forma como, em geral, é melhor enfatizar mais os benefícios da sua oferta do que as características, você deve pensar em fundamentar o preço da sua oferta no benefício – e não no custo efetivo ou no tempo que leva para criar, produzir ou fornecer o que você está vendendo. Na verdade, o jeito *errado* de decidir a precificação é pensar no tempo levado para produzir a oferta ou no quanto vale o seu tempo. O valor do seu tempo é uma questão totalmente subjetiva. Bill Clinton chega a ganhar 200 mil dólares por uma palestra de uma hora. Você pode não querer pagar a Clinton (ou qualquer ex-presidente) 200 mil dólares para falar na próxima macarronada da sua família, mas, por algum motivo, algumas empresas estão dispostas a investir essa pequena fortuna.

Ao fundamentar a sua precificação nos benefícios proporcionados, esteja preparado para manter-se firme, já que algumas pessoas sempre reclamarão que o preço está alto demais, não importa o preço que você determinar. Quase nenhum dos empreendedores com quem conversei disse que seu novo negócio prosperou em virtude da decisão de sempre oferecer o preço mais baixo. O que funciona para o Walmart provavelmente não dará certo para você ou para mim. Muitos poucos negócios terão sucesso com base em uma estratégia brutal como essa, e é por isso que é tão melhor competir com base no valor.[29]

---

29 Volta e meia alguém reclama alegando que estou "cobrando demais" por alguma oferta. Sempre respondo que de fato pode ser caro demais para eles e nunca tento convencê-los do contrário, mas só o mercado decidirá se é caro demais para os outros clientes potenciais.

Gary Leff, o viajante frequente que ajuda seus clientes a reservar passagens aéreas, cobra uma taxa fixa pelo serviço (250 dólares no momento da escrita deste livro). Às vezes, dá muito trabalho pesquisar e reservar as passagens, mas outras vezes ele dá sorte e bastam dois minutos de pesquisa e dez minutos em um telefonema para fechar a viagem. Gary sabe que seus clientes não se importam se ele leva dez minutos ou duas horas; eles estão pagando por sua capacidade de conseguir as passagens que desejam.

Custo em termos de tempo: variável, mas em média 30 minutos por reserva
Benefício: passagens na primeira classe e classe executiva para viagens internacionais
Custo: 250 dólares (princípio-chave: não varia com o tempo necessário para prestar o serviço)

Tsilli Pines, que produz produtos de papelaria de temática judaica contemporânea, criou um hagadá (um livreto usado na noite de Páscoa) e em grande parte os vende em pacotes de cinco ou dez. É possível comprar itens individuais, mas muito mais pessoas escolhem comprar os pacotes.

Custo dos materiais: três dólares cada
Benefício: uma bela lembrança para as famílias utilizarem no ritual judaico do Pessach
Custo aos compradores: 14 dólares cada (princípio-chave: sem relação direta com o custo dos materiais)

Este tema é recorrente em quase todas as histórias apresentadas neste livro. Alguns exemplos são ainda mais radicais, especialmente na área da publicação de informações. Todos os dias, as pessoas compram cursos de mais de 1.000 dólares que praticamente não custam nada para serem distribuídos; todos os custos se concentram no desenvolvimento e no marketing inicial. Quando estiver decidindo o preço de um novo projeto, pergunte a si mesmo: "Como esta ideia melhorará a vida dos meus clientes e quanto vale essa melhoria para eles?". Determine seu preço de acordo com as respostas, ao mesmo tempo que deixa claro que a sua oferta tem um grande valor.

Princípio 2: Ofereça uma faixa (limitada) de preços

O princípio mais importante para garantir a lucratividade é escolher um preço inicial para o seu serviço ou produto com base no benefício proporcionado aos clientes. Mas, para criar a lucratividade *ótima* ou pelo menos reforçar o seu modelo de negócio, será interessante proporcionar mais de um preço para a sua oferta. Essa prática, normalmente, faz uma enorme diferença nos resultados financeiros, por lhe permitir elevar a renda sem precisar aumentar a sua base de clientes.

Vejamos o exemplo da Apple, famosa por produzir uma pequena variedade de produtos sem se preocupar em competir em termos de preço. Apesar da pequena variedade de produtos, a empresa sempre oferece uma variedade de preços e opções. Você pode comprar o mais recente produto ou computador de nível básico (que, conhecendo a Apple, já não é barato), um ou mais níveis intermediários ou um nível superior para "superusuários". A liderança da Apple – e qualquer empreeendimento que utilize um modelo de negócio similar – sabe que esse tipo de precificação permite à empresa ganhar muito mais dinheiro do que seria possível de outra forma. Isso acontece, em parte, porque algumas pessoas sempre escolherão o maior e o melhor, mesmo se for muito mais caro que a versão regular. Esses tipos de vendas elevarão o preço de venda total.

Além disso, ter uma versão superior cria uma "ancoragem" na precificação. Quando vemos um preço superelevado, tendemos a achar que o preço mais baixo é muito mais razoável... criando, dessa forma, uma barganha justa na nossa mente. A lógica é: "Uau, dois milhões de dólares pelo mais recente MacBook é demais, mas o modelo de 240 mil dólares é quase tão bom quanto a versão superior".

Vamos dar uma olhada em um exemplo de duas opções de precificação: uma oferecida a um preço único e uma oferecida com uma estrutura de preços progressivos. Mantenha em mente que é possível substituir quaisquer preços apresentados aqui para adequar o modelo a qualquer outro negócio.

Opção 1: *O produto mais incrível do mundo.* Preço: 87 dólares
A Opção 1 é simples e propõe a seguinte escolha: Você quer comprar o produto ou não?

Mas eis uma alternativa quase sempre melhor:

Opção 2: *O produto mais incrível do mundo*
Escolha a seguir a sua versão preferida do produto:
1. O Produto Mais Incrível do Mundo – Versão Básica. Preço: 87 dólares
2. O Produto Mais Incrível do Mundo – Versão Ainda Melhor. Preço: 129 dólares
3. O Produto Mais Incrível do Mundo – Versão Premium Exclusiva. Preço: 199 dólares

A Opção 2 propõe a seguinte escolha: Qual pacote do produto você gostaria de comprar?

As chances são de que alguns consumidores escolherão a Versão Premium Exclusiva, outros escolherão a Versão Básica, mas a maioria optará pela Versão Ainda Melhor. É melhor evitar ir longe demais, mas você pode fazer experimentos com esse modelo oferecendo um nível superior adicional na forma de uma "versão *realmente* premium" ou um nível inferior adicional na forma de uma versão "de amostra", que permite que os clientes experimentem parte do serviço gratuitamente.

Agora vamos dar uma olhada em como essas duas opções se traduzem em dinheiro.

Opção 1:	Opção 2:
20 vendas a 87 dólares	20 vendas a preços variáveis (14 versões intermediárias, três versões básicas e três versões premium)
Receita total: 1.740 dólares	Receita total: 2.664 dólares
Receita por venda: 87 dólares	Receita por venda: 133 dólares
Diferença: 924 dólares total ou 46 dólares por venda	

A chave para essa estratégia é oferecer uma variedade *limitada* de preços: não tantos a ponto de causar confusão, mas o suficiente para proporcionar aos compradores uma verdadeira escolha. Observe a importante distinção surgida naturalmente quando você oferece uma opção: em vez de perguntar se eles gostariam de comprar a sua oferta, você está perguntando qual pacote de ofertas eles gostariam de comprar.

As opções para criar uma faixa de preços incluem: Versão Superincrível (Ouro, Primeira Classe, Premium), Produto + Assistência na Configuração (o mesmo produto mas com uma assistência técnica) e qualquer tipo de seleção exclusiva ou de quantidade limitada.

Você pode literalmente vender o mesmo produto a preços diferentes sem qualquer mudança. Essa tática não é antiética, desde que você não insinue que a versão mais cara tenha recursos adicionais. Grandes empresas fazem isso o tempo todo; é assim que operadoras de telefonia, hotéis e companhias aéreas ganham dinheiro. Para minimizar a confusão, contudo, é melhor se você puder incluir um valor real a cada versão de nível superior da oferta.

Princípio 3: Receba mais de uma vez

A última estratégia para se certificar de que seu negócio comece com o pé direito é assegurar-se de não ser pago apenas uma vez – é muito melhor ser pago repetidas vezes, pelos mesmos clientes, de modo confiável. Você já pode ter ouvido falar dos termos *programas de continuidade*, *sites de afiliação* e *assinaturas*. Todos implicam mais ou menos a mesma coisa: ser pago vez após vez pelos mesmos clientes, normalmente pelo acesso continuado a um serviço ou pela entrega regular de um produto.

Antigamente, quando as pessoas liam jornais (de papel), elas faziam uma assinatura para recebê-los em casa ou no escritório. Atualmente, o iTunes e o Netflix oferecem assinaturas para o seu programa de TV preferido ou uma série regular de filmes. A companhia de energia tem programas de faturamento recorrente; todo mês você paga para poder acender as luzes e ligar seus eletrodomésticos. Durante décadas o Clube do Livro do Mês (em seus vários formatos) entregou novos livros a seus membros em base recorrente.

Quase todo negócio pode criar um *programa de continuidade*. Por falar em clubes do livro, os norte-americanos também contam com o Clube do Picles do Mês, o Clube do Azeite de Oliva do Mês e o Clube do Petisco Canino do Mês. Em Portland, minha amiga Jessie abriu um clube do Cupcake do Mês. Se você gosta de árvores de bonsai, mas não consegue mantê-las vivas por muito tempo, o Clube do Bonsai do Mês foi feito para você, mas você terá de escolher entre quatro empresas concorrentes oferecendo versões diferentes.[30]

Por que é tão importante ser pago sempre? Em primeiro lugar, porque isso pode render muito dinheiro e, em segundo lugar, porque se trata de uma receita confiável que não depende de fatores externos. Vamos fazer alguns cálculos rápidos, presumindo que você oferece um serviço de assinatura por 20 dólares ao mês:

> 100 assinantes a 20 dólares = receita mensal de 2.000 dólares ou receita anual de 24 mil dólares
> 1.000 assinantes a 20 dólares = receita mensal de 20 mil dólares ou receita anual de 240 mil dólares

Basta ajustar o número de assinantes ou o preço do serviço recorrente para ver melhorias incríveis. Por exemplo, acrescentar 50 assinantes gera 1.000 dólares a mais por mês, ou 12 mil dólares por ano. Elevar o preço a 25 dólares

---

30 Sim, são todos exemplos reais. Dê uma busca no Google.

por mês com uma base de 1.000 assinantes gera 5.000 dólares adicionais por mês ou 60 mil dólares a mais por ano. Ajustar *as duas* opções – atrair mais assinantes e elevar o preço – leva a um aumento ainda maior.

(Observação: Tente não ficar obcecado com os números. A questão é que, em quase todos os casos, um modelo de faturamento recorrente produzirá muito mais com o tempo do que um modelo de venda única.)

Ainda melhor, depois que atrair clientes a um modelo recorrente (e assegurar-se de mantê-los extremamente satisfeitos), eles têm muito mais chances de fechar outras compras com você. Brian Clark é um especialista em programas de continuidade e criou um verdadeiro império aplicando a arte de transferir clientes de compras únicas a assinaturas recorrentes. Veja o que ele tem a dizer sobre o processo:

> Nosso modelo é oferecer uma linha variada de produtos e serviços complementares. Alguns são compras únicas que dão início ao relacionamento do cliente conosco e outros são serviços de software e hospedagem que envolvem faturamento recorrente mensal ou trimestral. Apesar de nos empenharmos para desenvolver todas as nossas linhas de produto, a estratégia geral é transferir o maior número possível de clientes de compra única a um serviço recorrente, mais lucrativo.
>
> Por exemplo, a nossa divisão StudioPress vende temas (designs) do WordPress a blogueiros e conta com mais de 50 mil clientes. São compras únicas, apesar de muitas pessoas acabarem voltando para comprar opções adicionais de design. Também prestamos suporte continuado a todos esses clientes.
>
> Depois de um tempo, oferecemos nosso serviço Scribe SEO ou nosso novo serviço de hospedagem WordPress aos nossos clientes do StudioPress, o que transforma o nosso relacionamento com o cliente em um relacionamento mais economicamente benéfico para nós. Mas o ingrediente secreto para essa transformação é a confiança que desenvolvemos com esses clientes desde a compra única inicial. Nós tratamos bem as pessoas, ponto final. Isso implica tratá-los bem desde antes de fecharmos uma venda inicial com nosso conteúdo gratuito e tratá-los ainda melhor quando se tornam um cliente nosso, não importa o tamanho da compra. A chave para esse modelo não é conquistar cada vez mais participação no mercado, mas sim a participação do cliente. Para isso, primeiro é necessário tratar cada cliente como o "melhor", não importa se ele de fato se tornará o proverbial "cliente para a vida inteira".

A dica mais importante de Brian pode ser encontrada no último parágrafo: "Não é [uma questão de] participação de mercado, mas sim de participação do cliente". Como muitas das pessoas que encontramos neste livro, Brian não passa muito tempo se preocupando com o que os outros estão fazendo – ele se preocupa em melhorar a vida de seus clientes por meio de bons serviços. Em consequência, ele é pago repetidas vezes.

É excelente ser pago mais de uma vez, mas tome cuidado com dois pontos. Em primeiro lugar, muitos clientes desconfiam de assinaturas, porque se preocupam com a possibilidade de continuar sendo cobrados pelo serviço mesmo depois de pararem de utilizá-lo ou que será um grande aborrecimento cancelar a assinatura. (Para lidar com esse problema, incluí um botão de cancelamento "sem chateação" no meu site.) Para incentivar amplas ondas de cadastramento inicial, muitos programas oferecem amostras grátis ou a baixo custo para atrair novos clientes potenciais. Essa tática costuma funcionar, mas, muitas vezes, é seguida de um enorme índice de desistência com o fim do período de teste ou de amostra grátis. Mantenha isso em mente e certifique-se de continuar a proporcionar valor enquanto as pessoas estiverem pagando.

O experimento de 35 mil dólares

Um dia recebi uma mensagem intrigante de um dos meus clientes, que conseguiu abrir um novo negócio no ano anterior e, atualmente, ganha uma média de 4 mil a 5 mil dólares por mês. No e-mail, ele me contou sobre os resultados de um experimento interessante. Perguntei se eu poderia compartilhar os resultados com outros clientes (e incluí-los neste livro), mas ele não queria que sua concorrência soubesse como é fácil aumentar os lucros. Ele, finalmente, disse que eu poderia divulgar as informações desde que ele pudesse permanecer anônimo. Segue a mensagem dele, contando os detalhes:

> Como mencionei ontem, queria verificar uma coisa no meu produto. Para isso, montei um experimento que só testava uma única variável: o preço. Em uma página de vendas, eu cobrava 49 dólares e em outra, 89 dólares. Fora isso, mantive todo o resto igual – o mesmo texto, o mesmo processo de compra, o mesmo produto. Sinceramente, achei que 49 dólares fosse um preço melhor, mas determinei aquele preço meio que ao acaso. Quer saber? A conversão caiu... um pouco. Mas no total a renda acabou aumentando! Foi o que realmente me surpreendeu. Descobri que poderia vender menos e acabar ganhando mais em razão do preço mais alto.

▶ Então decidi testar o preço de 99 dólares. Por que não, certo? Mas, de 89 a 99 dólares, vi uma queda um pouco maior e fiquei preocupado. Agora voltei a 89 dólares e, mesmo levando em conta a conversão menor, descobri que ganho 24 dólares a mais com cada produto vendido. Atualmente, fechamos pelo menos quatro vendas por dia. Se nada mudar, ganharei 35.040 dólares a mais este ano... tudo resultado de um único teste.

Com isso, decidi fazer mais testes. :)

Não é interessante? Veja como os números podem ser analisados nesse exemplo:

MENOS VENDAS, MAIS DINHEIRO

Opção 1: preço de 49 dólares	Opção 2: preço de 89 dólares
Taxa de conversão de 2%	Taxa de conversão de 1,5% (uma queda de 25%)
Vendas por mil clientes potenciais = 20	Vendas por mil clientes potenciais = 15
Receita por mil clientes potenciais = 980 dólares	Receita por mil clientes potenciais = 1.335 dólares

Resultado: cinco vendas a menos, mas 355 dólares mais receita

Observe que, se a taxa de conversão caísse ainda mais, digamos, para 1% em vez de 1,5%, não seria uma boa ideia mexer no preço. Mas, em alguns casos, o resultado pode ser ainda melhor do que no exemplo: quando eleva o preço, sua taxa de conversão nem sempre cai. Se você conseguir elevar os preços sem reduzir a taxa de conversão, pode abrir aquela garrafa de champanhe que estava guardando para uma ocasião especial.

A ideia é que realizar experimentos com o preço é uma das maneiras mais fáceis de criar lucros maiores (e sustentabilidade) em um negócio. Se você não souber ao certo qual preço cobrar por algo, tente elevar o preço sem nenhuma outra mudança e veja o que acontece. Você pode se ver ganhando 24 dólares adicionais por venda – e talvez até mais.

Você tem mais do que pensa

Depois que conheci Naomi Dunford na Inglaterra, me encontrei com ela novamente um ano depois em Austin, Texas, no South by Southwest (SXSW) Interactive Festival. Naquele mesmo dia, ela estava com problemas de dinheiro. O problema não era *falta* de dinheiro; seu negócio ia muito bem, a caminho de romper a barreira de um milhão de dólares anual. O problema era o *acesso* ao dinheiro. Como Naomi é canadense, mas morou nos Estados Unidos, no Reino Unido e em outros países, ela, muitas vezes, tem problemas com sua conta do PayPal sendo fechada enquanto ela viaja pelo mundo, deixando-a com um bom dinheiro na conta, mas sem ter como acessar seus fundos. No caso, ela precisava de 900 dólares para se inscrever em uma conferência que tinha acabado de ser anunciada... e se esgotaria rapidamente. O que fazer?

Naomi percebeu que, apesar de não ter 900 dólares em dinheiro consigo, ela provavelmente conhecia alguém em Austin disposto a emprestar um cartão de crédito para que ela pudesse se inscrever. Bastou perguntar para encontrar três voluntários nos primeiros 20 minutos que disseram: "Claro, sem problema. Pode usar o meu cartão".

Conversando a respeito, percebemos que a maioria de nós tem acesso a todo tipo de capital social e financeiro que normalmente não consideramos, mas que seria fácil acessar se necessário. Se alguém se recusasse a emprestar seu cartão de crédito, outra pessoa emprestaria. O truque era que ela precisou ser criativa. Se tivesse se limitado a dizer: "Puxa, acho que não vou poder me inscrever agora", ela teria perdido a chance. Sua capacidade de pensar em maneiras diferentes de atingir sua meta tirou Naomi do abrigo de mendigos, onde ela morava uma década atrás e lhe possibilitou o enorme sucesso do IttyBiz. "Um pouco antes de começar", ela contou, "eu estava em um ônibus indo para o trabalho para ganhar 55% de uma renda de 30 mil dólares. Meu telefone foi desligado por falta de pagamento. Atualmente, emprego seis pessoas e ajudo centenas de outras a se tornarem autônomas."

Todos nós temos mais do que pensamos. Basta usar o que já temos.

PONTOS FUNDAMENTAIS

- Tudo bem ter um hobby, mas, se estiver operando um negócio, a sua meta principal é ganhar dinheiro.

- Entrar em dívida para abrir um negócio é completamente opcional. Todos os dias as pessoas abrem e operam empreendimentos de sucesso sem qualquer tipo de investimento externo ou empréstimo.

- Um negócio, em geral, pode aumentar enormemente suas chances de sucesso se for pago de mais de uma maneira e mais de uma vez. Você pode fazer isso por meio de uma variedade de métodos. (Falaremos mais a respeito no Capítulo 11.)

- Você provavelmente tem mais do que imagina – em termos de dinheiro, acesso a ajuda ou qualquer outra coisa. Como você pode ser mais criativo para conseguir o que precisa?

PARTE III

ALAVANCAGEM E PRÓXIMOS PASSOS

11 Seguir em frente

"Lembre as pessoas de que o lucro é a diferença entre receita e despesas. As pessoas costumam se impressionar com isso."

SCOTT ADAMS

Cada um dos participantes dos nossos estudos de caso falaram como foi muito mais difícil abrir o negócio do que promover seu crescimento. Uma afirmação comum foi: "Levou um tempo até encontrarmos algo que desse certo, mas, depois que começamos, ganhamos ímpeto e decolamos rapidamente".

Como vimos na história de Nick, no Capítulo 6 – o sujeito que ficou eletrizado ao vender sua primeira foto por 50 dólares – algumas vezes a primeira venda é a mais difícil, mas a mais gratificante. Vários outros disseram praticamente a mesma coisa: "Foi quando fechei minha primeira venda que percebi que o negócio daria certo. Tudo o que veio depois foi uma comprovação daquele sucesso inicial".

Chamo a isso de o princípio de "o primeiro 1,26 dólar é o mais difícil", porque um dia, muitos anos atrás, ganhei meu primeiro 1,26 dólar com um novo projeto durante uma conexão em Bruxelas. Não daria para comprar nem um cafezinho com o que ganhei naquele dia, mas aquilo me deu esperanças de um futuro melhor. Neste capítulo, vamos analisar algumas maneiras de aumentar a renda de um negócio existente.

Como isso é feito? Sem dúvida alguns fatores diferentes são envolvidos no processo. O *momentum* é importante, bem como a constante atenção do proprietário do negócio. Quanto mais tempo de vida um micronegócio tiver, sendo elogiado por clientes e observadores, mais intenso e extenso será o boca a boca. Além desses fatores naturais, uma série de ações pequenas e regulares é tudo o que muitos negócios precisam para partir de zero a cem em muito pouco tempo. Essas ações são chamadas ajustes.

▼ ▼ ▼

Nev Lapwood era um esquiador inveterado clássico. Ele morava em Whistler, na Colúmbia Britânica, fazendo bicos em restaurantes à noite enquanto praticava o *snowboarding* durante o dia. A vida era básica mas boa... até que Nev foi demitido. Com contas para pagar, ele começou oferecendo aulas de *snowboard*, um serviço altamente valorizado pelos seus alunos.

Era divertido e gratificante ensinar pessoalmente os alunos nas montanhas de Whistler, mas isso também implicava uma série de limitações inevitáveis: muita concorrência, relativamente poucos clientes e ele só tinha trabalho nos meses mais frios do ano. Nev sabia que pessoas do mundo inteiro queriam aprender o *snowboarding* – e se ele pudesse ensinar todo mundo virtualmente, pela internet? Nev trabalhou com alguns bons amigos para criar a Snowboard Addiction, uma série de tutoriais de *snowboarding* que foi um sucesso instantâneo, atraindo clientes de 20 países e gerando 30 mil dólares já no primeiro ano – nada mal para um fanático por esqui. (Como Nev nunca se concentrou em ganhar dinheiro, aquela foi a maior renda anual que ele teve até então.) No ano seguinte, ele se dedicou mais ao negócio, expandindo as operações com afiliados e oferecendo uma maior variedade de produtos. O resultado: quase 100 mil dólares de renda líquida. Nev ainda esquiava durante o dia, mas trabalhava em estreito contato com seus novos parceiros em seu tempo livre para expandir ainda mais o negócio. A próxima etapa era traduzir os tutoriais para outros idiomas: com isso, o Snowboard Addiction partiu para conquistar o mundo em nove línguas, com mais versões a serem lançadas de acordo com a demanda dos clientes.

Naturalmente, promover o crescimento de um negócio vem com seus desafios. Por ser um empreendedor não treinado e acidental, Nev tinha muito a aprender sobre estratégia, contabilidade e marketing. Etiquetas encomendadas na China chegaram com meses de atraso e em péssimas condições. Mas, depois de apenas dois anos de operações, o negócio estava a caminho de gerar pelo menos 300 mil dólares. Como sempre ouvimos em outras histórias, Nev fala com orgulho de sua nova independência. "Sinceramente, abrir esse negócio depois de ter sido demitido foi a melhor decisão da minha vida", ele afirma. "O maior benefício tem sido a liberdade e a possibilidade de fazer o que eu gosto. A ideia é passar seis meses do ano viajando e trabalhar no negócio nos outros seis meses." E, é claro, enquanto opera o negócio, ele ainda tem muito tempo para esquiar e praticar o *snowboarding*.

Como ajustar o caminho até o banco: o quadro geral

O segredo não tão secreto para aumentar a receita de um negócio existente são os *ajustes*: pequenas mudanças que criam um grande impacto. Se um produto, em geral, tem uma taxa de conversão de 1,5% e você a aumenta para 1,75%, a diferença acumulada ao longo do tempo pode levar a uma grande quantia extra. Se um negócio, normalmente, atrai quatro novos clientes por dia e começa a atrair cinco, o impacto é enorme. O negócio não apenas passa a gerar 25% mais receita como tem uma base de clientes mais diversificada.[31]

Se você aumentar *um pouco* o seu tráfego e, também, aumentar *um pouco* a sua taxa de conversão ao mesmo tempo que também aumenta *um pouco* o preço médio, o seu negócio crescerá *muito*. Essas são as áreas mais importantes nas quais concentrar seus ajustes, então, vamos analisá-las mais profundamente.

Aumente o tráfego. Não importa se você tiver um site ou uma loja física, sem pessoas parando de vez em quando para dar uma olhada nas suas ofertas, você não tem um negócio. Tráfego significa *atenção*. Em que extensão o seu negócio está chamando atenção? A proprietária de um novo negócio ficou decepcionada com os resultados do lançamento de seu primeiro produto porque só quatro pessoas tinham comprado. "Quantos clientes potenciais você tinha na sua lista?", perguntei.

"Não sei ao certo", ela respondeu. "Talvez uns cem."

Eu disse que estava impressionado porque 4% é uma excelente taxa de conversão para muitos negócios. A solução não era convencer mais pessoas de seu público limitado a comprar, mas sim expandir seu público. A melhor coisa a fazer nessa situação é se concentrar em aumentar o tráfego, atraindo mais clientes potenciais.[32]

Aumente a conversão. Quando tiver uma base estável de atenção (mensurada em termos de tráfego do site ou com algum outro indicador), é interessante analisar a sua taxa de conversão: ou seja, a porcentagem de clientes potenciais que se tornam clientes existentes. O método clássico para aumentar a taxa de conversão é por meio de testes, mensurando os resultados de uma peça publicitária (oferta, chamada ou qualquer outro fator) em relação a outro e escolher sistematicamente o vencedor.

---

31 Sou grato a Sonia Simone e Brian Clark pelas conversas e dicas sobre este tópico.

32 Corbett Barr oferece uma série de dicas úteis (e gratuitas) para aumentar o tráfego no site <www. thinktraffic.net>.

Tráfego → teste A/B → comparar os resultados

Assim que tiver um vencedor, você pode passar a outro teste, sempre desafiando o "campeão" com outra ideia. (O Google Optimizer permite fazer isso de graça.)

Essa pode ser uma boa estratégia. Mas mantenha em mente que pode ser mais importante monitorar de onde os clientes estão vindo do que o que pode ser feito para convertê-los a comprar quando chegam. "É importante testar, mas o mais importante é de longe analisar a origem do tráfego", afirma o autor e empreendedor Ramit Sethi. "As pessoas adoram fazer testes comparativos de chamadas, textos publicitários, gráficos e até minúsculas caixas de texto. Em geral, elas podem atingir retornos melhores se concentrando na fonte do tráfego."

Aumente o preço médio das vendas. Se você puder aumentar o preço médio das vendas por pedido, isso melhorará seus resultados financeiros, da mesma forma como aumentar o tráfego ou a taxa de conversão. O jeito mais fácil de fazer isso é por meio de vendas de produtos secundários, vendas cruzadas e vendas pós-venda. Se você compra na Amazon ou alguma outra loja on-line, provavelmente já viu a sessão de "itens relacionados" ou "clientes que compraram este item também compraram os seguintes itens". Essas sessões costumam ser apresentadas em destaque por uma razão simples: elas funcionam muito bem.

A diferença entre vendas de produtos secundários, vendas cruzadas e vendas pós-venda são ilustradas a seguir:

	Como funciona	Mensagem
Venda de produtos secundários	Oferece uma versão superior ou item adicional no momento da compra.	"Você não gostaria de batatas fritas com o seu sanduíche?"
Venda cruzada	Oferece "itens relacionados" a clientes que fazem uma compra.	"Outras pessoas que compraram a mesma coisa também compraram os seguintes itens."
Venda pós-venda	Oferta especial feita a clientes imediatamente após uma venda.	"Obrigado pela compra! Esta oferta adicional é *exclusiva* para clientes."

(Um bom gerenciador de pedidos e processador de pagamentos permitirá incluir facilmente esses recursos. Se não for o seu caso, é hora de mudar de serviço.)

Venda mais aos clientes existentes. Os seus clientes existentes têm mais chances de reagir a liquidações, promoções ou ofertas adicionais. Ao entrar em contato com eles com mais frequência, é quase certo que você gerará uma receita adicional. Tome cuidado para não forçar a mão, já que a chave é o equilíbrio: os seus clientes *querem* receber informações de você. Eles lhe deram dinheiro em troca de algo que valorizam. Facilite para eles repetir a experiência sempre.

Todos os detalhes para ajustar o caminho até o banco

Quando conversei com proprietários de negócios sobre o tipo de ajustes que eles realizaram, muitos disseram algo como "O mais importante é nunca parar de agir". Outros mencionaram reservar meia hora toda manhã para trabalhar exclusivamente em melhorias do negócio antes de mergulhar nas operações. Todas essas ideias parecem boas, mas também nos levam à questão: Se você decidir pela ação, como deve agir? Como você deve passar sua meia hora diária melhorando o negócio? Veja alguns exemplos comuns de ajustes baseados em ação.

Crie um hall da fama. Coloque seus melhores clientes no centro do palco; permita que eles contem as próprias histórias sobre como o seu negócio os ajudou. É interessante proporcionar uma variedade de histórias, já que diferentes perspectivas e contextos levarão mais pessoas a se identificar. Isso proporciona uma "prova social" de que o seu produto ou serviço funciona para todo tipo de pessoas.

Inclua uma nova venda de produtos secundários. Acrescentar uma boa oferta de venda de produtos secundários – ou várias – é provavelmente a estratégia mais fácil e mais poderosa para aumentar o volume de um pedido. Alguns proprietários de negócios inicialmente evitam essa estratégia, que consideram agressiva ou "desprezível". Mas uma boa venda de produtos secundários não é nada desprezível; ela é contextualmente apropriada e valorizada pelos clientes. "Uau, obrigado pela oferta!" é uma reação comum. É como ir a um restaurante sem planejar comer uma sobremesa e o garçom recomenda uma torta de chocolate que parece tão boa que você acaba provando... e adora! O garçom lhe vendeu um produto secundário e você acabou saindo mais satisfeito da experiência.

A página de confirmação exibida após uma compra on-line é um dos melhores e mais subutilizados momentos para uma oferta de venda de produtos secundários. Logo depois que um cliente faz uma compra, ele está muito inclinado a comprar alguma outra coisa. Apresente uma boa oferta nesse ponto e a sua taxa de conversão pode ser de 30% ou mais.

Incentive indicações. A maioria das pessoas sabe que o boca a boca é a maior fonte de novos negócios, mas, em vez de esperar que algo aconteça, você pode encorajar seus clientes a espalhar a notícia.[33] Ao pedir indicações, é útil ser específico: "Você poderia enviar a nossa oferta a três amigos?" ou "'Curta' a nossa página no Facebook!" podem ser boas abordagens. Mais uma vez, a página de confirmação, após uma compra é um bom momento para fazer isso, além de enviar um e-mail alguns dias depois.

Promova um concurso. Como mencionamos no Capítulo 9, algumas pessoas adoram concursos e brindes. Encontre um jeito de dar um brinde e convide as pessoas a participar de um concurso. Quanto maior for o prêmio e mais diferente for o concurso melhor. Você pode não fechar uma montanha de vendas com um concurso, mas isso chamará a atenção das pessoas e atrairá um público maior para vendas futuras.

Ofereça a garantia mais poderosa possível. A maioria dos negócios tem garantias entediantes: se você não gostar, daremos seu dinheiro de volta. Mas, quando compramos algo, não é só o dinheiro que nos preocupa. Também nos preocupamos com questões como o tempo e o cumprimento das promessas. Se eu precisar devolver algo, isso não será uma grande chateação? Deixe claro que o cliente não sairá prejudicado – alguns negócios oferecem uma garantia de 110%, assegurando que a empresa se encarregará do transtorno. A Zappos ficou famosa por oferecer frete gratuito tanto para a entrega quanto para a devolução, visando neutralizar a hesitação de comprar sapatos sem experimentá-los. Uma série de concorrentes foi forçada a seguir o exemplo.[34]

Ou alardeie o fato de não oferecer garantia alguma. Em vez de oferecer uma garantia incrível, não proporcione *nenhuma* garantia – e vanglorie-se disso.

---

33   John Jantsch escreveu um excelente livro intitulado *The referral engine* (Nova York: Penguin, 2012), totalmente dedicado à criação de um processo sistemático para encorajar as indicações. Recomendo vivamente.

34   Um segredo da Zappos que poucos conhecem é que eles rejeitam clientes que abusam da generosa política de devolução. O CEO Tony Hsieh me explicou que, se um cliente abusa flagrantemente da empresa – devolvendo calçados usados no dia 364 do período de devolução de 365, por exemplo – eles honram a garantia uma vez, mas também gentilmente aconselham o cliente a não comprar mais da Zappos. Felizmente, ele também contou que a maioria das pessoas é honesta.

Observe que essa estratégia costuma ser mais eficaz para produtos de alto poder aquisitivo. Isso provavelmente reduzirá as vendas totais, mas elevará o nível de comprometimento das pessoas que decidirem comprar.

Ironicamente, as pessoas que pagam por produtos de alto poder aquisitivo tendem a ser clientes melhores em todos os critérios. "Os clientes que pagam pouco são os piores", me contou o proprietário de um negócio que vendia uma ampla variedade de produtos a preços diferentes. "Recebemos muito mais reclamações de pessoas que pagam 10 dólares e esperam receber muito mais do que dos clientes que pagam 1.000 dólares." Notei um efeito similar no meu próprio negócio, com pessoas comprando a versão mais barata de um produto e exigindo muito mais atendimento ao cliente do que as pessoas que optam pela versão mais cara.

A principal lição de todas essas ideias é se manter sempre experimentando. Teste novas ideias e veja o que acontece.

De produto a serviço, de serviço a produto

Outra ação fácil que muitos negócios podem promover para criar rapidamente uma nova fonte de renda é criar um serviço em um negócio baseado em produtos ou um produto em um negócio baseado em serviços. Lembra a história sobre o restaurante que vimos no Capítulo 2? A maioria das pessoas vai a um restaurante para relaxar e ser servida. Mas outras pessoas podem se interessar em como a comida é feita, de forma que, algumas vezes, os restaurantes oferecem aulas de culinária para mostrar como algumas receitas são preparadas e reforçar a fidelidade dos clientes frequentes. A chave é oferecer as aulas nas segundas-feiras, por exemplo, quando o restaurante estiver fechado ou não muito cheio. As noites de sábado são reservadas ao evento principal de servir os clientes.

Se você tem um negócio baseado em produtos, tente responder a seguinte questão: "O meu produto é x... como posso ensinar os clientes sobre y?". Então, crie uma nova versão da sua oferta que inclua consultoria, *coaching*, uma aula básica inicial, suporte técnico exclusivo ou algum outro serviço. Deixe claro que os clientes não *precisam* do serviço; eles podem se virar sozinhos só com o produto. Mas, para os clientes interessados em um suporte adicional, o serviço está disponível e esperando por eles.

Perry Marshall, um consultor de negócios de Chicago, fez a transição de produto a serviço oferecendo um curso para ensinar um conhecimento que ele costumava ensinar por meio de um produto de venda única. Perry tinha elaborado um relatório que acabou se tornando muito popular, vendendo vários exemplares todos os dias por 50 dólares cada. Ele também se ocupava em oferecer uma consultoria personalizada, mas, em um belo dia, alguém lhe deu uma ideia: "Todo mundo que compra o seu relatório adora, mas nem sempre sabe como implantar o conhecimento. Eles também não precisam da sua consultoria personalizada, de alto custo, então, por que você não oferece uma série de workshops básicos para grupos de pessoas?". Perry não se empolgou com a ideia, mas decidiu tentar para ver no que dava. Quando viu que a ideia tinha gerado mais de um milhão de dólares para sua pequena empresa, ele ficou de queixo caído.

Entretanto, se você tiver um negócio baseado em serviços, pode pensar em lançar uma versão "customizada" do serviço oferecido. O trabalho da minha designer, Reese Spykerman, é tão bom que muitas pessoas começaram a notar e escrever pedindo orçamentos. Não levou muito tempo para Reese receber muito mais pedidos de orçamento do que podia dar conta. O marido de Reese, Jason, administra os pedidos recebidos todos os dias e reparou que eles se encaixam em três categorias:

> Categoria 1: Clientes potenciais com um bom dinheiro para gastar e que provavelmente seriam bons clientes. Nesses casos, Jason consultava Reese, concordava em aceitar os clientes se eles ainda quisessem e enviava um orçamento para o trabalho solicitado.

> Categoria 2: Clientes potenciais que não tinham dinheiro (designers recebem muitas solicitações desse tipo, infelizmente) ou pessoas que não se adequavam bem ao trabalho de Reese. Nesse caso, Jason recusava educadamente a solicitação e os encorajava a procurar em outro lugar.

Essas duas categorias eram relativamente claras e, analisando centenas de solicitações por ano, Jason aprendeu a detectar imediatamente a qual grupo um cliente potencial se encaixava. Mas havia uma terceira categoria, um pouco mais complicada:

> Categoria 3: Clientes potenciais que tinham algum dinheiro eram pessoas agradáveis com projetos interessantes e não precisavam de uma solução totalmente customizada.

A terceira categoria era complicada porque Reese e Jason não queriam afastar esses clientes, mas também não queriam assumir um número excessivo de projetos, o que reduziria o tempo disponível para os principais clientes de

Reese. Eles terceirizavam cuidadosamente parte do serviço, mas não queriam se tornar um prestador barato ou delegar grande parte do trabalho.

Depois de ponderar diferentes opções, Reese e Jason decidiram criar uma série de "temas" e cabeçalhos para sites que os clientes poderiam comprar por uma taxa fixa. Essas opções não se igualavam a um design verdadeiramente customizado, mas eram muito melhores que todo o resto disponível no mercado.

Proporcionar tanto um produto quanto um serviço também ajuda o seu marketing.Você pode dizer aos clientes potenciais:"Ei, meu serviço não é barato, porque tudo é customizado. Mas, se você só precisar de uma solução geral, pode comprar esta versão por muito menos". Alguns clientes ainda querem a solução customizada, mas dessa forma você não fecha a porta na cara de outros clientes que gostam da ideia, mas não têm como pagar pelo top de linha.

O que diferencia a Happy Knits: uma análise de uma próspera prática de varejo

Como um estabelecimento de varejo prospera quando todos os outros avançam com dificuldades? Bem-vindo à Happy Knits, uma loja de aviamentos e varejista na internet sediada na estilosa região sudeste de Portland, Oregon. Veja cinco elementos que destacam a Happy Knits dos outros.

Um espaço acolhedor. Os costureiros e tricoteiros podem passar horas lá, comprando ou trabalhando. Acompanhantes – normalmente maridos ou filhos – também são bem recebidos e podem sentar-se em poltronas confortáveis e usar o wi-fi gratuito, enquanto o cliente faz compras ou tricota. (As mulheres são a maioria dos clientes.)

Uma estratégia on-line clara. A maioria das lojas de varejo tem um site, mas poucas combinam uma loja física a uma experiência de compra on-line tão bem quanto a Happy Knits. "A internet não tem limites", diz a proprietária Sarah Young. Mesmo com um amplo espaço de varejo, vendas on-line do mundo todo respondem por mais da metade das vendas. Ela se beneficia do sistema mantendo vínculos estreitos com a Ravelry, uma rede social especificamente para costureiros e tricoteiros e enviando frequentes atualizações por e-mail e ofertas aos clientes.

Belos mostruários (na loja) e belas fotos (na internet). Exposição, cores e disposição são importantes, de forma que a Happy Knits disponibiliza uma área de exposição para fotos profissionais nos fundos da loja. Perguntei a Sarah por que ela não se limita a usar as fotos proporcionadas pelo fabricante como as outras lojas fazem. "Porque elas não são boas o suficiente", ela explicou. "Tentamos fazer tudo aqui com um foco na qualidade."

> **Acordos exclusivos.** Trabalhando com empresas parceiras de aviamento, a Happy Knits cria uma exclusividade difícil de copiar. Você pode achar que se trata de uma vantagem injusta, mas as empresas oferecem esses acordos a Sarah porque seus clientes elogiam tanto a loja e porque ela toma o cuidado de sempre pagar pontualmente os fornecedores. (Lição aprendida: Para obter uma vantagem injusta, proporcione um serviço incrível.)
>
> **Amor pelos clientes.** Cada encomenda enviada pelo correio inclui uma nota personalizada de agradecimento de um funcionário, encorajando os clientes a ligar se precisarem de ajuda, além de amostras grátis de outros produtos. Se um item não disponível em estoque for comprado em razão de um problema no sistema computadorizado, um funcionário liga ao cliente para se desculpar e perguntar se ele gostaria de substituir o produto por alguma outra coisa.
>
> "Tratar bem as pessoas e proporcionar um excelente serviço" pode não parecer uma grande diferenciação, mas esses pequenos detalhes fazem a diferença. Não importa se você tiver uma loja de varejo ou não, você com certeza poderá aprender uma ou outra lição com a Happy Knits.

Observação aos prestadores de serviço: eleve regularmente os preços

Seria possível esperar que um aumento de preço tende a afastar alguns clientes do negócio ao mesmo tempo que compensa a perda com uma renda total maior. Algumas vezes isso de fato acontece, mas muitos dos prestadores de serviço com quem conversei se surpreenderam ao perceber que quase nenhum cliente os abandonava depois de um aumento. Vários disseram que, quando informaram os clientes sobre o aumento, a reação foi: "Já era tempo! Você vale mais do que vem cobrando". (Quando seus clientes reclamam de preços baixos demais, pode acreditar que eles não estão falando da boca para fora.)

Andy Dunn é um desenvolvedor de software de Belfast, na Irlanda do Norte. Ele pediu demissão de seu emprego depois de tentar vender ao seu CEO uma aplicação para a web. O que fez a diferença foi que Andy não se limitou a tentar vender uma ideia – ele teve a ideia, criou a aplicação completa e a enviou ao CEO solicitando aprovação. Impressionado, o CEO ligou para agradecer e chegou a concordar em pagar pelas despesas para incluir alguns recursos adicionais.

Trabalhando por conta própria, Andy não teve dificuldade de atrair novos negócios, mas a precificação foi um grande problema para ele. Desejando parecer atraente aos clientes potenciais, ele determinou preços tão baixos para seus serviços que eles acabaram não sendo lucrativos. Em um caso ele acabou com uma dívida de vários milhares de euros ao cobrar muito pouco e terceirizar parte do serviço. Depois daquela experiência, ele sabia que alguma coisa tinha de mudar. A mudança veio na forma de um aumento de 25%, algo que ele inicialmente vacilou em fazer, por medo de perder clientes, mas que acabou sendo um grande alívio.

"A simples decisão de aumentar meus preços em 25% me permitiu trabalhar sete horas a menos por semana ou aumentar significativamente minha renda mensal", ele me contou em uma conversa pelo *Skype*. "O outro benefício inesperado foi que aquilo me deu muito mais confiança. Até elevar os preços, eu não fazia ideia de que valia mais do que vinha cobrando."

Vi a história de Andy repetida de várias formas por outros prestadores de serviço e alguns negócios baseados em produtos. Em 2010, conduzi um estudo separado com 14 *freelancers* que tinham conseguido aumentar seus preços. Perguntei como eles conseguiram, o que esperavam que acontecesse e o que de fato aconteceu. Aqueles *freelancers* trabalhavam em áreas totalmente diferentes, inclusive um veterinário, um professor de música, um intérprete de língua dos sinais, bem como consultores, escritores e designers. Eles também atuavam por todo o mundo falante do inglês (Canadá, Austrália, Nova Zelândia, África do Sul, Reino Unido e Estados Unidos).

Apesar das diversas áreas e países, ouvi a mesma história repetidas vezes: "Antes de aumentar meus preços, me preocupava com a possibilidade de ninguém mais querer me contratar. Depois do aumento de preços, percebi como era fácil e desejei ter feito isso antes". Na maioria dos casos, a mudança quase passou despercebida para os clientes, que se limitaram a dizer "OK, sem problemas" e seguiram em frente.

Também perguntei se eles tinham alguma sugestão para outros prestadores de serviço que estavam pensando em elevar seus preços. O conselho mais comum foi manter uma prática de aumentos regulares para o aumento se tornar normal e esperado. Um *freelancer* comparou a prática a ir ao supermercado: ninguém espera que o preço do leite se mantenha igual todos os anos. Todos nós sabemos que com o tempo o preço subirá e o mesmo deveria se aplicar aos preços que cobramos dos clientes. Outro sugeriu uma data anual para alterar os preços, ou 1º de janeiro ou qualquer outra data simbólica. Outros disseram que ofereciam um desconto para os clientes existentes, com os quais um sólido relacionamento já fora estabelecido.

Finalmente, lembre-se de determinar os preços com base no valor, não em tempo. Um designer nos enviou um bom exemplo do que *não* fazer: "Tenho uma colega que decide os preços de acordo com seu volume de trabalho durante o dia e com o

A melhor estratégia de mídia social: fale sobre si mesmo

Você pode ter ouvido falar que a melhor maneira de atrair seguidores no Twitter ou outras redes sociais é promover o trabalho dos outros. As pessoas não querem ouvir você falar sobre si mesmo o tempo todo, certo?

Esse conselho possui uma boa intenção e soa bem na superfície. Infelizmente, é um conselho equivocado. Tudo bem promover o trabalho alheio e divulgar links para artigos interessantes, mas não espere que se limitar a fazer isso o ajudará a atrair seguidores ou chamar atenção. As pessoas seguem você (ou o seu negócio) porque estão interessadas em... *você*. Eu sigo os tweets e posts de Shaquille O'Neal porque me interesso no que ele tem a dizer. Se ele passasse o tempo todo falando dos outros e mencionando seus outros fãs, eu não me interessaria tanto.

Sobre o que você deveria falar na internet? É simples: fale sobre si mesmo e o seu negócio. Pode acreditar. Se as pessoas não gostarem do que você faz ou diz, elas podem deixar de segui-lo, mas você provavelmente ganhará muito mais seguidores do que perderá. Finalmente, lembre que as redes sociais são meros reflexos do que acontece em outros lugares. Quer mais seguidores no Twitter? Faça algo interessante... fora do Twitter.

tempo que ela tira para o almoço. Que doida!". Nosso correspondente está certo: os clientes pagam pelo que você entrega, não pelo tempo que você passa almoçando.

Uma advertência

Não faz sentido buscar o crescimento só pelo crescimento; você só deve expandir um negócio se realmente quiser. Muitos dos empreendedores dos nossos estudos de caso contaram que recusaram oportunidades de crescimento seguindo um plano deliberado para permanecer pequenos: "Eu só não queria a chateação de ter de gerenciar pessoas".

A decisão de crescer ou permanecer pequeno depende de cada pessoa (vamos analisá-la em mais detalhes nos próximos dois capítulos), mas nesta seção queremos nos focar nas coisas que você pode fazer para aumentar a renda *sem* contratar funcionários adicionais ou trazer investidores externos. Todos os ajustes mencionados anteriormente podem ser realizados por um *autônomo*. Alguns podem ser mais fáceis com a ajuda de assistentes, terceiros ou funcionários, mas nenhum deles requer uma equipe. Antes de fecharmos a discussão, vamos analisar uma distinção fundamental entre dois tipos diferentes de crescimento.

Você pode promover o crescimento de um negócio de duas maneiras: horizontalmente, estendendo o seu alcance e criando produtos diferentes para pessoas diferentes, ou verticalmente, se aprofundando e criando mais níveis de envolvimento com os clientes.

Diferentes negócios descobrirão que uma solução é mais adequada a eles que outras e, também, é possível promover um crescimento limitado nas duas áreas. Em geral, contudo, você pode se manter avançando, realizando pequenos ajustes até chegar ao banco e promovendo o crescimento do seu negócio. O primeiro 1,26 dólar – ou a primeira venda – pode ser o mais difícil, mas depois disso a sua escolha mais difícil será decidir entre muitas boas opções de crescimento.

PONTOS FUNDAMENTAIS

- Continuar avançando ao aumentar a receita de um negócio existente costuma ser mais fácil do que abrir o negócio.

- Ao fazer escolhas cuidadosas, muitas vezes, é possível promover o crescimento do negócio sem aumentar muito a carga de trabalho, o que lhe permitirá se expandir sem contratar mais pessoas.

- As opções de crescimento fácil incluem acrescentar um serviço a um negócio baseado em produtos (ou vice-versa), criar uma série criativa de vendas de produtos secundários e vendas cruzadas, bem como realizar alguns ajustes importantes.

- A expansão horizontal envolve *ampliar* seu alcance, atendendo mais clientes com interesses diferentes (normalmente relacionados); a expansão vertical envolve se *aprofundar*, atendendo os mesmos clientes com diferentes níveis de necessidade.

Horizontal

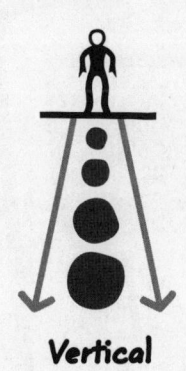

Vertical

VOCÊ
Vendedor

VOCÊ
Empacotador

VOCÊ
Diretor de
Tecnologia

VOCÊ
Zelador

VOCÊ
Fundador

VOCÊ
CEO

VOCÊ
Atendente

VOCÊ
Diretor
Financeiro

VOCÊ
Assite

Instruções de como clonar a si mesmo para se divertir e lucrar

"Não sou um negociante; eu mesmo sou o negócio."

JAY-Z

No que se refere aos modelos de negócios, comprar uma franquia de outra empresa costuma ser uma má ideia. O argumento básico para comprar uma franquia segue as seguintes linhas gerais: levante um capital de um quarto de milhão de dólares usando todas as suas economias, pedindo dinheiro emprestado de parentes e amigos e usando o limite dos seus cartões de crédito. Dê esse dinheiro a uma empresa que generosamente lhe permitirá trabalhar para ela. Siga rigorosamente as instruções operacionais impostas pela empresa, sem exceções. Todas as decisões, como quem você contrata, quais serão os serviços oferecidos e a localização da sua loja são tomadas por ela. Eles chegam a dizer que cor de camisa você deve usar no "seu próprio negócio".

Se o negócio tiver sucesso, você ganhará em média 47 mil dólares anuais depois de passar três anos apertando o cinto e trabalhando as mesmas 50 horas por semana que passaria em um emprego formal com muito menos estresse. Nesse cenário otimista, o seu derradeiro sucesso não será abrir sua própria empresa, mas sim comprar um emprego.

Se o negócio fracassar, o que acontece com mais frequência do que a maioria das franqueadoras gostaria de admitir, a empresa tomará a sua loja de você e a revenderá a outra pessoa. Quando fazem isso, eles não incluem o fechamento de sua loja em suas estatísticas. Dessa forma, quando vê estatísticas sugerindo uma alta porcentagem de lojas de franquia que permanecem abertas, você não tem como saber quem opera essas lojas e quem está devendo 250 mil dólares à empresa, sem condições de quitar a dívida.

O que você acha dessa proposta agora? Mais parece uma armadilha e é, por isso, que comprar uma franquia alheia, em geral, não é exatamente uma grande oportunidade para o franqueado. Felizmente, você sempre tem uma alternativa: desenvolver seu próprio negócio, algo que será seu e você poderá controlar como quiser. Comprar uma franquia de outra empresa não costuma ser uma boa ideia, mas descobrir como alavancar suas próprias iniciativas, em geral, merece uma cuidadosa consideração.

Você é só uma pessoa... ou talvez duas

Quem disse que você não pode estar em mais de um lugar ao mesmo tempo? Na verdade, existem várias maneiras de promover o crescimento de um negócio pela utilização da *alavancagem*. Franquear o próprio negócio não significa fazer mais, mas sim elevar as suas habilidades, atividades e paixões a um nível superior para gerar retornos melhores. A diferença entre franquear a si mesmo e se limitar a fazer mais é o foco estratégico. Vamos analisar alguns exemplos.

Nathalie Lussier era uma promissora engenheira de software. Nativa do Quebec, ela fez um estágio no Vale do Silício e se viu diante de uma oferta maravilhosa de emprego em Wall Street. Sua família disse que era um emprego dos sonhos... mas, quanto mais Nathalie pensava a respeito, mais percebia que se tratava do sonho de outra pessoa. Recusando a oferta, ela voltou ao Canadá e decidiu seguir um caminho diferente.

Ela tinha uma grande história de sucesso pessoal ao melhorar acentuadamente sua saúde depois de adotar o crudivorismo – uma dieta de alimentos crus. No começo parecia loucura comer só frutas, vegetais e nozes, mas os resultados eram irrefutáveis: no primeiro mês, ela perdeu mais de cinco quilos e, de repente, se viu cheia de energia. Conversando com os amigos, Nathalie era uma evangelizadora nata – sem forçar a barra nem ser intolerante, mas oferecendo dicas e estratégias que as pessoas poderiam usar para promover melhorias concretas mesmo se não estivessem prontas para mergulhar de cabeça em uma dieta exclusivamente de alimentos crus, como Nathalie fizera.

Depois de se mudar para Toronto, a ideia era abrir um pequeno negócio para ajudar as pessoas a incluir mais alimentos crus em sua dieta. Por ser uma engenheira de software (e se descrever como uma *geek*, como Brett Kelly, que conhecemos no Capítulo 4), Nathalie programou um banco de dados, criou um aplicativo e fez o próprio site. Seu primeiro negócio foi a Raw Food Switch – algo como "mudança para a comida crua" –, que representava corretamente o conceito, mas aparentava ser meio maçante. Um dia, Nathalie notou que as mesmas letras – e, portanto, o mesmo site – formavam as palavras Raw Foods Witch, algo como "feiticeira da comida crua", levando a um tema completamente diferente. Tirando fotos vestida com uma fantasia de bruxa, inclusive o chapéu pontudo, ela revolucionou o *branding* de seu negócio. Nathalie criou programas, produtos de venda única e sessões de orientação individual da mesma maneira como outros empreendedores que vimos ao longo deste livro. A Raw Foods Witch cresceu para se tornar um negócio de 60 mil dólares depois do primeiro ano.

O modelo de negócio parecia impecável. Mas só tinha um problema: "Para quem via de fora", ela me contou em um restaurante vegetariano em Toronto, "parecia que eu só falava de comida crua. Ninguém sabia que eu tinha feito toda a programação no computador e adorava o cruzamento de negócios e tecnologia."

A ideia para o segundo negócio veio inesperadamente quando Nathalie começou a receber solicitações de consultoria técnica de seus clientes da dieta de comida crua que também estavam abrindo um negócio. Com isso, ela decidiu criar uma marca separada para consultoria técnica, usando seu verdadeiro nome em vez do apelido que usava nos outros negócios. A Raw Foods Witch continuou sendo uma marca poderosa – amigos e clientes contam que as pessoas a mencionavam no supermercado ao verem um carrinho cheio de abacates –, mas ela reestruturou seu negócio para que 80% das operações pudessem ser rodadas no piloto automático. O negócio continua gerando uma boa renda, mas Nathalie tem dedicado a maior parte de seu tempo ao desenvolvimento do segundo negócio. Em vez de optar por um ou outro, na prática Nathalie franqueou a si mesma.

Quando Nathalie montou a consultoria tecnológica, ela precisou voltar ao negócio de crudivorismo para realizar algumas alterações. O negócio sempre dependeu de novos produtos e lançamentos e, por ter mudado o foco para o outro negócio, ela precisaria reduzir essa dependência ao mesmo tempo que se assegurava de que o negócio continuaria gerando renda com mais regularidade.

Enquanto isso, nos Estados Unidos, Brooke Thomas fundava a New Haven Rolfing, uma clínica de saúde holística que atrai um grupo claramente definido de clientes: pessoas que querem se livrar de dor crônica e problemas de mobilidade. (Ninguém que está se sentindo bem vai procurar Brooke.) Quando chegam ao New Haven Rolfing, muitos já passaram por uma longa lista de outros tratamentos que não ajudaram. A própria Brooke é testemunha do tratamento que oferece – ela se livrou da dor depois de três anos se tratando com o Rolfing, tendo passado a vida inteira até aquele ponto com problemas de nascença.

Antes de se mudar para Connecticut, Brooke teve negócios similares na Califórnia e em Nova York. A cada mudança ela aprendeu um pouco mais sobre o que fazer e o que evitar. Foi esclarecedor abrir o mesmo tipo de negócio em cidades diferentes. Depois de se mudar para New Haven, ela encheu sua agenda com novos clientes em apenas quatro semanas e aceitou uma parceira para se encarregar das sessões adicionais. Mãe solteira com um filho pequeno, Brooke trabalha em meio expediente e, mesmo assim, ganha mais de 70 mil dólares anuais com a clínica.

A replicação do sucesso em diferentes cidades envolveu conhecer outros prestadores de serviços de saúde, e Brooke notou que alguns tinham mais tino para os negócios do que outros. Com base em sua experiência, Brooke criou a Practice Abundance, um programa de treinamento para outros prestadores de serviços de saúde. Oferecendo uma série de módulos de apoio e um fórum na internet, a Practice Abundance era um curso de negócios focado exclusivamente em maneiras de melhorar as operações de clínicas de saúde e bem-estar. Outros cursos adotavam uma abordagem muito tradicional. Nas palavras de Brooke, "eles presumem que todo mundo quer um MBA, quando na verdade a maioria só quer melhorar as operações de sua clínica ou consultório". Com isso, Brooke se diversificou para atender dois grupos de pessoas: as pessoas que ela tratava por meio de orientação individual e colegas da área da saúde e bem-estar que podem se beneficiar de sua experiência prática nos negócios.

Tanto Nathalie quanto Brooke encontraram um jeito de atingir dois públicos diferentes: um grupo essencial e um grupo relacionado. À medida que um negócio cresce e o proprietário do negócio começa a ficar impaciente, com vontade de se envolver em novos projetos, ele tem basicamente duas opções para abrir a própria franquia:

Opção 1: Atinja mais pessoas com a mesma mensagem.
Opção 2: Atinja pessoas diferentes com uma nova mensagem.

As duas opções são válidas e ambas podem ser gratificantes. Para a primeira opção, pode ajudar pensar no modelo do tipo "hub and spoke" – também conhecido como modelo de "eixo e raio" ou modelo de portfólio – ao desenvolver uma marca, especialmente na internet. De acordo com esse modelo, o hub, ou eixo, é o seu site principal: geralmente um site de *e-commerce* onde os produtos ou serviços são vendidos, mas também pode ser um blog, um fórum ou outro tipo de site. O eixo é uma base com todo o conteúdo selecionado por você ou sua equipe e, em última instância, o local onde você espera atrair novos visitantes, clientes potenciais e existentes.

Os raios, também conhecidos como *postos avançados*, são todos os outros locais onde você passa o seu tempo.[35] Esses locais podem incluir sites de redes sociais, a seção de comentários do seu blog ou de outros blogs, encontros presenciais ou eventos sociais ou qualquer outra coisa. Veja como isso funciona no diagrama a seguir:

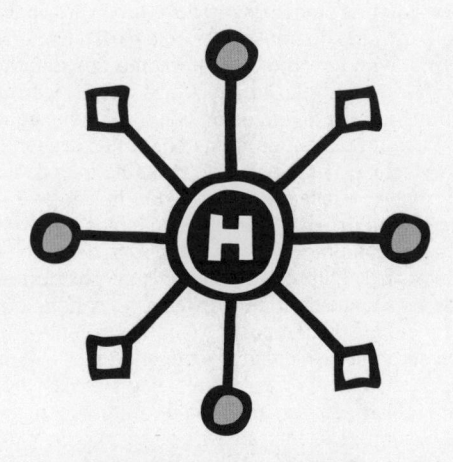

Modelo hub and spoke

A meta de cada um dos postos avançados é reforçar o trabalho realizado na base e não no próprio posto avançado. Pode ser uma armadilha passar tempo demais em qualquer um dos postos avançados, porque as coisas mudam e alguns postos avançados se tornam menos populares com o tempo. Você também pode ter a autoria e o controle do conteúdo e do trabalho criado na base, ao passo que a maior parte do que acontece em um posto avançado é de propriedade de outra empresa.

---

35 Sou grato a Chris Brogan pelo termo *postos avançados*, bem como pelo conceito geral do eixo e dos raios aplicados ao desenvolvimento de marca. Darren Rowse e Chris Garrett também contribuíram para esta discussão.

Desastre e recuperação:
"PRESO EM MALI... DE NOVO"

Um fotógrafo *freelancer* em período integral morando em Acra, capital de Gana, Nyani Quarmyne está acostumado com aventuras. Na África Ocidental, poucas leis são amplamente cumpridas, especialmente no que diz respeito a direitos autorais e propriedade intelectual. Na maior parte do tempo, as coisas acabam dando certo – mas nem sempre. Nyani conta a história:

> Bem no começo da minha carreira, tirei algumas fotos para uma agência de criação de Gana. Logo depois, eles me ligaram perguntando se eu poderia fazer uma sessão de fotos urgente para um novo cliente, o que exigiria que eu viajasse a alguns países da região. O prazo era apertadíssimo; era um bico do tipo "aceite hoje para partir amanhã de manhã" e eu só saberia exatamente dos detalhes de aonde iríamos no último minuto. Como já tinha feito alguns trabalhos para a agência e como já tínhamos negociado e fechado contratos antes, cometi o erro de presumir que eles conheciam o meu estilo de trabalho e as bases nas quais eu estava aceitando o bico. Então, na correria, deixei de lado os detalhes da papelada e lá fomos nós.
>
> As sessões fluíram muito bem e produzi o que considero um dos meus melhores trabalhos. Tudo correu bem até chegarmos a uma estradinha de terra, no campo, longe de qualquer cidade ou aeroporto. No carro, o cliente exigiu os direitos autorais das imagens – até onde eu sabia, aquilo não fazia parte do acordo – e ameaçou me deter em uma fronteira isolada em uma nação politicamente instável se eu não concordasse em transferir os direitos. Sem desejar experimentar uma amostra da hospitalidade dos gendarmes locais, concordei a contragosto e perdi algumas das melhores imagens que tinha feito até então. Mas aprendi a lição: da próxima vez, certifique-se de acertar a papelada antes.

Parceria: como 1 + 1 = 3

Uma maneira de franquear a si mesmo é trabalhar em colaboração com um parceiro de confiança. Isso não significa que você deva fundir completamente o seu negócio com o do parceiro; na verdade, a maneira mais fácil e mais comum de firmar uma parceria é criando uma *joint venture*. Nesse tipo de acordo, duas ou mais pessoas unem forças para colaborar em um novo projeto. (O projeto da "queima de estoque" de Karol e Adam, descrito no Capítulo 8, é um exemplo de uma *joint venture*.) Em outros acordos, um negócio completamente novo é criado por todos os parceiros. Foi o que fizeram Patrick McCrann e Rich Strauss, os melhores *coaches* de atletas, que decidiram se unir para criar a Endurance Nation, um programa de treinamento e uma comunidade para triatletas. Eles dividiram as responsabilidades com base nos pontos fortes de cada um. Patrick telefona a todos os novos membros para acolhê-los no programa e Rich concebe um programa de treinamento on-line para eles.[36]

Independente da estruturação, a meta de uma parceria é crescer mais do que cada pessoa poderia crescer por conta própria. Ralf Hildebrandt tem uma empresa internacional de serviços profissionais em Stuttgart, Alemanha. Veja como ele explica como 1 + 1 pode equivaler a 3: "Tento seguir a regra de que uma boa parceria (ou qualquer tipo de colaboração) deve criar um negócio combinado pelo menos 33% maior que a soma do que os dois indivíduos poderiam atingir por conta própria".

"As pessoas tendem a achar que uma parceria significa distribuir o trabalho entre os parceiros", Ralf explica. "Mas isso seria apenas uma terceirização. A verdadeira parceria deve criar mais do que uma lista dividida de tarefas."

Pamela Slim, uma *coach*, autora e especialista em parcerias, nos ofereceu generosamente uma lista abreviada de decisões que você deve tomar antes de entrar em qualquer *joint venture*:

- Como o dinheiro será dividido? (Divisões comuns incluem 50%–50%, 60%–40% com a maior participação indo ao parceiro que trabalha mais e 45%–45% com 10% reservados a custos administrativos.)
- Quais são as responsabilidades de cada parceiro?
- Que tipo de informação é compartilhada entre os parceiros?
- Como o projeto será promovido?
- Como o nosso acordo será formalizado?
- Com que frequência nos encontraremos para discutir a parceria?

Dê uma olhada no "Acordo de parceria de uma página" para uma maneira simples de explicitar os itens básicos de um acordo entre dois parceiros.

---

36 Patrick e Rich utilizam um procedimento do tipo "tira bom e tira mau", para lidar com os negócios, explorando as diferenças entre eles: Patrick trabalhou no Corpo da Paz enquanto Rich serviu no Marine Corps. Patrick tem filhos e mora na Costa Leste dos Estados Unidos, enquanto Rich não tem filhos e mora na Costa Oeste.

Acordo de parceria de uma página

Mantenha as coisas simples. Lembre que o relacionamento é o mais importante; mantê-lo forte e confiável é mais importante que ter as cláusulas certas e usar os termos jurídicos certos. Muitos dos nossos empreendedores falam de grandes acordos envolvendo grandes quantias por um bom tempo sem assinar nenhum contrato formal. Eis um ponto de partida. Você deve consultar um terceiro qualificado se quiser definir com mais clareza as suas obrigações ou se algo o preocupar.

Parceiros: [Parceiro 1] e [Parceiro 2]. Esses parceiros concordam em colaborar de boa-fé em um projeto mutuamente benéfico conhecido como [nome do projeto].

Visão geral: [resumo do projeto, inclusive consequências e resultados esperados].

Divisão da renda: A renda líquida do projeto será dividida da seguinte forma: [porcentagem] para o [Parceiro 1] e [porcentagem] para o [Parceiro 2]. Todos os custos menores associados ao projeto serão deduzidos antes do cálculo da renda líquida. Se determinado custo exceder [quantia], ambos os parceiros devem aprovar a decisão.

Validade do acordo de divisão da receita: O acordo de divisão da receita será válido por [período], ao final do qual os parceiros decidirão se ele deve ser mantido, descontinuado ou revisto.

Divulgação e venda: O projeto será oferecido à venda em [sites e outros locais].

Atendimento ao cliente: O [Parceiro 1] será responsável por [deveres]. O [Parceiro 2] será responsável por [deveres]. O *feedback* dos clientes em relação ao projeto será compartilhado entre as duas partes.

Marketing: Ambas as partes promoverão ativamente o projeto para assegurar seu sucesso. Isso incluirá a promoção em [sites], nas redes sociais e comunidades on-line e off-line de cada parceiro e com cada parte buscando divulgar o projeto também em outros sites influentes.

Cronograma: Os parceiros concordam em concluir todos os aspectos do projeto em preparação para o lançamento programado para [data].

A batalha da terceirização

Jamila Tazewell seguiu uma trajetória comum depois de se formar na faculdade de arte: ela trabalhou de garçonete em Nova York enquanto sonhava em trabalhar no que gosta. Felizmente, ela não se deixou desanimar, foi em frente e abriu um negócio. Ela começou fazendo "bolsas excêntricas" e carteiras diferentes. "Eu estava convencida de que me tornaria, em um passe de mágica, uma celebridade dos acessórios", ela conta, presumindo inicialmente que uma loja de moda veria os produtos dela e se ofereceria para distribuí-los. "Depois percebi que poderia vender eu mesma as minhas bolsas e carteiras. Foi quando decidi levar meu negócio adiante."

Jamila se mudou para Los Angeles para se dedicar em período integral a fazer e vender seus acessórios sem contar com um emprego de garçonete para pagar as contas. Deu certo, mas não foi fácil: ela fazia tudo sozinha e teve dificuldades em consolidar o negócio. Ela estava feliz por não precisar mais servir mesas, mas, da mesma forma como alguém que compra a franquia de alguma outra empresa, Jamila sentia que tinha comprado um emprego.

Depois de três anos, Jamila estava pronta para realizar algumas mudanças. Ela contratou uma costureira local para fazer o produto sob sua supervisão, uma iniciativa que ela descreve como "difícil, porém, necessária". Depois disso, ela contratou uma pessoa para se encarregar da serigrafia e da remessa dos pedidos. Foi um grande passo que demandou "um processo brutal de tentativa e erro, mas foi incrivelmente liberador tirar o produto do pequeno escritório que montei em casa. Era como se meu filho finalmente tivesse idade suficiente para ir a um internato ou algo assim".

É interessante notar que essa perspectiva não é universalmente aceita. Muitos outros tópicos investigados neste estudo resultaram em uma onda de respostas similares. Por exemplo, muitos membros do nosso grupo de estudo falaram sobre autofinanciamento e planos de negócio limitados nos mesmos termos e a relação entre liberdade e valor foi um tema central para quase todos os empreendedores. Mas um tópico resultou em uma onda de opiniões divergentes: a contratação de colaboradores ou "assistentes virtuais", uma prática conhecida como *terceirização*. Sobre esse tópico, as opiniões variaram desde amor até o ódio, passando por "é complicado demais".

Para cada história como a de Jamila sobre uma parceria levando à liberdade, ouvi uma história oposta de alguém muito mais satisfeito ao deliberadamente optar por cuidar do negócio sozinho, sem depender de terceirização nem contratação. Vamos analisar alguns exemplos dos dois lados.

Caso 1: a favor da terceirização

O lado a favor da terceirização pode ser representado pelas seguintes afirmações de empreendedores que consideram a possibilidade de se livrar de algumas tarefas e parte da responsabilidade como uma decisão libertadora:

> Contratar funcionários foi o maior desafio no meu negócio. Passei anos adiando essa decisão e abria mão de dezenas de milhares de dólares todos os anos por medo de crescer. Finalmente, percebi que tinha chegado ao teto. Não dava para ganhar mais sem incluir alguns membros à minha equipe. Desde que alterei a estrutura, pude aceitar todos os pedidos que fora forçada a recusar antes. Não estou mais sobrecarregada e posso dedicar o tempo que me sobra para avançar o negócio em outros aspectos. Será que eu realmente quero fazer tudo sozinha? Eu costumava querer isso, porque não gosto de liderar nem ser liderada. Não gosto de ser a chefe. Mas estou muito mais feliz agora, trabalhando em equipe. Sou o piloto do meu negócio e a minha tripulação está lá para facilitar o meu trabalho ao mesmo tempo que atinge as próprias metas.
>
> **Megan Hunt** (leia mais sobre Megan no Capítulo 3)

> Nossa meta sempre foi não ter nenhum funcionário para evitar as despesas, as complexas questões legais e problemas de inflexibilidade. Mesmo assim, nossa operação de armazenagem é completamente terceirizada – nossos parceiros de logística cuidam de todos os recebimentos de estoque, armazenamento, processamento, seleção, embalagem e expedição, nós só enviamos os pedidos. Usamos agentes de vendas freelancers, que são pagos exclusivamente por comissão. Usamos assistentes virtuais para atender o telefone quando não estamos disponíveis.
>
> **Jonathan Pincas** (leia mais sobre Jonathan no Capítulo 14)

> Contratamos uma gráfica para fazer nosso primeiro lote de mapas e foi a melhor decisão que já tomamos. Nosso negócio literalmente não existiria se tivéssemos tentado imprimir os mapas por conta própria. À medida que a demanda aumentava, as nossas gráficas foram capazes de nos proporcionar um estoque adicional. Nunca conseguiríamos imprimir grandes quantidades de pôsteres ao mesmo tempo que mantínhamos nossos empregos de período integral e nos ocupávamos do crescimento do negócio. Também estamos

satisfeitos com o fato de o nosso negócio poder ajudar outros artesãos a expor seu trabalho.

Jen Adrion e Omar Noory (leia mais sobre Jen e Omar no Capítulo 6)

Esses depoimentos refletem as opiniões de vários outros empreendedores que pensam da mesma forma: a terceirização aumenta a liberdade e permite que um negócio se expanda sem que os proprietários façam tudo sozinhos.

Caso 2: contra a terceirização

O lado que se opõe à terceirização pode ser representado pelas seguintes afirmações de proprietários de negócios que acreditam que a expansão seria difícil, indesejável ou, de outra forma, restringiria a liberdade que conquistaram com o negócio:

> Estou em um ponto em que preciso encontrar um jeito de melhorar a minha capacidade de atender as demandas dos clientes, mas zelo pela minha reputação e não quero arriscar prejudicá-la contratando funcionários ou terceiros. Já me fizeram propostas de parcerias, mas eu as recuso porque me preocupo com a qualidade do parceiro ou porque o parceiro quer receber uma comissão por indicação. Seria fácil elevar meus preços e pagar a comissão, mas sei que não ficaria feliz trabalhando por menos. Por essa razão não cresci mais, mas por enquanto estou bem assim.
>
> **Gary Leff** (leia mais sobre Gary no Capítulo 3)

> Na verdade prefiro não trabalhar com terceiros, funcionários nem assistentes. O sucesso do meu negócio resulta do fato de ele ser intencionalmente pequeno. Posso colocar minha empresa inteira em uma mochila e levá-la para onde quiser – sem um escritório, sem papéis timbrados, sem pessoal administrativo. Manter nulas as minhas despesas indiretas reduziu os riscos e manteve os lucros altos.
>
> **Adam Westbrook** (Adam mora no Reino Unido e tem um negócio de serviços de design)

> Faço questão de manter a empresa enxuta e eficiente. Sou a única funcionária e trabalho em casa. Tínhamos um negócio de varejo no qual acabou

sendo mais importante pagar o aluguel, o seguro e 12 funcionários com o nosso salário. Esses dias chegaram ao fim. Em resumo, não gosto de ser a última a ser paga.

Jaden Hair (leia mais sobre Jaden no Capítulo 2)

A minha experiência trabalhando com terceiros distantes me forçou a passar praticamente o mesmo tempo administrando o trabalho alheio do que levaria fazendo o trabalho sozinho. Ainda não encontrei o equilíbrio entre contratar alguém para trabalhar em um projeto e obter um lucro razoável sem me sobrecarregar.

Andy Dunn (leia mais sobre Andy no Capítulo 11)

O meu lema é: jamais tenha um chefe e jamais seja uma chefe. Sempre trabalhei assim, desde os 22 anos. Tenho um contador, porque a parte contábil é um dos meus maiores pontos fracos. Tirando isso, sou uma empresa de uma pessoa só. Posso sempre botar a mão no fogo pelo meu trabalho e a minha integridade significa tudo para mim.

Brandy Agerbeck (leia mais sobre Brandy no Capítulo 7)

Como no caso do pessoal a favor da terceirização, essas declarações refletem a opinião de muitos outros empreendedores. Lee Williams-Demming mencionou que seu negócio de importação antes tinha cinco funcionários e centenas de fornecedores no exterior. Hoje a empresa só tem um funcionário e uma rede menor de fornecedores. "Pode acreditar", ela escreveu em um e-mail, "é muito melhor em todos os aspectos com uma equipe menor."

Apesar de saber que essa abordagem não se ajusta a todos, tendo a me enquadrar na turma contra a terceirização no meu próprio negócio. Em vez de terceirizar projetos a torto e a direito, optei por manter uma equipe muito pequena e limitar ao máximo a terceirização. O primeiro argumento a favor da terceirização é que isso permite a você, o proprietário do negócio, "fazer mais do que gosta", enquanto delega as tarefas indesejáveis. Mas a terceirização pode gerar problemas maiores e é possível estruturar seu negócio de modo a minimizar o número dessas tarefas.

Muitos colegas dizem que trabalham com um assistente virtual fantástico que eles adorariam me indicar. E, passadas algumas semanas ou meses, fico sabendo que eles estão procurando outro assistente. "O que aconteceu com o Fulano?", eu pergunto. "Bom, ele era ótimo... no começo. Mas o processo ficou confuso, ele não conseguiu dar conta do trabalho e acabou não dando certo."

Essa é uma história recorrente, contada de muitas maneiras diferentes, mas com o mesmo resultado final. Sem dúvida há exceções, mas muitas pessoas capazes que trabalham como assistentes virtuais, muitas vezes, acabam decidindo que prefeririam estar no controle do processo. Se você precisar gastar o seu tempo corrigindo problemas causados pela equipe criada para ajudá-lo, é hora de admitir que a equipe não melhorou a sua vida. No entanto, outros empreendedores definitivamente se beneficiaram da onda do "deixar que os outros façam o trabalho".

Com opiniões tão divergentes, como saber qual caminho seguir? Felizmente, não é tão complicado assim. A resposta à questão de a terceirização se ajustar ou não ao seu estilo depende de dois fatores: (1) o negócio específico e (2) a personalidade do dono do negócio.

Muitos dos problemas vivenciados pelas pessoas com a terceirização (dos dois lados) podem ser evitados com uma definição clara das responsabilidades do terceiro ou assistente. Em um negócio que envolve uma série de tarefas repetitivas e relativamente maquinais, por exemplo, a terceirização pode ser uma boa opção. Já um negócio que depende dos relacionamentos com os clientes, contudo, pode não ser um bom candidato a essa abordagem.

Também é importante levar em consideração a sua personalidade, porque, se estiver em busca de conquistar a liberdade por meio do seu negócio, você deve buscar a melhor solução possível para corresponder à sua visão de liberdade. Para algumas pessoas, isso envolve viajar pelo mundo com uma operação de baixas despesas indiretas, usando o dinheiro gerado pelo negócio, principalmente, para sustentar o proprietário. Outras pessoas preferem ficar em apenas um lugar e montar uma equipe, criando um negócio que deverá sobreviver por gerações. No fim das contas, a melhor resposta à questão da terceirização é a mesma resposta básica para tantas outras perguntas: faça o que faz sentido para você e não para os outros.

Escambo, ajuda de parentes e limpeza doméstica

Antes de seguirmos adiante, vamos dar uma olhada em algumas outras formas de obter ajuda. "O meu negócio inteiro é um produto de trocas extremamente benéficas", conta Brooke Snow, que trocou aulas de música por aulas de fotografia antes de se dedicar a ensinar fotografia. Ela também trocou aulas de fotografia pelo design de seu site, gravações em vídeo e suporte técnico. "Essas trocas me pouparam dezenas de milhares de dólares e não apenas transformaram o meu negócio como também constituem, em muitos aspectos, justamente algumas das razões pelas quais tenho um negócio. Isso me possibilitou tocar o meu negócio completamente livre de dívidas com um baixo investimento financeiro, baixas despesas indiretas e uma alta taxa de retorno."

Vários entrevistados mencionaram que "terceirizaram" algumas tarefas a parentes. Quando atinge cada marco de 1.000 dólares em seu negócio de produtos de papelaria, Eleanor Mayrhofer prepara um jantar especial para o marido, que ajuda com a contabilidade e a programação.

Nathalie Lussier contou que contratar uma empregada doméstica fez uma enorme diferença em sua produtividade. "Pode parecer trivial", ela escreveu, "mas na verdade foi fundamental para que eu percebesse o quanto é importante não tentar fazer tudo sozinha o tempo todo."

Jonathan Pincas escreveu retificando seus comentários anteriores sobre a terceirização: ele queria contar que sua mãe recebe a correspondência duas vezes por semana na Inglaterra, a escaneia e lhe envia eletronicamente.

A auditoria do negócio

Independente de como seja estruturado, um bom negócio precisa de melhorias e cuidados contínuos. À medida que o seu projeto cresce, dê uma parada para avaliar cada aspecto, especialmente qualquer comunicação pública aos clientes para que eles tomem uma decisão de compra. Responda as seguintes perguntas e pense em como é possível melhorar. A meta é (1) resolver pequenos problemas e (2) identificar pequenas ações que podem ser realizadas para gerar resultados significativos com o tempo. ▶

"De onde vem o dinheiro?"

Uma vez que um negócio deslancha, é muito fácil ficar preso em todos os tipos de detalhes que não têm nada a ver com ganhar dinheiro. A solução é simples: concentre-se no dinheiro. Na auditoria, é interessante analisar de onde vem o dinheiro e decidir o que pode ser feito para mantê-lo fluindo. Algumas vezes, você se verá diante de novas oportunidades e, algumas vezes, é possível se desvencilhar de outra armadilha realizando um pequeno ajuste. Se você tiver uma variedade de projetos, produtos ou atividades, é quase sempre melhor concentrar-se nos de melhor desempenho do que tentar recuperar os menos promissores. A maioria das pessoas faz o contrário, o que só dará certo se a sua meta for manter tudo o que faz no nível do mediano.

"A sua comunicação é boa?"

Os materiais de marketing que utiliza, on-line ou off-line, provavelmente envolvem a utilização das palavras, que conhecemos como *texto publicitário*. Volte ao começo e leia com atenção o seu texto publicitário. Revise cada página do material de vendas e leia em voz alta. O texto realmente apresenta a mensagem que você deseja expressar? Quais informações devem ser removidas ou revistas?

"Os seus preços estão corretos?"

Quando foi a última vez que aumentou os seus preços? Você pode promover uma liquidação ou distribuir códigos de desconto de tempos em tempos, mas, como todos os negócios, você também deveria incluir em seus planos um aumento periódico dos preços. Mantenha em mente que tentar precificar "para todos" é uma armadilha mortal para um negócio. Como o sucesso de um negócio depende do sistema do livre mercado, você deve decidir se a sua precificação é justa respondendo outra questão: as pessoas estão comprando o que você tem a vender? Se a resposta for sim, você está no caminho certo. Se não, você tem um problema.

"Como você está se promovendo aos clientes existentes?"

Uma das melhores coisas que você pode fazer é continuar se comunicando com os clientes existentes e encontrar uma maneira de satisfazer mais necessidades deles. Para tanto, você deve avaliar com atenção o seu processo de pós-venda. O que acontece depois que um cliente faz a compra? As coisas são enviadas ao lugar certo, ou seja, os itens certos chegam à caixa de e-mail ou ao endereço físico do comprador como deveriam? Se você for um consultor, os clientes sabem exatamente como agendar uma sessão depois de fazer o pagamento? Quanto mais você puder facilitar todos esses processos, melhor.

"Você está acompanhando, monitorando ou testando o suficiente?"

O lance dos testes é que você simplesmente não tem como saber o que vai acontecer antes de realizar a ação. É por isso que se testa! Em uma ocasião, criei uma oferta de venda de produtos secundários na qual os clientes poderiam comprar um vale-presente de 50 dólares por apenas 25 dólares

▶ ao fazer uma compra. Achei que seria uma oferta irrecusável, mas os meus clientes não concordaram comigo; a oferta só foi aceita uma vez a cada 20 compras (5% das compras). Uma boa venda de produtos secundários tem uma taxa de conversão muito melhor do que essa, de forma que a oferta do vale-presente acabou indo para o lixo.

"Onde estão as grandes oportunidades perdidas?"
Ver-se diante de uma grande oportunidade não significa que você deve agir para se aproveitar dela. Deixo passar muitas oportunidades porque elas não se ajustam bem à minha estratégia geral. No entanto, é interessante saber o que você está perdendo mesmo se estiver deixando passar a chance de propósito. Mantenha a sua "lista de possibilidades" atualizada para recorrer a ela quando tiver mais tempo ou precisar de mais dinheiro.

Em Murfreesboro, Tennessee, Erica Cosminsky trabalhava como uma profissional de recursos humanos em uma rede de farmácias e era mãe de Riley, então com dois anos. Erica passava o dia inteiro no trabalho enquanto Riley ficava com o pai. Quando ela foi demitida inesperadamente, o choque aos poucos se transformou em alívio – Erica vinha pensando em abrir uma empresa de serviços, mas nunca teve tempo de se dedicar à ideia.

A meta era ter um pequeno negócio de transcrições, digitando o conteúdo de conferências telefônicas, entrevistas e reuniões para outras empresas. A ideia original de Erica era prestar o serviço em tempo real, participando de conferências ao vivo, digitando durante as reuniões e encontros e entregando os conteúdos antes do fim do dia. Ela fazia isso bem, mas deparou com dois problemas: era difícil encontrar trabalho e, quando estava fora, ela não podia cuidar do filho.

Erica não queria competir no mercado como um serviço de transcrição básico, considerando que muitas outras empresas já ofereciam esse serviço. As transcrições consecutivas não eram o melhor diferenciador em razão dos problemas mencionados anteriormente, mas Erica encontrou uma alternativa: incluir uma formatação básica e um *layout* agradável às suas transcrições. A maioria dos concorrentes não oferecia nenhuma formatação, deixando claro que o trabalho se limitava a transcrever o conteúdo. Muitos dos clientes de Erica eram *autônomos* ou outras pequenas empresas e nem todos tinham acesso a um designer gráfico para formatar as transcrições. A diferenciação funcionou e, depois de três meses desempregada divulgando sua disponibilidade, Erica já não conseguia mais dar conta da demanda e estava pronta para expandir a equipe.

Nesse ponto, ela tomou outra decisão: não contratar funcionários e só trabalhar com terceiros. Trabalhando com colaboradores terceirizados, ela tinha mais flexibilidade para aumentar ou reduzir o número de membros de sua equipe dependendo das necessidades do mercado. Isso era importante na área dela em virtude da natureza cíclica de seu setor: em determinado ano, de novembro a maio ela estava lotada de trabalho e precisou recrutar 17 funcionários para atender 180 clientes. Mas, no verão, muito poucas empresas precisavam de transcrições, de forma que a equipe foi reduzida a quatro pessoas. (Todos os colaboradores estão cientes de que o volume de trabalho varia de acordo com a época do ano e de que projetos futuros não são garantidos.)

Atualmente Erica se limita a administrar o negócio e deixa as transcrições para seus colaboradores. Ela criou uma estrutura flexível que lhe permite atender as demandas do mercado sem se sentir presa ou sobrecarregada fazendo tudo sozinha. O negócio passou por uma prova de fogo no outono de 2009, quando a filha de Erica pegou uma forte gripe e ela teve de passar três semanas dedicada exclusivamente a cuidar da filha. Ela conta que foi difícil passar pela doença da filha no nível pessoal, mas, felizmente, ela pôde contar com o apoio de sua equipe e a maioria dos clientes nem chegou a notar sua ausência. Riley se recuperou e Erica voltou ao trabalho com algumas notas fiscais enviadas com atraso, mas, felizmente, sem nenhum prejuízo à sua renda. A ideia de usar uma equipe de colaboradores terceirizados funcionou.

Programas de afiliados: os bons, os ruins e os indiferentes

Você já deve ter ouvido falar dos programas de afiliados, nos quais os comerciantes trabalham em colaboração com os parceiros para atrair mais tráfego e vendas, recompensando os afiliados com uma parte dos lucros. Apesar de alguns outros negócios terem realizado experimentos com o modelo no passado, a Amazon lançou a primeira parceria popular de "associados" em 1996, convidando seus clientes a atuarem como parceiros por uma porcentagem da receita.

Desde então, quase todo grande varejista instituiu algum tipo de programa de afiliados, bem como toda espécie de pequenos negócios. É muito fácil abrir o seu próprio programa de afiliados – um guia básico de quatro passos está disponível gratuitamente no site <www.100startup.com> – e pode ser um jeito fácil de criar a própria franquia. Se você fizer direito, centenas de afiliados ávidos farão fila para promover o seu trabalho. Se fizer melhor, você criará uma verdadeira parceria que lhe trará uma renda estável independente do que estiver acontecendo no seu negócio ou na economia em geral.

Funciona assim:

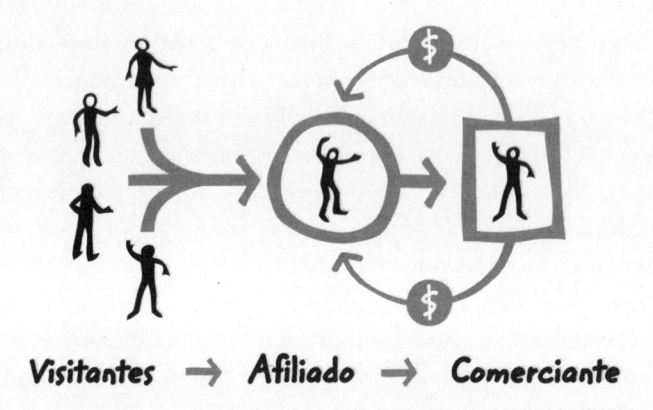

Visitantes → Afiliado → Comerciante

A maioria dos programas de afiliados tem dois grandes problemas. Em primeiro lugar, os comerciantes tendem a pagar comissões muito baixas, deixando muito pouco ao afiliado que lhe trouxe um cliente, e, em segundo lugar, os afiliados tendem a se limitar a encaminhar indicações às cegas. Grandes problemas criam grandes oportunidades, de forma que um bom comerciante pode oferecer um programa melhor pagando comissões muito maiores, mas também esperando mais do afiliado.

Faz anos que pago uma comissão de 51% aos afiliados do meu negócio com base no princípio de que eles deveriam ganhar mais do que eu por promover o meu trabalho. Ao mesmo tempo, deixo claro que eles precisam fazer mais do que simplesmente sair postando links por aí. Se eles quiserem ter sucesso, precisarão criar um vínculo mais estreito entre os seus leitores e o meu negócio. Eles podem fazer isso experimentando os produtos, escrevendo análises e oferecendo algum tipo de bônus pelas indicações. Se você estruturar o seu programa de afiliados de uma maneira similar, poderá atrair parceiros de qualidade mais elevada.

Parcerias e terceirização podem ser boas maneiras de promover o crescimento de alguns negócios, mas depender de outras pessoas nem sempre funciona como o planejado. Vamos analisar uma (minúscula) empresa que não se beneficiou desse tipo de esquema.

A ascensão e queda da Copley Trash Services

Spencer e Hannah Copley, de 12 e 10 anos, respectivamente, moravam com os pais a bordo de um navio-hospital na África Ocidental. Quatrocentos adultos (alguns com filhos) também viviam no navio, que passava seis meses consecutivos levando cirurgiões e equipes médicas a países como a Serra Leoa e a Libéria.

Morar em um navio na África Ocidental implicava uma série de desafios. O que não passaria de pequenas inconveniências em casa rapidamente se transformava em grandes problemas em um velho navio em um país sem muitos recursos. Por exemplo, todo mundo era responsável por jogar o próprio lixo, mas isso nem sempre era uma tarefa fácil. Uma grande caçamba ficava em um canto da doca, o que exigia uma longa caminhada sob o sol. Muitas vezes, a caçamba ficava cheia até a borda e as pessoas precisavam manter seu lixo nas pequenas cabinas até a caçamba ser esvaziada, por vezes vário dias depois.

Um empreendedor em formação, Spencer, de 12 anos, teve uma ideia: E se ele oferecesse um serviço de coleta de lixo? O preço era uma verdadeira pechincha. Por apenas um dólar semanal, você poderia deixar seu lixo no corredor às terças e sextas-feiras e a equipe composta por Spencer e Hannah se responsabilizaria por levá-lo à caçamba. Spencer fez um pôster anunciando a oferta e o postou no quadro de avisos ao lado da lanchonete. A oferta foi um sucesso: dez clientes contrataram imediatamente o serviço e o negócio atraiu outros 15 clientes nas semanas seguintes.

Tendo desenvolvido uma sólida base de clientes, Spencer e Hannah se certificaram de manter seus clientes informados com importantes atualizações. Um dia a caçamba estava completamente inutilizável e os clientes receberam um aviso: "Sentimos informar que a Copley Trash Services não estará funcionando na próxima sexta-feira. Realizaremos uma coleta adicional no domingo para compensar. Tenha um excelente dia!". Em outra ocasião, um saco furado de lixo criou dificuldades para a pequena Hannah, de 10 anos, o que levou a uma notificação intitulada "Coisas importantes que você deve saber sobre o seu lixo".[37]

---

37 Fui um dos clientes da Copley Trash Services e me esqueci de pagar minha conta uma vez. Um educado aviso foi colado na minha porta: "Será que você não se esqueceu de algo?." Saldei minha dívida morrendo de vergonha e incluí 50 centavos adicionais para compensar o atraso.

Spencer e Hannah tinham criado uma receita recorrente de 25 dólares por semana, um salário substancial para duas crianças que eles usavam de três maneiras: 10% eram enviados, a título de dízimo, a um orfanato que eles visitavam nos fins de semana e 40% eram alocados a uma poupança para eles comprarem um cachorrinho quando voltassem para casa, em Washington. Os outros 50% eram usados em compras não essenciais, muitas vezes video games à venda no mercado local e chocolates na lanchonete.

O negócio entrou em crise quando Spencer e Hannah, com seus pais, voltaram para casa em Washington em uma licença de três meses. Eles não queriam perder sua base de clientes de forma que decidiram deixar o negócio nas mãos de duas outras crianças que também moravam no navio. Infelizmente, a nova administração não foi tão diligente quanto Spencer e Hannah. O serviço era intermitente: alguns dias o lixo simplesmente não era recolhido, sem nenhum aviso nem explicação. Muitos clientes abandonaram o serviço e voltaram a jogar eles mesmos o lixo. Entre os clientes que permaneceram com o serviço, o recebimento dos pagamentos e a receita caíram em virtude da desatenção administrativa. Sem um administrador ativo como Spencer e sem um "acordo de parceria de uma página", o negócio sofreu uma grande queda na ausência de seus fundadores.

▼ ▼ ▼

Quem disse que você é só uma pessoa? É possível contratar um exército de assistentes virtuais para se ocupar de parte do trabalho por você. Você pode selecionar meticulosamente as suas parcerias com a meta de fazer que $1 + 1 = 3$ ou mais. Você pode promover o crescimento do negócio atingindo mais clientes potenciais com a mesma mensagem ou, como fez Nathalie Lussier (da Raw Foods Witch), pode se voltar a um público diferente ao mesmo tempo que mantém seu negócio existente.

Não se limite a abrir uma lanchonete com o nome de outra pessoa. É muito melhor franquear a si mesmo.

**PONTOS
FUNDAMENTAIS**

- Ao alavancar habilidades e contatos, é possível estar em mais de um lugar ao mesmo tempo. Estratégias para fazer isso incluem terceirização, recrutamento de afiliados e parcerias.

- Use o modelo do "hub and spoke", mantendo uma base on--line ao mesmo tempo que usa postos avançados para se diversificar.

- No que diz respeito à terceirização, decida o que é melhor para você. A decisão provavelmente dependerá de dois fatores: o tipo de negócio que você está desenvolvendo e a sua personalidade.

- Parcerias meticulosamente selecionadas podem criar alavancagem; só se certifique de que é isso mesmo que você quer. Use o "Acordo de parceria de uma página" para acordos simples.

"Nada dará certo se você não der certo."

MAYA ANGELOU

Entre as pessoas que conhecemos até agora, algumas tendem a se arriscar mais, avançando aos trancos e barrancos sem se preocupar muito com detalhes como carreira ou finanças. Mas é muito mais comum encontrar pessoas que preferem desenvolver um negócio ponderadamente, um passo após o outro. É um mito achar que as pessoas que decidem abrir o próprio negócio são necessariamente do tipo agressivo, hiperativo e dispostas a correr altos riscos, apostando todas as fichas no sucesso ou fracasso de um projeto. Os empreendedores não são necessariamente propensos a correr riscos, eles só veem risco e segurança de uma perspectiva diferente das outras pessoas.

Tsilli Pines, uma designer israelense-americana que atualmente mora na minha cidade – Portland, Oregon –, é um exemplo representativo do grupo de empreendedores cautelosos. Ao longo de oito anos, ela desenvolveu um negócio de produção de ketubás, contratos matrimoniais judaicos com designs customizados. Durante a maior parte desse tempo ela se ocupou do negócio só à noite e nos fins de semana, quando não estava trabalhando em seu emprego formal em um estúdio de design. Com o salário regular de seu emprego fixo, Tsilli se sentiu segura para realizar experimentos com o negócio e aprender à medida que avançava. Ela também notou um importante benefício secundário resultante desse esquema de trabalho: por não ter muitas horas disponíveis para se dedicar ao negócio, ela foi forçada a otimizar ao máximo o tempo que tinha.

Graças a indicações de casais satisfeitos, o negócio cresceu aos poucos, porém, constantemente, recebendo um número cada vez maior de encomendas todos os anos. Ela preparava cada ketubá com muito amor e cobrava 495 dólares. No final de 2009, Tsilli se sentiu preparada para dar o grande salto. Ela pediu demissão de seu emprego e se preparou para se dedicar ao seu negócio em período integral. E foi simples assim! Ela simplesmente saltou!

Só que... a realidade do outro lado não era exatamente o que ela esperava. A primeira semana de liberdade foi ótima, mas na segunda semana ela começou a se perguntar: "E agora? Vou passar o dia inteiro fazendo o quê?".

"Eu subestimei o valor do trabalho colaborativo e não autodirecionado", ela conta. Nos próximos meses, o negócio rendeu menos do que ela esperava. Ela continuava recebendo encomendas e estava longe de se desesperar, mas Tsilli se sentiu paralisada, sem a mesma criatividade que tinha no começo.

"O paradigma do tudo ou nada foi pressão demais para mim", ela explicou. "Tenho um negócio criativo, mas a morte da criatividade para mim é saber que toda a minha renda depende da necessidade de ser continuamente criativa." Não foi fácil tomar a decisão, mas, seis meses depois de pedir demissão da empresa de design, ela procurou os proprietários com uma proposta: e se ela voltasse a trabalhar em meio expediente? Eles aceitaram, satisfeitos de poder contar com o talento dela.

O esquema de trabalhar no estúdio três dias por semana foi perfeito para Tsilli. Quando pediu demissão seis meses antes, ela tinha muita responsabilidade na posição de designer-chefe e seria difícil ser rebaixada a um cargo com menos responsabilidades sem se afastar por um tempo. Voltar a um emprego fixo em esquema de meio período lhe proporcionou a segurança de uma renda fixa ao mesmo tempo que lhe possibilitava a liberdade de trabalhar em seus outros projetos. Além disso, Tsilli passou a trabalhar como uma terceirizada e não mais como uma funcionária, o que lhe dava uma sensação inesperada, porém, importante de ainda ganhar toda a sua renda "por conta própria", com aproximadamente metade de sua renda proveniente do estúdio e a outra metade, de seu negócio.

Para ela, foi a coisa certa sair e foi a coisa certa voltar. O negócio continua lucrativo, mas sem a pressão de depender exclusivamente dele. Tsilli resume sua história nos seguintes termos: "Sinto que ainda estou construindo meu negócio um tijolo após o outro. As peças diferentes se encaixam e com o tempo podem crescer até atingir uma massa crítica. Mas por enquanto estou satisfeita".

A escolha

A história de Tsilli ilustra o grande desafio que mais cedo ou mais tarde confronta quase todas as pessoas que têm a chance de promover uma grande mudança na carreira e partir por conta própria: encontrar uma maneira de sistematizar o negócio e decidir qual será o papel do negócio para o resto de suas vidas. É só uma questão de tempo para que todo empresário de sucesso – acidental ou não – se veja diante de uma escolha: E agora? Para onde eu levo o negócio? Como vimos ao longo deste livro, muitos dos membros do nosso grupo de estudos de caso tomaram a decisão deliberada de permanecer pequenos, com foco na liberdade proporcionada pelo negócio. Outros escolheram crescer recrutando meticulosamente funcionários e mergulhando de cabeça.

Veja como três pessoas lidaram com esse importante dilema, cada um à sua maneira.

Opção 1: Permanecer pequeno

Ninguém nasce empreendedor, mas Cherie Ve Ard provavelmente chegou perto disso. Trabalhando por conta própria desde os 20 anos, hoje ela tem 38 e nunca olhou para trás. Seu pai também foi um empreendedor, fundando o negócio familiar de software que Cherie acabou assumindo. A empresa desenvolve soluções customizadas para profissionais da área médica. Em 2007, ela pegou a estrada com Chris Dunphy, seu parceiro, em um trailer viajando pela América. Tocar uma empresa de software em trânsito levou a uma expansão natural do negócio: Cherie e Chris abriram um negócio paralelo desenvolvendo apps para celulares.

Os negócios vão bem, mas Cherie rejeita deliberadamente uma série de ideias de expansão. Nas palavras dela, "Sem sombra de dúvida, a melhor decisão que tomei foi não deixar o negócio crescer. Eu cresci vendo a criatividade e inventividade do meu pai sendo drenadas à medida que o negócio crescia de uma empresa de um homem só a mais de 50 funcionários. O estresse acabou com ele e com a sua qualidade de vida".

Da última vez que conversei com Cherie, ela estava na ilha de Saint John, onde ela e Chris se acomodaram para uma estadia de alguns meses ("talvez mais, vamos ficar o tempo que quisermos"). Cherie tem uma boa renda, de pelo menos 50 mil dólares anuais, mas insiste que não é o dinheiro que importa. "Eu me sinto uma empresária de sucesso com base na minha qualidade de vida, não no quanto dinheiro ganho", ela diz. "Controlo o meu negócio, e não o contrário."

Opção 2: Nem pequeno nem grande

No bairro industrial de SoDo no centro de Seattle, uma fábrica se agita em atividade ao som de máquinas de costura. Mulheres sino-americanas, muitas delas operárias da fábrica há anos, costuram diligentemente malas, mochilas e bolsas de laptop. Visito a fábrica com Tom Bihn, o proprietário, e seu parceiro de negócios, Darcy Gray.

Com mais de 20 funcionários e a própria fábrica, Tom não tem medo de crescer. Mas ele deu as costas à maior oportunidade de crescimento de todas: distribuir suas populares malas e mochilas por meio de grandes varejistas, muitas das quais propuseram parcerias repetidamente. A decisão me intrigou, de forma que enviei um e-mail a Tom e Darcy pedindo que eles me explicassem suas razões. Segue a resposta:

> Inicialmente escolhemos ser o nosso próprio fabricante e varejista direto porque é mais interessante assim. Com isso, podemos dançar ao som da nossa própria música, por assim dizer. Achamos que seria uma grande chatice ter a meta de simplesmente ganhar dinheiro. Queríamos criar uma empresa interessante, com produtos interessantes, clientes interessantes e funcionários interessantes; queríamos desenvolver uma marca e deixar nossa marca no mundo. Pode ou não ser lucrativo vender a varejistas do mercado de massa, mas isso não ajuda muito a identidade da marca. E também pode vincular o nosso destino a uma empresa sobre a qual não temos controle algum: se eles caírem, nós também podemos cair. O nosso futuro está vinculado ao que fazemos, às decisões que tomamos, e isso é uma grande curtição.

Sem dúvida é interessante dançar ao som da nossa própria música e, como Tom observou em outra conversa, também pode ser um modelo de negócio melhor. No negócio deles, o fluxo de caixa provém de muitos clientes individuais, de forma que eles não precisam se preocupar com uma grande varejista devolvendo o estoque todo (ou deixando de pagar uma conta). Por estarem disponíveis em apenas uma fonte, as malas da Tom Bihn são bem posicionadas no mercado e não são vistas como uma *commodity*. Tom e Darcy conseguem cobrar um bom preço pelos seus produtos e, com isso, garantir o emprego de todos os funcionários.

Quando questionados sobre épocas de vacas magras ou experiências negativas no negócio, Tom disse algo que nunca mais me saiu da cabeça: "Todos os dias difíceis têm duas coisas em comum: você sabe qual é a coisa certa a fazer, mas deixa que alguém o convença a fazer outra coisa".

Pelo menos nesse caso, Tom nunca se permite convencer a deixar de fazer a coisa certa para ele.

Opção 3: Encontrar o meio-termo

Algumas vezes, a escolha entre pequeno e grande tem mais de duas respostas. Uma pessoa criativa pode aprender suas lições sobre o tipo errado de crescimento e aplicá-las ao tipo certo. Conheça Jessica Reagan Salzman, proprietária de uma empresa de contabilidade de uma pessoa em Attleboro, Massachusetts. Soube imediatamente que Jessica gostava de números quando vi que a renda que ela estimava para o ano seguinte era de exatos 110.899 dólares. Muitos empreendedores se perdem no quadro geral e não controlam bem suas finanças. Eles tendem a responder às minhas perguntas sobre projeções de renda com afirmações como: "Acho que uns 100 mil, talvez 150 mil... por aí". Não tive a necessidade de pedir uma resposta mais precisa no caso de Jessica.

Ironicamente, Jessica abriu o negócio depois de uma experiência perturbadora em um novo emprego em uma empresa de contabilidade. Enquanto se acomodava no novo emprego, ela se pôs a fazer os cálculos e ficou se perguntando por que as contas não fechavam. Ela finalmente descobriu a razão: a empresa de contabilidade não apenas estava em dificuldades como não teria o suficiente para pagar seu salário ao final do primeiro ciclo contábil. Essa doeu! Jessica pediu demissão e decidiu partir por conta própria.

Desde o começo, seu negócio foi lucrativo mesmo com Jessica se dedicando a ele apenas em meio expediente, mais concentrada em cuidar da família e sem se preocupar em ganhar uma montanha de dinheiro. Até que um dia seu marido, Michael, ligou dizendo que voltaria mais cedo para casa. "Que bom", ela disse. "Alguma ocasião especial?" Ele fez uma pausa antes de contar o resto da notícia: ele tinha sido demitido.

O negócio de Jessica tinha sido um sucesso como um projeto paralelo, mas estava longe de render dinheiro suficiente para sustentar a família – o segundo filho deles tinha só três semanas na ocasião. Passado o choque inicial, eles se puseram a conversar sobre as opções e Jessica decidiu se dedicar mais ao negócio. Seu marido se ocupou de cuidar da casa e da família e Jessica pôs a mão na massa. O negócio cresceu rapidamente e tudo ia bem sob o novo acordo, mas de repente ele começou a crescer rápido demais. "Tínhamos avançado muito na direção de um maior faturamento", ela explica, "mas também estávamos diante de custos bem mais altos e os nossos resultados financeiros refletiam claramente a necessidade de uma grande mudança."

"No início presumi que o crescimento era o único caminho", ela prosseguiu. "À medida que os negócios melhoram, você naturalmente contrata funcionários, não é?" Infelizmente, apesar de contratar funcionários poder ajudar um negócio a crescer, isso sempre leva a custos muito mais altos e maiores obrigações. Em vista dessa situação, Jessica fez algumas mudanças, enxugando o negócio até ter uma empresa de uma pessoa só.[38]

Não se limite a apagar incêndios: trabalhe para desenvolver o seu negócio

Não importa o caminho que você escolher, à medida que o escopo do seu projeto se expandir, você pode se ver dedicando todo o tempo disponível a reagir a situações sem criar nada de novo. A solução para esse problema comum é se concentrar em trabalhar *no* seu negócio e não *para* o negócio. Quando se concentra nas operações do negócio, você se dedica a apagar incêndios e manter tudo funcionando como deveria. Trabalhar no seu negócio requer uma abordagem mais estratégica.

Toda manhã, reserve 45 minutos sem acesso à internet. Dedique esse tempo exclusivamente a atividades para melhorar o seu negócio – evitando meros detalhes da manutenção do negócio. Pense em termos de *avanço*... O que você pode fazer para manter o progresso do seu negócio? Considere estas áreas:

Desenvolvimento do negócio. Trabalho voltado ao crescimento do negócio. Quais novos produtos ou serviços estão a caminho? Você planeja alguma parceria ou *joint venture*?

Desenvolvimento da oferta. Esse tipo de trabalho envolve a utilização dos recursos existentes de uma nova maneira. Você tem como criar uma venda, evento de lançamento ou nova oferta para chamar a atenção e gerar renda?

Resolução de velhos problemas. Em todo negócio surgem problemas que você aprende a contornar em vez de solucionar diretamente. Em vez de ignorar eternamente esses problemas use seu tempo estratégico para cortá-los pela raiz.

Ajustes da precificação. Como vimos no Capítulo 11, você deve avaliar regularmente os seus preços para decidir se não é a hora de aumentá-los. Além disso, considere a possibilidade de acrescentar vendas de produtos secundários, vendas cruzadas ou outras ferramentas de geração de renda ao seu arsenal.

---

38 A empresa de Jessica se chama Heart Based Bookkeeping – algo como "contabilidade de coração" – e ela se considera uma pessoa emocional e espiritualmente dedicada ao trabalho.

Comunicação com o cliente. Isso envolve não apenas responder e-mails ou tirar dúvidas dos clientes, mas se comunicar proativamente com eles por meio de newsletters e atualizações.

Uma regra fundamental é agir primeiro, e não se limitar a reagir. Dedicar apenas 45 minutos por dia a essas atividades pode trazer enormes benefícios mesmo em épocas nas quais você é obrigado a passar o resto do dia apagando incêndios. Adiante!

Plano de saúde

Essa é a grande questão que se apresenta aos muitos futuros empreendedores: "Como garantir a saúde da família se for um autônomo?". Infelizmente, nosso sistema de saúde universal ainda está muito longe do nível de outros países do mundo desenvolvido.

Para ter uma ideia das opções, realizei um levantamento com o nosso grupo de estudos de caso dos Estados Unidos e conduzi várias conversas on-line com grandes grupos no Twitter e no Facebook. As respostas variaram consideravelmente. Alguns escreveram: "Aceite que será roubado e pague uma fortuna por uma cobertura de saúde que acabará não ajudando em nada". Infelizmente, em alguns casos, de fato é mais ou menos isso que acontece. Mas você também tem outras opções. Veja algumas das mais comuns.

Contrate um plano de saúde mais acessível com franquia e pague em dinheiro pelas consultas médicas. Talvez a solução mais comum entre os autônomos é escolher um seguro de saúde acessível com franquia para cobrir doenças ou acidentes graves. Depois, faça um fundo de reserva para cobrir consultas médicas e exames preventivos. O melhor a fazer é comparar preços de corretores independentes e, em alguns casos, um grupo local ou nacional pode oferecer um seguro com desconto.

Use o plano de seguro de seu parceiro. Vários empresários me escreveram contando que dependiam do emprego do cônjuge para cobrir o plano de saúde do casal enquanto eles trabalhavam em período integral ou em meio expediente no negócio. Isso vai depender do contrato firmado entre a empresa e o plano de saúde. Courtney Carver foi diagnosticada com esclerose múltipla em 2006, e suas despesas médicas chegariam a 8 mil dólares sem um plano de saúde. "A minha sorte foi que meu marido trabalha em uma empresa que oferece assistência médica familiar aos funcionários", ela diz. "Por enquanto, não tem como ele largar o emprego para abrirmos juntos um negócio por causa do meu problema de saúde. Estamos pensando em outras opções para o futuro, mas, por enquanto, precisamos do emprego dele."

Naturalmente, você não tem essa opção se for solteiro ou se o seu cônjuge não tiver um emprego que oferece esse benefício, mas essa pode ser a melhor opção, se disponível.

▶

> **Seja o próprio seguro ou faça um fundo de reserva médica.** "Meu plano de saúde envolve rezas, vitaminas e evitar objetos afiados", Amy Oscar me contou no Twitter. Outros explicaram que só estão sendo pragmáticos diante das péssimas opções disponíveis, ponderando os custos e o que consideram benefícios limitados de um plano dispendioso que eles provavelmente não usariam. Se você ou a sua família tem problemas de saúde, você pode não se sentir à vontade com esta opção.

Monitore seu negócio

Independente da sua estratégia de crescimento, é sempre interessante prestar atenção à saúde do seu negócio. A melhor maneira de fazer isso é com uma estratégia dupla:

Passo 1: *Escolha um ou dois indicadores e mantenha-se ciente deles a todo momento, concentrando-se em vendas, fluxo de caixa e oportunidades potenciais.*

Passo 2: *Deixe todo o resto para uma avaliação quinzenal ou mensal dedicada a uma análise mais aprofundada do negócio como um todo.*

Alguns membros do nosso grupo eram muito mais diligentes no acompanhamento dos indicadores que outros, com vários empreendedores admitindo serem obcecados com os dados e outros confessando que "não fazem ideia" do que acontece no negócio. (A minha opinião sobre esta última abordagem é: personalidades e habilidades podem variar, mas tome cuidado para não delegar toda a parte financeira. Costuma ser um mau sinal quando o dono perde o controle das finanças de sua empresa.)

Os indicadores escolhidos para serem monitorados variam de acordo com o tipo do negócio. Veja alguns dos exemplos mais comuns:

Vendas por dia: *Quanto dinheiro está entrando?*

Visitantes ou clientes potenciais por dia: *Quantas pessoas estão dando uma olhada no seu site ou se cadastrando para receber mais informações?*

Preço médio do pedido: *Quanto as pessoas estão gastando por pedido?*

Taxa de conversão de vendas: *Qual porcentagem de visitantes ou clientes potenciais se torna clientes existentes?*

Net Promoter Score (NPS - pontuação líquida de recomendação): *Qual porcentagem dos seus clientes indicaria o seu negócio?*

Alguns negócios escolhem indicadores mais específicos. Brandy Agerbeck, a facilitadora gráfica vista no Capítulo 7, trabalha tanto com empresas do setor privado quanto com ONGs. Todo ano ela determina um número mínimo de projetos que deve fechar e usa um conjunto de fichas para monitorá-los. Quando todas as fichas são preenchidas, ela sabe que pode respirar e se concentrar em outras coisas.

Uma ou duas vezes por mês, vale a pena dar uma parada para avaliar o negócio, registrando alguns indicadores que deveriam estar evoluindo com o tempo. Os indicadores que provavelmente interessarão ao seu negócio são dados de vendas mais detalhados, tráfego do site e mídia social e o crescimento do negócio. Você pode baixar uma planilha gratuita para ajudá-lo nesse processo no site <www.100startup.com>.

Feitas para vender: pensando em longuíssimo prazo

John Warrillow abriu e vendeu quatro empresas antes de se "aposentar" e se dedicar "apenas" às suas atividades de escritor, palestrante e investidor. Depois de aprender suas lições com essas quatro experiências, hoje ele defende um modelo específico para os proprietários de microempresas que pensam em um dia vender o negócio. A maioria das recomendações de John diz respeito à necessidade de criar uma empresa ou organização capaz de prosperar e ir além das habilidades específicas dos proprietários.

Em outras palavras, o modelo de "abrir para vender" é diferente do modelo que analisamos neste livro. Muitos dos nossos estudos de caso envolvem pessoas que partiram em carreira solo por ser divertido, não porque queriam promover o crescimento de um negócio para poder vendê-lo no futuro. No entanto, as recomendações de John são sólidas para proprietários que querem passar o negócio adiante e algumas delas podem ser adaptadas para melhorar um negócio mesmo se você pretender continuar na empresa. Veja uma comparação dos dois modelos na tabela a seguir.

COMPARAÇÃO: FEITA PARA VENDER *VERSUS* A STARTUP DE 100 DÓLARES

	Feita para vender	Startup de 100 dólares
Capital necessário	Variável, mas normalmente alto	Variável, mas normalmente baixo
Funcionários	Necessários	Opcionais
Pagamento em termos de liberdade	Grande dia de pagamento	Nenhum dia de pagamento
Benefício secundário	Desenvolva e passe para a próxima	Faça o que adora fazer

Ao decidir qual caminho seguir, a questão a ser respondida é: "Que tipo de liberdade você quer?". O modelo de John se concentra em criar uma entidade independente do proprietário e vendê-la por um grande pagamento. Já o modelo da startup de 100 dólares se concentra em uma transição a um negócio ou carreira independente com base em algo que você adora fazer – em outras palavras, algo intrinsecamente relacionado às habilidades ou paixão do proprietário. Nenhum modelo é melhor que o outro; tudo depende das suas metas.

Se você quer ter a opção de um dia vender seu negócio, John observa que é necessário planejar a venda tomando medidas específicas. O passo mais importante na criação de uma identidade independente para o negócio é criar um produto ou serviço com potencial de expansão. Esse ponto constitui uma importante distinção de muitos negócios que descrevemos até agora, então, vamos dar uma olhada na explicação de John.

Curva explicável versus valioso

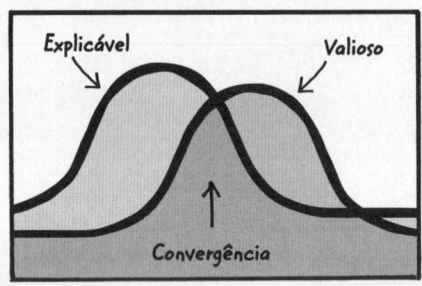

Um negócio expansível se fundamenta em algo tanto explicável (que pode ser explicado, ensinado) quanto valioso (que tem valor). Um contador presta um serviço muito valioso, mas que não é facilmente explicável (ele não pode simplesmente contratar qualquer pessoa e lhe delegar o serviço). Entretanto, é possível ensinar alguém a limpar mesas de um restaurante em poucos minutos, mas não se trata de um serviço valioso (muitas pessoas podem limpar mesas). Dessa forma, um negócio que tem o potencial de ser facilmente vendido por um bom lucro oferece algo que se posiciona na convergência entre o explicável e o valioso.

John abriu um serviço por assinatura que conduzia pesquisas financeiras e proporcionava uma série de relatórios informativos. O serviço era considerado extremamente valioso pelos clientes além de poder ser ensinado aos outros funcionários. Em outra ocasião ele abriu uma empresa que conduzia grupos de foco de consumidores para grandes empresas – mais uma vez, um serviço altamente valioso e, também, possível de ser replicado pelos novos proprietários.

As soluções adotadas por Tsilli, Cherie, Tom, Jessica e John variaram consideravelmente. Ao implementar suas soluções, cada um deles aceitou alguns fatores ao mesmo tempo que recusou outros. Tom recusou-se a aceitar as propostas de grandes varejistas, mas não hesitou em contratar funcionários e promover o crescimento do negócio em seus próprios termos. Cherie preferiu manter seu negócio pequeno e intimista. Tsilli encontrou a segurança promovendo o crescimento de seu negócio *e* trabalhando como uma terceirizada para seu antigo empregador.

O elemento em comum dessas diferentes experiências foi um senso de controle do próprio destino e a liberdade encontrada em se dedicar a um projeto considerado importante. À medida que seu projeto cresce, você também precisará tomar decisões com base nas suas preferências e visão. Lembre que é bom tomar essas decisões e é bom *poder* tomar essas decisões.

PONTOS FUNDAMENTAIS

- Há mais do que um caminho para a liberdade e algumas pessoas o encontram por meio de uma combinação de diferentes esquemas de trabalho.

- Pensar em longo prazo promovendo o crescimento e decidir permanecer pequeno são ambas opções aceitáveis e é possível encontrar o meio-termo optando por não ser nem pequeno nem grande. Tudo depende do tipo de liberdade que você gostaria de atingir.

- Trabalhe *no* seu negócio dedicando um tempo todos os dias a atividades especificamente relacionadas à melhoria e não se limitando a reagir aos acontecimentos.

- Monitore regularmente um ou dois indicadores-chave que constituem a essência vital do seu negócio. Avalie os outros indicadores mensal ou quinzenalmente.

- Um negócio expansível é tanto explicável quanto valioso. Se você pensa em um dia vender o seu negócio, precisará montar equipes e reduzir a dependência do proprietário.

"O seu tempo é limitado, então, não o desperdice vivendo a vida de outra pessoa."

STEVE JOBS

Quase todas as pessoas que conhecemos neste livro até agora têm algum tipo de história de fracasso ou sucesso para contar. Em muitos casos, a história é sobre o lançamento de produto que não deu certo, uma parceria equivocada ou a perda de motivação pelo projeto errado. "Tentei aquilo e não deu certo... mas resolvi seguir em frente com algo diferente" é um refrão comum. Todas essas histórias são válidas e interessantes, mas nunca ouvi uma história de ascensão das cinzas tão fascinante quanto a de John T. Unger, um escultor de uma pequena cidade do Estado de Michigan. A história de John envolve uma grande transformação de fracasso e medo em resiliência e sucesso.

John conta que a terceira melhor coisa da vida dele foi quando o telhado de seu estúdio ruiu sob os seus pés, enquanto ele tentava freneticamente remover a neve com uma pá. O estúdio foi completamente destruído e John passou o restante do rigoroso inverno de Michigan tiritando de frio enquanto trabalhava ou se aquecendo com um aquecedor ilegal a querosene. Foi um pesadelo, mas, então, algo estranho aconteceu: o banco foi avaliar os danos e lhe pagou uma indenização de 10 mil dólares. John deu o dinheiro de entrada para comprar dois prédios que ele já vinha tentando comprar havia algum tempo. "Não acho que o banco teria me dado atenção se não fosse pelo desastre", ele conta. "O evento o forçou a dar uma boa olhada no meu negócio em vez de me ver como mais um artista falido."

A segunda melhor coisa da vida dele foi perder seu emprego como designer gráfico durante a crise das empresas pontocom de 2000 que levou à perda de tudo que ele tinha – sua renda, sua namorada, seu apartamento e até um pedaço de seu dedão em um acidente ocorrido na mudança. Paralelamente ao seu emprego fixo (tendo trabalhado sete dias por semana em 1999, e sete dias *no total* em 2000), ele também dedicava até dez horas por dia a seu próprio negócio.

Depois dessas duas experiências – perder o estúdio e o emprego – John entrou em depressão e refletiu sobre o que faria em seguida. Seus amigos o aconselharam a aceitar a situação e pegar o primeiro emprego que surgisse, mas, na Michigan rural naquela época, John sabia que seria difícil encontrar qualquer trabalho. Era agora ou nunca, então ele se ateve à sua meta e continuou avançando.

A melhor coisa que aconteceu a John foi uma briga com um motorista de táxi enlouquecido no meio da noite que o levou para os fundos de uma lanchonete e passou dez minutos com uma arma na cabeça dele, gritando e ameaçando puxar o gatilho. John conseguiu fugir e saiu correndo pela gélida noite de Michigan, suando, tremendo e feliz de ainda estar vivo. "Entendi!", John gritou para o céu enquanto avançava pesadamente pela neve. "Eu sou um cara de muita sorte!"

"Depois de passar por tudo aquilo, você não se preocupa mais com bobagens", John afirma. "Tudo assume um nível de significado totalmente diferente."

Conselhos indesejados e permissão desnecessária

Grande parte deste livro contém vários conselhos, mas não confunda conselho com permissão. Você não precisa da permissão de ninguém para realizar seu sonho. Se esteve esperando para abrir seu próprio negócio, pare de esperar e comece agora. Charlie Pabst, um designer de Seattle que deixou o mundo corporativo para partir em carreira solo, disse que a melhor coisa que fez foi aprender a ignorar conselhos, mesmo de amigos bem-intencionados. "O meu negócio e a minha vida atual jamais seriam possíveis sem a minha terrível teimosia", ele diz. "A verdade é que a maioria das pessoas não tem o próprio negócio. E determinada porcentagem dessa maioria não gostará de vê-lo dando as costas para o mundo corporativo."

Apesar de, em geral, bem-intencionados, conselhos não solicitados de pessoas que acham que sabem tudo podem ser desnecessários e mais atrapalhar do que ajudar. Nas palavras de Chelly Vitry, a fundadora do negócio de turismo gastronômico em Denver:

> A maior lição que aprendi foi confiar nos meus próprios instintos. Quando abri meu negócio, ouvi todo tipo de palpite, variando de por que não daria

certo a como eu deveria administrar as operações do dia a dia. Eu já tinha pesquisado muito e sabia que era uma ideia viável, então decidi aceitar meu próprio conselho e parei de perguntar às pessoas o que elas achavam. Pessoas que conhecem o negócio menos do que eu não podem dar pitaco na minha empresa. Eu valorizo as opiniões, mas agora só as peço a pessoas que têm perspectivas diferentes de possíveis melhorias.

Algumas vezes, o melhor conselho é nenhum conselho. Se você souber o que precisa fazer, o próximo passo é simplesmente botar a mão na massa. Pare de esperar. Comece a agir.

Do que você tem medo?

No final de muitas discussões de acompanhamento com a maioria dos empreendedores que você conheceu neste livro, perguntei sobre seus maiores medos, preocupações e receios. Todas essas pessoas podem ser consideradas um sucesso, ganhando pelo menos 50 mil dólares por ano com seus projetos (e muitas ganhando muito mais), mas o que as inquieta? O que as mantêm acordadas à noite?

As preocupações apontadas por esses empreendedores podem ser divididas em duas amplas categorias: externas e internas. Preocupações externas tenderam a envolver dinheiro e mudanças no mercado. Por exemplo, alguns negócios foram criados para explorar desequilíbrios no setor da tecnologia. Projetos como esses podem ser muito lucrativos por um tempo, mas, quando a música para de tocar, a brincadeira chega ao fim. Um negócio que cresce principalmente com base em um bom posicionamento no Google ou uma boa classificação no iTunes ("favorecido pelos deuses da Apple", nas palavras de um empreendedor) corre o risco de perder tudo se a maré mudar. Scott McMurren, que publicava os livretos de cupons de desconto no Alasca, disse que observava de perto a mania dos cupons on-line, pensando em maneiras de atualizar o negócio para entrar no mundo digital.

O papel da concorrência foi mencionado com frequência, mas de perspectivas diferentes. Várias pessoas disseram que não se preocupavam com o que os outros negócios estavam fazendo, porque consideravam mais produtivo se manter avançando com o próprio trabalho original. Outras disseram se preocupar, especialmente com a possibilidade de criar algo exclusivo só para ver sua criação copiada ou "roubada" por uma empresa mais consolidada. Marianne Cascone, que faz roupas infantis em uma pequena parceria com a prima, expressou bem esse problema:

> Nosso maior medo, desde o começo, é os nossos produtos serem "pirateados", desgastando os nossos preços. Nos protegemos com patentes e marcas registradas, mas isso ainda acontece de vez em quando. Mas acredito firmemente que, se me concentrar 100% na criação de um produto de qualidade, conseguiremos nos manter no topo. Não nos deixamos distrair com outros projetos e nos focamos em manter nossos clientes extremamente satisfeitos. Ainda posso entrar na Target e ver o meu design à venda sob o nome de outra empresa de vestuário. Só esperamos conseguir cavar um lugar nesse mercado para que eles possam verdadeiramente competir conosco em vez de simplesmente roubar de nós.

Os empresários que se expandiram contratando funcionários geralmente se preocupavam em se certificar de ter fluxo de caixa e renda recorrente suficientes para garantir o pagamento dos funcionários. Se tiver um negócio de uma só pessoa e o negócio passar por uma crise, você pode apertar os cintos para sobreviver à época de vacas magras. Mas, se você deve aos funcionários uma quantia fixa periodicamente, não tem como fazer isso. Um dos negócios analisados no estudo rendia mais de 2 milhões de dólares em receita anual mas só gerava 60 mil dólares de renda líquida para o proprietário, em grande parte em razão das altas despesas indiretas para pagar os funcionários e investir em infraestrutura.

Holly Minch mencionou o princípio dos Cachinhos Dourados: a ideia de que o sucesso é encontrado dentro de determinados limites e não nos extremos. "Quero que os clientes recebam um valor real com os nossos serviços", ela disse, "mas não à custa dos nossos resultados financeiros. E quero que a equipe tenha trabalho suficiente para viver bem mas não tanto trabalho a ponto de não terem mais vida."

Outros se preocupavam com a necessidade de seguir em frente mesmo depois de passada a paixão inicial. "Meu maior medo é a minha consultoria e meus textos se tornarem medíocres", conta a norte-americana Alyson Stanfield. "O sucesso parece ser a capacidade de continuar avançando, de manter as portas abertas", disse Lee Williams-Demming, da Costa Rica. "Cuidado para não deixar que os clientes levem o seu negócio em uma direção que faça você começar a odiar o seu trabalho", recomendou Britta Alexander, que opera, com o marido, um negócio de marketing em Hastings-on-Hudson, no Estado de Nova York. "Quanto mais você avança, mais difícil será corrigir o rumo. E é muito difícil largar o emprego quando se trabalha na própria empresa."

Em uma análise mais aprofundada, os temores e inquietações se relacionaram mais estreitamente a questões de identidade. "Eu adoro o meu trabalho", disse um empreendedor, "mas e se eu só adorar o trabalho sem ser capaz de gostar de mais nada ou se o trabalho deixar de ser divertido?" Afirmações como essas foram normalmente seguidas de esclarecimentos como "Abrir este negócio, não importa qual seja o resultado no futuro, valeu toda a energia, o esforço e os sacrifícios".

Um dos nossos estudos de caso, no Canadá, disse: "Eu tinha medo do fracasso. Eu queria dados concretos me assegurando de que não fracassaríamos antes de o negócio deslanchar. Mas, sabendo que ninguém morreria, mesmo no pior cenário possível, por que diabos eu tinha tanto medo? Segui em frente e nunca olhei para trás".

Um designer europeu foi ainda mais dramático: "Quer saber a verdade? Nos primeiros anos, eu quase chegava a esperar que o meu negócio fracassasse. Eu acreditava que teria de fracassar, porque aquele era o meu primeiro negócio e sei que os maiores sucessos seguem os maiores fracassos. Pode parecer bizarro, mas eu quase desejava fracassar para poder olhar para trás e dizer 'É, aquele negócio caiu por terra, mas aprendi a lição!'." (Felizmente – ou não – o negócio dele vai muito bem.)

O momento tão esperado

Enquanto analisava milhares de páginas de dados de levantamentos e fazia inúmeros contatos de acompanhamento, aprendi a perguntar às pessoas se a decisão de abrir o negócio se pagou. Você pode achar simplista fazer uma pergunta como essa; a maioria das respostas não seria afirmativa? Bem, talvez... mas uma das melhores partes do estudo foi ouvir exatamente como um grupo diversificado de pessoas respondia a pergunta. A resposta afirmativa normalmente tinha uma história por trás, que muitas vezes se relacionava a um dia, evento ou momento específico quando eles souberam que o negócio iria para frente. Acho que será interessante ler diretamente o que eles me contaram:

> Nunca achei que as pessoas pagariam pelos meus serviços, então, na primeira vez que recebi um cheque do meu primeiro cliente, foi um choque! Era dinheiro de verdade sobre a mesa! E, quando vi uma carta daquele primeiro cliente publicada em uma revista recomendando meus serviços, percebi que as pessoas valorizavam o que eu tinha a oferecer.
>
> **Gary Leff**
> *Book Your Award*
> *Fairfax, Virgínia*

Mesmo com o nosso excelente histórico de crédito, 2010 não foi um bom ano para pedir dinheiro no banco. Nós não precisávamos de muito, mas não daria para nos recuperar por conta própria. Meu marido Jon e eu precisávamos de uma pequena linha de crédito para o aluguel do local onde planejávamos abrir nosso negócio de design de interiores. Infelizmente, o banco negou nossa solicitação.

Naquele mesmo dia, Jon estava ao telefone com o proprietário do imóvel, dizendo que não conseguiríamos fechar o contrato de aluguel e que ele poderia oferecer o imóvel a outros interessados. Quando o ouvi dizer aquelas palavras, senti uma enorme onda de esperança e me lembro de ter gritado: "Jon, não! Temos de tentar mais uma vez! Diga que só precisamos de mais alguns dias. Vamos voltar ao banco e forçá-los a nos ouvir. Se eles ouvirem, acreditarão em nós".

E deu certo! O banco ouviu nosso apelo e acabamos conseguindo o empréstimo. Dois anos depois, não poderíamos estar mais empolgados. Mas quase aceitamos o fato de que não era para nós. Ainda bem que não desistimos. Fez toda a diferença para nós tentar mais um apelo efusivo.

Karen Starr
Hazel Tree Interiors
Akron, Ohio

Para mim foi quando fechei com um grande cliente depois de viajar para visitar a matriz corporativa deles, tentar vender meu peixe e fazer uma visita pelas instalações. Quando o vice-presidente de marketing me ligou dizendo que fui o escolhido, naquele momento soube que a LaunchBooks daria certo. Verdade seja dita, eu nem sabia que duvidava tanto da possibilidade de sucesso do meu negócio antes daquela ligação, porque já tinha mais de 12 anos de experiência como agente literário e sabia muito bem o que estava fazendo. Mas, em razão do acordo que eu tinha na agência onde trabalhava, precisei sair de mãos vazias – absolutamente nenhum fluxo de renda dos mil livros que tinha vendido enquanto estava lá –, então, eu estava começando literalmente do zero. Mas, quando recebi aquela ligação, fui tomado por um enorme sentimento de alívio e empolgação e soube sem sombra de dúvida que daria certo.

O engraçado foi que o cliente acabou sendo um completo canalha e abandonou o contrato alegando problemas com a editora. Ele não gostou da capa que eles propuseram e da exigência de que ele seguisse a própria proposta de conteúdo submetida para aprovação, então ele simplesmente decidiu que a editora não entendia a ideia e rompeu o contrato. Logo depois, ele mandou sua assistente me enviar uma carta de rescisão de contrato sem ao menos conversar comigo, apesar de eu ter conseguido uma oferta decente de uma editora para um livro extremamente difícil de vender.

Mas tudo bem. Aquele primeiro momento ao telefone ficou comigo e nunca olhei para trás. Desde então, tenho atuado como agente literário independente por mais de dez anos.

David Fugate
LaunchBooks Literary Agency
Encinitas, Califórnia

Meu marido e eu estávamos viajando pela Europa depois que fui atropelada por um carro. O plano era viajar e voltar ao Chile para fotografar casamentos até não termos mais clientes e depois voltar a empregos "normais". Estávamos em um esquema de viagens econômicas, ficando na casa de amigos para economizar, mas, depois de um mês e meio na estrada, nos cansamos desse esquema e decidimos não poupar despesas na Itália. Nós nos hospedamos em um quarto incrível no Méridien e decidimos pagar uma pequena fortuna para usar a internet por dez minutos. E foi quando vimos o e-mail. Seria o segundo casamento que fotografaríamos nos Estados Unidos e o primeiro casamento no qual incluí no orçamento mais do que os custos da viagem. A noiva tinha decidido nos contratar, adquirindo o nosso maior pacote, de mais de 5 mil dólares.

Eu pirei. Liguei para a minha mãe e depois para o meu pai, anunciando a novidade aos berros – e usando o telefone do hotel, que acabou custando uns 100 dólares. Eu deveria ter pagado mais dez minutos de internet e ligado pelo *Skype*. Mas não estava empolgada com o dinheiro. Foi com o fato de uma noiva ter optado por dar aquele enorme salto de fé e se mostrar disposta a pagar tanto por fotógrafos que nem moram no país dela. E foi naquele momento que percebemos que, se uma noiva estava disposta a nos contratar e pagar pela nossa viagem, provavelmente haveria outras noivas. E comecei a pensar que, se pudéssemos trabalhar tanto no Chile quanto fora do Chile, poderíamos abrir mão dos empregos "normais". E foi o que fizemos.

Kyle Hepp
Fotógrafa independente
Santiago, Chile

Nosso grande momento foi no dia 20 de agosto de 2008, também conhecido como o dia em que realizamos o nosso sonho de voltar à Espanha, o país natal da minha parceira. Quando abrimos a empresa na Inglaterra, em 2005, a meta foi mais cedo ou mais tarde voltarmos à Espanha e administrarmos o negócio de lá, apesar de não sabermos quanto tempo levaria. Teríamos de montar uma infraestrutura perfeita, com um software de administração em nuvem, telefones VoIP e assim por diante, mas a logística da terceirização acabou se provando o maior obstáculo. Não estávamos conseguindo encontrar uma empresa capaz de lidar com a complexidade de 250 produtos diferentes, a maioria dos quais levava rótulos em espanhol.

Quando finalmente conseguimos montar a operação de logística terceirizada, saímos do armazém sabendo que não precisaríamos nos encarregar sozinhos de toda a expedição e que no dia seguinte estaríamos embarcando em um navio para a Espanha... naquele momento soube que tínhamos atingido a nossa meta.

Jonathan Pincas
The Tapas Lunch Company
Espanha e Reino Unido

Ao viajar pelo mundo me encontrando com o nosso grupo de empreendedores inesperados, ouvi incontáveis histórias como essa. História após história elas ecoavam um tema similar: quando você tiver momentos como esses, agarre-se a eles. Eles lhe darão o incentivo e o reforço positivo necessários nos momentos de dificuldade.

Recapitulação do modelo

Antes de concluirmos, vamos dar uma olhada nas principais lições deste livro. Antes de mais nada, a busca pela liberdade pessoal depende de encontrar o valor para os outros. Consiga isso desde o início e o resto será muito mais fácil. Sempre pergunte: "Como posso ajudar mais as pessoas?".

Atualmente, fazer um empréstimo para abrir um negócio ou contrair qualquer tipo de dívida é uma decisão completamente opcional. Como muitas pessoas que você conheceu neste livro, é possível abrir seu próprio micronegócio por 100 dólares ou menos.

Jamais tire o foco do ponto de convergência entre o que você adora fazer e o que as pessoas estão dispostas a pagar. Lembre que a maioria das necessidades essenciais é emocional: queremos amor e reconhecimento. Relacione o seu produto ou serviço a benefícios atraentes e não a características ou recursos desinteressantes.

Se você for bom em alguma coisa, provavelmente é bom em alguma outra coisa. Use o processo de transformação de habilidades para pensar em todas as coisas que você faz bem, não só as mais evidentes.

Descubra o que as pessoas querem e encontre um jeito de lhes dar isso. Dê-lhes o peixe!

Não existe uma faculdade de consultoria. Você pode abrir seu negócio e imediatamente começar a cobrar por orientação especializada. (Só se lembre de oferecer algo específico e disponibilizar um jeito fácil de ser pago.)

Alguns modelos de negócios podem ser concretizados com pouco capital inicial com mais facilidade do que outros. A menos que você tenha uma boa razão para fazer algo diferente, pense em como pode participar da economia do conhecimento.

A ação supera o planejamento. Use o "Plano de negócios de uma única página" e outros guias de início rápido para começar sem esperar mais.

Elaborar uma oferta, promover e produzir um evento de lançamento gerará resultados muito melhores do que simplesmente disponibilizar seu produto ou serviço ao mundo sem nenhum alarde.

O primeiro 1,26 dólar é o mais difícil, então dê um jeito de fechar a sua primeira venda o mais rápido possível. Feito isso, trabalhe para melhorar o que está dando certo ao mesmo tempo que abandona o que não está funcionando.

Ao "franquear-se a si mesmo" por meio de parcerias, terceirização ou criação de outro negócio, você pode estar em mais de um lugar ao mesmo tempo.

Decida sozinho o tipo de negócio que gostaria de criar. Não há nada de errado em manter-se deliberadamente pequeno (foi o que muitos dos empreendedores apresentados neste livro fizeram) *ou* se expandir do jeito certo.

A jornada só melhora à medida que você avança.

Da última vez que a vimos, a Jamestown Coffee Company estava abrindo as portas em Lexington, Carolina do Sul. O proprietário, James Kirk, tinha se mudado de Seattle para o sul dos Estados Unidos para abrir o café. O que aconteceu em seguida? Será que uma fila de clientes fiéis se formou imediatamente à porta?

Não exatamente. Não foi fácil se estabelecer em uma comunidade que não estava familiarizada com cafés especiais. O negócio atraiu um cliente por vez, com foco em proporcionar experiências pessoais e encorajar o retorno dos clientes. Em um fim de semana, James e seu pessoal distribuíram cupons para um café gratuito em um torneio local de golfe. Um homem entrou no café para resgatar seu cupom e mencionou que costumava tomar seu café matinal no posto de gasolina mas se inspirou a tentar algo novo. No dia seguinte voltou dizendo que foi o melhor café que ele já tinha provado.

Um grupo começou a se reunir quase todas as manhãs, com clientes regulares de todo tipo – um advogado, um padre, um técnico de computação, um mecânico. Pessoas que costumavam comprar café solúvel no supermercado começaram a ir toda semana à Jamestown Coffee Company, atraídas pelo café de qualidade superior. Aos poucos o negócio foi se consolidando.

James se lembrou de como amigos bem-intencionados o desencorajaram quando ele falava em se mudar para o sul. "Não é uma boa ideia abrir um negócio durante uma recessão", eles diziam. "Você não pode se mudar para o outro lado do país sem um emprego." "A maioria das microempresas quebra em um ano." "Quase todos os cafés e restaurantes familiares fracassam no primeiro ano." E assim por diante. E, sempre que alguém lhe dava uma razão para explicar por que ele fracassaria em sua empreitada, ele fazia outra observação no seu caderno do "não planejamento": só mais um obstáculo a ser superado.

Enquanto isso, Jen e Omar continuaram criando mapas em Columbus, Ohio, expandindo o negócio para atender clientes do atacado, além das vendas diretas iniciais. Eles recentemente foram divulgados em um comercial da Expedia e estão pensando em abrir uma loja especializada em viagens como parte da próxima aventura.

Karol Gajda e Adam Baker fecharam mais duas megavendas, cada uma gerando uma renda de seis dígitos para eles e seus afiliados. Pedi que eles me ajudassem no lançamento deste livro, assim que acabassem de levar as montanhas de dinheiro ao banco.

Brandon Pearce estava planejando se mudar com a família para a Malásia. O negócio hoje gera mais de 50 mil dólares mensais.

Benny Lewis ainda estava viajando pelo mundo aprendendo novos idiomas, tendo se mudado para Istambul para um curso intensivo de turco. Enquanto isso, Andrea Scher e Jen Lemen lançaram um curso da Mondo Beyondo que já teve mais de 5 mil participantes, gerando uma receita de 5 mil dólares para as duas parceiras.

O e-book de 120 mil dólares de Brett Kelly cresceu para se transformar em um e-book de 160 mil dólares. Sua esposa continua em casa cuidando das crianças e hoje eles estão completamente livres de dívidas.

Talvez a lição mais importante tenha vindo em um e-mail de Emily Cavalier, que recentemente abriu mão de um emprego bem remunerado em Manhattan para se dedicar à Mouth of the Border, um negócio de eventos e turismo voltado à gastronomia étnica. Perguntei com que frequência ela ainda se sentia motivada a continuar por conta própria e ela me contou: "Todo santo dia. O maior benefício tem sido ir para a cama à noite tão empolgada, se não mais empolgada, do que quando acordei de manhã. Tenho a chance de trabalhar em algo que me envolve totalmente e em algo que outras pessoas também consideram apaixonante".

Sim, como Emily e todas as outras pessoas que conheceu neste livro, você também pode fazer isso. Você não está sozinho.

É bem verdade que você pode aprender com os próprios fracassos e muito provavelmente tropeçará e cairá pelo menos uma vez no caminho para a liberdade. Mas as pessoas exageram a importância do fracasso – quem disse que você fracassará? Você pode muito bem ser um sucesso imediato. Você pode aplicar as lições aprendidas com essas histórias e levar a nova vida que tanto deseja.

Pronto?

PONTOS FUNDAMENTAIS

- Conselhos podem ser úteis, mas você também pode simplesmente seguir em frente e dar o grande salto. Não espere a permissão de ninguém.

- Mais do que a concorrência ou outros fatores externos, a maior batalha é contra o seu próprio medo e inércia. Felizmente, isso também significa que temos o mais absoluto controle sobre esses fatores.

- Lembre-se das suas vitórias; essas experiências são poderosas e o ajudarão mais tarde, quando estiver diante de dificuldades.

- A lição mais importante de todo o livro: não desperdice o seu tempo vivendo a vida de outra pessoa.

Conclusão

A história sobre liberdade e valor não se restringe ao mundo ocidental, a países desenvolvidos, nem a países de língua inglesa; esses temas são relevantes a pessoas que querem criar oportunidades para si mesmas em qualquer lugar do mundo. Em muitas regiões da África e da Ásia, mais pessoas trabalham como compradores e vendedores na economia informal do que como funcionários em alguma empresa. Eles podem não ser todos blogueiros profissionais ou desenvolvedores de apps para smartphones (ainda), mas ganham a vida aplicando os princípios esboçados neste livro.

Em Phnom Penh, Camboja, conheci um motorista de tuk-tuk chamado Rhett. Os tuk-tuks são pequenos triciclos com cabines para transportar passageiros, comuns no sudeste da Ásia e que cobram um ou dois dólares por corrida. Alguns motoristas de tuk-tuk, como alguns motoristas de táxi em outros lugares do mundo, são irresponsáveis e desonestos. Rhett, contudo, é responsável e honesto, sempre chegando antes para pegar um passageiro, e, algumas vezes, levando clientes frequentes sem cobrar nada.

A maioria dos motoristas de tuk-tuk do Camboja ganha apenas dois a cinco dólares por dia, mas Rhett chega a ganhar 50 dólares por dia. Ele consegue isso por meio de uma combinação de trabalho duro e estratégia meticulosa. Ele não passa as tardes dormindo ou em jogatinas como muitos de seus colegas. A estratégia é entender que ele se beneficia mais de atender clientes regulares em vez de passar o tempo percorrendo as ruas aleatoriamente em busca de clientes únicos. Apesar de eu estar na cidade só de visita, Rhett deixou claro que ficaria à minha disposição, me dando o número de seu celular e me dizendo que eu poderia ligar a qualquer hora do dia e da noite.

Estabelecido seu modelo de negócios essencial de atender clientes frequentes, Rhett criou "múltiplos fluxos de renda" incluindo uma propaganda de uma padaria famosa na traseira de seu tuk-tuk. A padaria lhe paga um valor fixo todo mês, além de uma pequena comissão por cada cliente levado ao estabelecimento. Ele também pede indicações e depoimentos dos clientes existentes visando aumentar sua base de clientes. Se um cliente precisa de ajuda para chegar a um destino fora da cidade de Phnom Penh, Rhett encontra um táxi ou motorista de ônibus disponível, certificando-se de que ele seja honesto e depois procurando o cliente para confirmar se deu tudo certo.

Ele faz tudo isso com um inglês limitado ("Eu pratico todos os dias, mas a minha língua fica cansada", ele me contou) e sem nenhuma educação formal. Parte do dinheiro adicional que ele ganha vai para uma poupança, uma rede de segurança que quase nenhum outro motorista de tuk-tuk tem. Ele conseguiu mandar a filha à faculdade, a primeira da família deles a concluir o ensino médio.

À medida que trabalha para melhorar as próprias circunstâncias, tendo a liberdade como meta e o valor como a moeda para chegar lá, pense em como esses princípios se aplicam ao seu caso específico. Gosto da história de Rhett porque ela mostra que criatividade e iniciativa o levarão longe, independente do ponto de partida. Em muitas regiões do mundo, no entanto, o ponto de partida está muito mais distante da meta do que para a maioria dos leitores deste livro. Abrir um negócio em um mundo em desenvolvimento, muitas vezes, é uma empreitada difícil e extremamente burocrática – e é por isso que tantas pessoas como Rhett trabalham informalmente. Em alguns desses lugares, milhões de pessoas ainda não têm acesso a água potável e outras necessidades básicas.

Eu invisto pelo menos 10% de toda a receita resultante do meu negócio e minha carreira como escritor em organizações que realizam maiores melhorias ao redor do mundo do que eu poderia realizar sozinho. (Isso inclui os direitos autorais deste livro, então, se você o comprou, obrigado pela ajuda.) Não considero esse investimento um ato de caridade, mas sim uma reação natural ao fato de que nem todo mundo tem a mesma sorte que eu.

Enquanto avança na direção da liberdade, como você pode participar de uma revolução global para melhorar as oportunidades para todos? Se não souber ao certo, você pode participar da nossa campanha pela água potável na Etiópia visitando o site <www.charitywater.org/aonc>. Você também pode entrar em grupos, como o site <www.kiva.org> e o site <www.acumenfund.org>, que proporcionam empréstimos (em geral, microempréstimos) para ajudar as pessoas a abrir micronegócios nas próprias comunidades.

Naturalmente, essas sugestões não são as únicas possibilidades. Se você tiver uma ideia melhor ou apenas diferente, não hesite em seguir o próprio caminho. Vá atrás do seu sonho de liberdade independente de onde isso o levará... ao mesmo tempo que também pensa em como pode ajudar a criar mais oportunidades para pessoas como Rhett.

Revelações e fatos interessantes

Nenhum negócio existe no vácuo e muitas das histórias contadas aqui evoluirão com o tempo. As informações financeiras me foram reveladas pelos empreendedores dos estudos de caso e estavam atualizadas na conclusão da escrita deste livro. Fizemos o possível para assegurar a precisão das informações com repetidas verificações e me responsabilizo por quaisquer erros incluídos no livro.

Minha esposa, Jolie, dá aulas na loja da Happy Knits, apresentada no Capítulo 12. Ela também é responsável por várias outras indicações nas áreas de artesanato e arte. Jonathan Fields (Capítulo 7) e Tsilli Pines (Capítulo 13) são velhos amigos.

Alguns negócios mencionados no estudo me ofereceram amostras do que fazem. Amostras aceitas: uma garrafa de Shiraz californiano da Verge Wine, uma promoção de blog da Evernote e uma mochila Empire Builder de Tom Bihn. Amostras recusadas: um vidro de mostarda da Sono Trading e um template de Excel gratuito do "Mr. Spreadsheet".

Quando não estava viajando pelo mundo para conduzir as entrevistas, grande parte deste livro foi escrita nos seguintes cafés de Portland: Rocking Frog, Albina Press, Crema, Stumptown e a Starbucks da esquina da 37th com a Hawthorne Street. Pedido mais popular no Rocking Frog: donut de canela e café norte-americano.

Número de vezes em que as expressões "abrir a carteira para o dinheiro entrar" e "pular de alegria" foram excluídas do manuscrito durante a preparação do texto: oito.

John T. Unger (Capítulo 14) atualizou sua lista das melhores coisas que já aconteceram na sua vida. Ele incluiu, no topo da lista, ter conhecido sua esposa, Marcie, outra artista. Atualmente, moram e trabalham em um novo estúdio, com um telhado muito mais resistente.

Da próxima vez que estiver no Camboja, pode contratar Rhett, o motorista de tuk-tuk, pelo número 855 12 543 767.

Espere aí, ainda não acabou!

Tudo o que é bom chega ao fim e, se você chegou até aqui, espero que tenha gostado do que leu. Se quiser saber mais, visite o site <www.100startup.com>, onde poderá participar de uma comunidade de outros leitores, empreendedores inesperados e outras pessoas de diferentes formações e históricos, todas planejando sua fuga a uma vida de liberdade.

Além de todos os exercícios customizáveis apresentados neste livro (o "Negócio instantâneo de consultoria", o "Plano de promoção de uma página" e assim por diante), você também encontrará uma série de conteúdos que não foram incluídos na versão final:

- dados e amostras de entrevistas do estudo, inclusive transcrições e gravações em áudio;
- entrevistas em vídeo com Benny Lewis (Capítulo 4), Jen e Omar (Capítulo 6) e Karol Gajda (Capítulo 8);
- dados econômicos de assinantes de blogs, você poderá ver quanto dinheiro um blogueiro ganha em média;
- mais análises sobre pagamentos de assinaturas, venda de produtos secundários e estruturas de precificação que você pode usar para reforçar sua renda.

E, como costumam dizer, "muito mais!". Todas essas informações são *gratuitas* e você não precisa se cadastrar para recebê-las. Também oferecemos um fórum e recursos adicionais à venda, inclusive mais estudos de caso e estratégias de negócios específicas. Una-se a nós no site <www.100startup.com>.

Por fim, se você gostou do livro, não hesite em me contar. Você pode escrever diretamente no meu site <www.chrisguillebeau.com>, no qual sigo o modelo esboçado em vários estudos de caso deste livro, divulgando gratuitamente pelo menos 80% dos meus textos de tempos em tempos.

Vinte e cinco estudos de caso selecionados

No Capítulo 2, conhecemos Barbara e John Varian, os proprietários do V6 Ranch na Califórnia. Barbara poderia ter descrito seu negócio da maneira típica: "Temos uma fazenda. As pessoas pagam para visitar a fazenda e andar a cavalo". Em vez disso, ela disse algo muito mais poderoso: "Ajudamos os nossos convidados a serem outras pessoas, mesmo se for só por um dia. Venha se hospedar conosco e transforme-se em um caubói". A diferença entre essas duas declarações é enorme! A primeira declaração é apenas descritiva, ao passo que a segunda evoca uma poderosa conexão emocional.

Como o V6 Ranch, todo negócio pode se descrever de maneira tradicional (ou seja, maçante) e pelo menos uma maneira muito mais atraente, que estimulará uma reação melhor. Dois pontos fundamentais devem ser mantidos em mente para aplicar esse conceito ao seu próprio projeto:

1. Dê às pessoas o que elas realmente querem. Dê-lhes o peixe!
2. Promova os benefícios emocionais ("Seja um caubói") em vez de meras características descritivas ("Ande a cavalo").

Veja a seguir uma lista de 25 pessoas do estudo; todas elas encontraram maneiras de substituir a mera descrição por uma declaração que evoca reações mais apaixonadas.

Nome	Empresa	Descrição factual	Promessa emocional
JASON GLASPEY	*Paleo Plan*	Dieta semanal e guia de planejamento de receitas	*Assuma o controle da sua saúde com alimentos naturais (e deixe os detalhes conosco).*
BROOKE THOMAS	*Practice Abundance*	Curso ensinando como operar uma clínica de saúde e bem-estar	*Aumente os lucros ao mesmo tempo que opera uma clínica mais enxuta e eficiente.*

Nome	Empresa	Descrição factual	Promessa emocional
PURNA DUGGIRALA	*Templates de planilhas eletrônicas*	Modelos para ajudar os usuários do Microsoft Excel	*Seja o super-herói do seu escritório: ajude os seus colegas e realize o seu trabalho rapidamente.*
SELENA CUFFE	*Heritage Link Brands*	Vinhos importados da África do Sul	*Aprecie um excelente vinho e ajude vinhedos cujos proprietários pertencem a grupos minoritários.*
PATRICK MCCRANN	*Endurance Nation*	Treinamento em grupo para o triatlo	*Você não está sozinho! Faça parte você também de uma comunidade de atletas amadores.*
BRANDY AGERBECK	*Facilitação gráfica*	Documentação visual de reuniões	*Registre as grandes ideias do seu grupo de uma maneira divertida e que garantirá um impacto de longo prazo.*
HEATHER ALLARD	*The Mogul Mom*	Recursos para "empreendedoras--mamães"	*Fique em casa com os seus filhos e ganhe uma boa renda sem precisar contrair dívidas.*
JONATHAN PINCAS	*Tapas Lunch Company*	Importadora inglesa de alimentos espanhóis	*Viva España! Celebre o estilo de vida Mediterrâneo sem precisar sair de casa.*
REESE SPYKERMAN	*Design by Reese*	Sites e design gráfico	*A sua marca é mais que um site. Nós o ajudaremos a contar uma história que transmite a sua missão essencial.*
MICHAEL TRAINER	*Reckoning Studios*	Produção de mídia	*Documentaremos a missão da sua organização em um breve vídeo profissionalmente produzido.*
ALYSON STANFIELD	*Stanfield Art Associates*	Consultoria para artistas	*Atenção, artistas! Seja pago pela sua arte. Eu lhe mostrarei como.*

Nome	Empresa	Descrição factual	Promessa emocional
ELIZABETH MACCRELLISH	*Squam Art Workshops*	Retiros de fim de semana para artistas e artesãos	*Crie a sua arte em um belo cenário à beira do lago com um grupo intimista de amigos.*
JESSICA REAGAN SALZMAN	*Heart Based Bookkeeping*	Serviços de escrituração contábil e fiscal	*Deixe a parte contábil comigo e tenha mais tempo para dedicar ao seu negócio.*
KAREN STARR	*Hazel Tree Interiors*	Serviços de design de interiores	*Transforme seu lar em um santuário tranquilo, um lugar apreciado por toda a sua família.*
SARAH YOUNG	*Happy Knits*	Loja de varejo que vende aviamentos	*É divertido costurar! Venha aprender, comprar, costurar, tricotar ou só conversar.*
ERICA COSMINSKY	*The Small Business Transcriptionist*	Prestadora de serviços de transcrição de telefonemas e reuniões	*Registre importantes informações que seus clientes valorizarão, com formatação básica e layout incluídos sem custo adicional.*
AKIRA MORITA	*Design Kompany*	Líder regional de serviços de design	*Nossa pequena empresa familiar lhe proporcionará o melhor atendimento e nós não pararemos de trabalhar enquanto você não estiver 100% satisfeito.*
DAVID WACHTENDONK	*Murder Mystery Maniacs*	Planejamento de eventos	*Deixe o planejamento da sua festa conosco. Garantimos uma experiência divertida ao seu grupo ou organização.*
EMILY CAVALIER	*Mouth of the Border*	Gastronomia étnica e experiência de um "brunch à meia-noite" em grupo	*Divirta-se e coma bem com seus amigos em uma noite sem igual.*

Nome	Empresa	Descrição factual	Promessa emocional
RIDLON KIPHART	*Live Adventurously*	Visitas em grupo a destinos exóticos	*Tenha uma vida de aventuras ao unir-se a nós para uma viagem inesquecível.*
KRISTIN MCNAMARA	*SLO Op Climbing*	Academia de ginástica comunitária e centro de escalada	*Aprenda uma nova e desafiadora habilidade em um ambiente seguro e centrado na comunidade.*
SCOTT MCMURREN	*Alaska TourSaver*	Livretos de cupons para visitantes independentes no Alasca	*Você recuperará todo o investimento usando apenas um dos nossos cupons – o que lhe deixa com mais de 200 cupons para obter os melhores descontos.*
JEN LEMEN	*Mondo Beyondo*	Curso on-line de planejamento de vida	*Aprenda a transformar grandes sonhos em realidade em um ambiente divertido e exclusivo com outras mulheres.*
JEN ADRION	*These Are Things*	Loja on-line que vende mapas	*Os nossos mapas o ajudarão a se lembrar dos lugares onde esteve e sonhar com os lugares que ainda conhecerá.*
CODY LIMBAUGH	*PXTFitness*	Planos de treinamento pessoal e exercícios	*Você quer entrar em forma, mas não consegue persistir? Eu posso ajudar... e ainda por cima vai ser divertido!*

Observação: alguns desses negócios são operados por coproprietários ou em outra forma de parceria. Para simplificar, nomeei a pessoa com quem mais conversei durante as minhas pesquisas.

As estrelas deste livro

Nome	Empresa	Localização	Setor
MICHAEL HANNA	*Mattress Lot*	Portland, Oregon, EUA	Móveis
SARAH YOUNG	*Happy Knits*	Portland, Oregon, EUA	Varejo físico
SUSANNAH CONWAY	*Fotógrafa e instrutora*	Bath, Reino Unido	Educação e fotografia
BENNY LEWIS	*Fluent in 3 Months*	Sem endereço fixo	Publicação independente
MEGAN HUNT	*Vestidos customizados*	Omaha, Nebrasca, EUA	Design de vestidos de noiva e trabalho compartilhado/ espaço de *coworking*
JESSICA REAGAN SALZMAN	*Heart Based Bookkeeping*	Attleboro, Massachusetts, EUA	Escrituração contábil
TARA GENTILE	*Scoutie Girl*	Wyomissing, Pensilvânia, EUA	Publicação independente
DAVID HENZELL	*Lightbulb Design*	West Yorkshire, Reino Unido	*Branding* e *design*
ERICA COSMINSKY	*The Small Business Transcriptionist*	Nashville, Tennessee, EUA	Prestação de serviços
TOM BIHN	*Tom Bihn*	Seattle, Washington, EUA	Fabricação de bolsas e malas
OMAR NOORY	*These Are Things*	Columbus, Ohio, EUA	Presentes e objetos de decoração
JEN ADRION	*These Are Things*	Columbus, Ohio, EUA	Presentes e objetos de decoração
PATRICK MCCRANN	*Endurance Nation*	Boston, Massachusetts, EUA	Condicionamento físico

Nome	Empresa	Localização	Setor
CHARLIE PABST	Charfish Design	Seattle, Washington, EUA	Serviços de design
JEREMY BROWN	No Limit Publishing	Tempe, Arizona, EUA	Prestação de serviços
KAT ALDER	WildKat PR	Londres, Reino Unido	Relações públicas
JADEN HAIR	Steamy Kitchen	Tampa, Flórida, EUA	Conselhos de gastronomia
BRANDON PEARCE	Music Teacher's Helper	Costa Rica	Publicação independente
SCOTT AND JOHN MEYER	9 Clouds	Brookings, Dakota do Sul, EUA	Consultoria e negócios e mídia
JAMES KIRK	Jamestown Coffee Company	Columbia, Carolina do Sul, EUA	Café
BARBARA VARIAN	V6 Ranch	Parkfield, Califórnia, EUA	Fazenda de caubóis
KELLY NEWSOME	Higher Ground Yoga	Washington, DC, EUA	Aulas de ioga
KYLE HEPP	Kyle Hepp Photography	Santiago, Chile	Fotografia
PURNA DUGGIRALA	Chandoo.org	Índia	Consultoria
BROOKE SNOW	Brooke Snow Fine Arts	Smithfield, Utah, EUA	Educação
GARY LEFF	Book Your Award	Washington, DC, EUA	Consultoria de viagens
MIGNON FOGARTY	QDT network	Reno, Nevada, EUA	Broadcasting
GABRIELLA REDDING	Hoopnotica	Venice, Califórnia, EUA	Fabricação de bambolês
ZACH NEGIN	SoNo Trading Company	San Diego, Califórnia, EUA	Gastronomia gourmet
BERNARD VUKAS	Mr. Spreadsheet	Sem endereço fixo	Desenvolvimento de sites

Nome	Empresa	Localização	Setor
JACK COVERT	*800-CEO-READ*	Milwaukee, Wisconsin, EUA	Distribuição de livros
JEN LEMEN	*Mondo Beyondo*	Silver Spring, Maryland, EUA	Publicação independente
DARREN ROWSE	*ProBlogger*	Melbourne, Austrália	Fotografia digital
BRIAN CLARK	*Copyblogger*	Dallas, Texas, EUA	Serviços on-line
BRETT KELLY	*Evernote Essentials*	Fullerton, Califórnia, EUA	Publicação independente
MARK RITZ	*Kinetic Koffee Company*	Arcata, Califórnia, EUA	Torrefação de café
KRIS MURRAY	*Marketing para creches*	Hudson, Ohio, EUA	Prestação de serviços
RIDLON "SHARKMAN" KIPHART	*Live Adventurously*	Sem endereço fixo	Viagens de aventura
JASON GLASPEY	*Paleo Plan*	Portland, Oregon, EUA	Publicação independente
AMY TURN SHARP	*Little Alouette*	Columbus, Ohio, EUA	Fabricante de brinquedos
NICHOLAS LUFF	*Consultor independente*	Vancouver, Colúmbia Britânica, Canadá	Consultoria de negócios
MICHAEL TRAINER	*Global Poverty Project*	Nova York, EUA	Mídia
NICK GATENS	*Fotógrafo*	Louisville, Kentucky, EUA	Fotografia
SELENA CUFFE	*Heritage Link Brands*	Los Angeles, Califórnia, EUA	Gastronomia e vinho
DANIEL NISSIMYAN	*Matix Ltd.*	Kiryat Shmona, Israel	Prestação de serviços
SCOTT MCMURREN	*Alaska TravelGram*	Anchorage, Alasca, EUA	Descontos de viagens
JONATHAN FIELDS	*Sonic Yoga*	Nova York, EUA	Estúdio de ioga

Nome	Empresa	Localização	Setor
BRANDY AGERBECK	*Loosetooth*	Chicago, Illinois, EUA	Facilitação gráfica
NEV LAPWOOD	*Snowboard Addiction*	Whistler, Colúmbia Britânica, Canadá	Educação on-line
KAROL GAJDA	*Only 72*	Austin, Texas, EUA	Publicação independente
ADAM BAKER	*Only 72*	Indianápolis, Indiana, EUA	Publicação independente
DAVID WACHTENDONK	*Murder Mystery Maniacs*	Chicago, Illinois, EUA	Planejamento de eventos
ANDREAS KAMBANIS	*London Cyclist*	Londres, Reino Unido	Publicação independente
ELIZABETH MACCRELLISH	*Squam Art Workshops*	New Hampshire, EUA	Planejamento de eventos
HEATHER ALLARD	*The Mogul Mom*	Providence, Rhode Island, EUA	Consultor e *coach*
KAREN STARR	*Hazel Tree Interiors*	Akron, Ohio, EUA	Design de interiores
ALYSON STANFIELD	*Stanfield Art Associates*	Golden, Colorado, EUA	Consultoria de arte
JOHN MOREFIELD	*The 5-Cent Architect*	Seattle, Washington, EUA	Arquitetura
DEREK SIVERS	*MuckWork*	Singapura	Serviços para músicos
NAOMI DUNFORD	*IttyBiz*	Londres, Ontário, Canadá	Consultoria de marketing
SHANNON OKEY	*Cooperative Press*	Cleveland, Ohio, EUA	Edições especializadas
CHELLY VITRY	*Denver Gourmet Tours*	Denver, Colorado, EUA	Passeios turísticos
CHERIE VE ARD	*Two Steps Beyond*	Sem endereço fixo	Desenvolvimento de sites
EMMA REYNOLDS	*e3 Reloaded*	Hong Kong	Consultoria global

Nome	Empresa	Localização	Setor
KRISTIN MCNAMARA	*SLO Op Climbing*	San Luis Obispo, Califórnia, EUA	Condicionamento físico
PERRY MARSHALL	*Consultoria*	Chicago, Illinois, EUA	Consultoria publicitária
REESE SPYKERMAN	*Design by Reese*	Sem endereço fixo	Serviços de design
ANDY DUNN	*Luibh and Infinite Touch*	Irlanda	Design e desenvolvimento
NATHALIE LUSSIER	*Raw Foods Witch*	Toronto, Ontário, Canadá	Consultoria
BROOKE THOMAS	*The Well Practice*	New Haven, Connecticut, EUA	Saúde e bem-estar
NYANI QUARMYNE	*Fotógrafo*	Gana	Fotografia
RALF HILDEBRANDT	*Avano AG*	Stuttgart, Alemanha	Consultoria de vendas
JAMILA TAZEWELL	*11:11 Enterprises*	Los Angeles, Califórnia, EUA	Presentes e objetos de decoração
JONATHAN PINCAS	*Tapas Lunch Company*	Espanha	Importação de alimentos
ADAM WESTBROOK	*Studio.fu*	Londres, Reino Unido	Serviços de design
LEE WILLIAMS-DEMMING	*Tropical House Interiors*	Costa Rica	Importação de móveis
ELEANOR MAYRHOFER	*e.m.papers*	Munique, Alemanha	Produtos de papelaria
SPENCER COPLEY	*Copley Trash Services*	África Ocidental	Prestação de serviços
TSILLI PINES	*New Ketubah*	Portland, Oregon, EUA	Arte judaica
COURTNEY CARVER	*Be More with Less*	Salt Lake City, Utah, EUA	Consultoria
JOHN WARRILLOW	*Built to Sell*	Toronto, Ontário, Canadá	Consultoria

Nome	Empresa	Localização	Setor
JOHN T. UNGER	*Artista independente*	Mancelona, Michigan, EUA	Esculturas artísticas
MARIANNE CASCONE	*Bon Bon Cupcakes*	Kansas City, Missouri, EUA	Roupas infantis
HOLLY MINCH	*LightBox Collaborative*	São Francisco, Califórnia, EUA	Serviços de design
BRITTA ALEXANDER	*Eat Media*	Hastings-on-Hudson, Nova York, EUA	Mídia
DAVID FUGATE	*LaunchBooks*	Encinitas, Califórnia, EUA	Agência literária
EMILY CAVALIER	*Mouth of the Border*	Nova York, EUA	Gastronomia e vinho

Observações: "Sem endereço fixo" significa que a pessoa cuida do negócio enquanto viaja pelo mundo. Alguns negócios são operados por mais de um parceiro. Os nomes relacionados aqui são das pessoas com quem conversei para o estudo.

Gratidão

Depois de uma década, aprendi como operar meu próprio negócio, mas elaborar uma narrativa ao redor das lições de tantas outras pessoas me ajudou a aprender muito mais do que seria capaz de aprender por conta própria.

Devo meus maiores agradecimentos aos mais de cem participantes dos estudos de caso nos quais me concentrei para o manuscrito final (bem como as outras 1.400 pessoas que submeteram histórias e informações). Eles foram pacientes com meus inúmeros levantamentos, solicitações de dados adicionais e acompanhamentos contínuos. E se mostraram especialmente generosos ao se dispor a revelar informações financeiras de seus negócios. Eu tinha planejado insistir gentilmente para obter acesso às informações financeiras caso necessário, mas, na maioria dos casos, não precisei insistir – quase todo mundo se mostrou disposto e aberto a compartilhar quaisquer informações que pudessem ajudar os outros.

Em geral escrevo sem acesso a um editor externo, uma situação que tem inúmeras vantagens, mas também uma grande desvantagem: algumas vezes me canso e opto pelo caminho mais fácil. Felizmente, não pude usar essa estratégia aqui, graças a Rick Horgan, líder da equipe da Crown, que publicou este livro. Rick trabalhou com extrema diligência, se certificando de me pressionar de tempos em tempos, o que levou a um produto final muito melhor. Também sou grato a Tina Constable e todo o pessoal da Crown, e ao meu incansável agente literário, David Fugate.

Dave Navarro foi quem me apresentou a analogia de um lançamento de produto como a estreia de um filme de Hollywood. Jason Fried foi a primeira pessoa que ouvi dizer "As pessoas exageram a importância do fracasso". Não tenho dúvida de que peguei emprestados outros conceitos e ideias, então, se você teve uma ideia roubada, considere um ato de bajulação involuntária.

Continuo aprendendo todos os dias com Seth Godin, Chris Brogan, amigos e colegas da rede de relacionamentos *LifeRemix*, Scott Harrison, Gary Parker e Susan Parker.

Jolie Guillebeau, minha esposa e revisora-chefe, tolerou pacientemente minhas intermináveis discussões sobre promoção e franquias ineficazes. Muitas seções deste livro acabaram muito melhores graças às suas observações. As leituras críticas do texto foram acompanhadas pela minha assistente de quatro patas Libby (também conhecida como "A Liberadora"). Libby também é responsável pela moderação de comentários no meu blog – um trabalho difícil para alguém que passa aproximadamente 24 horas por dia dormindo.

Em qualquer lugar do mundo, trabalho em estreito contato com Reese Spykerman, uma celebridade do design, e Nicky Hajal, um desenvolvedor genial. Também sou grato pela colaboração de Mike Rohde, responsável pelas divertidas ilustrações que você viu ao longo deste livro. Agradecimentos especiais a Stephanie D. Zito pela consultoria de última hora para a capa da edição americana do livro.

Todo verão, a equipe da World Domination Summit organiza um fim de semana de aventuras sem igual e não vejo a hora de participar do próximo evento. Todo o meu trabalho é voltado à comunidade da AONC (Art of Non Conformity), que me apoia e me inspira enormemente com suas histórias de transformação e aventuras.

Por fim, gostaria de estender a minha gratidão a você, leitor. Espero que você tenha gostado deste livro. Não hesite em me contar sobre a sua própria busca pela liberdade e valor divulgando-a no site <www.chrisguillebeau.com> ou me dando um alô no Twitter.

Chris Guillebeau
Portland, Oregon